何建明文集

卷十二

红墙警卫

何建明 著

新世界出版社
NEW WORLD PRESS

图书在版编目（CIP）数据

红墙警卫 / 何建明著. -- 北京 : 新世界出版社,
2018.3
（何建明文集 ; 12）
ISBN 978-7-5104-6395-2

Ⅰ. ①红… Ⅱ. ①何… Ⅲ. ①纪实文学–中国–当代
Ⅳ. ①I25

中国版本图书馆CIP数据核字(2017)第210732号

红墙警卫

作　　者：何建明
特邀丛书编辑：韩小群
责任编辑：贾瑞娜
责任校对：宣　慧
责任印制：王宝根　苏爱玲
出版发行：新世界出版社
社　　址：北京西城区百万庄大街 24 号（100037）
发 行 部：（010）6899 5968　（010）6899 8705（传真）
总 编 室：（010）6899 5424　（010）6832 6679（传真）
http://www.nwp.cn
http://www.nwp.com.cn
版 权 部：+8610 6899 6306
版权部电子信箱：nwpcd@sina.com
印　　刷：北京京华虎彩印刷有限公司
经　　销：新华书店
开　　本：710mm × 1000mm　1/16
字　　数：320 千字　　印　　张：21.5
版　　次：2018 年 3 月第 1 版　2018 年 3 月第 1 次印刷
书　　号：ISBN 978-7-5104-6395-2
定　　价：58.00 元

1978 年——中国改革开放启幕

1978 年——我的文学生涯开始

庆幸，我的命运与时代、与祖国同行。还有一份安慰：当我离开这个世界时，有人可以从我的文字里触摸到中国今天的脉搏是如何跳动的……

何建明

重要创作历程及个人成就

1978 年	创作第一篇中篇散文《湘西探险记》
1980 年	发表第一篇报告文学《腾飞吧，苍龙》
1982 年	创作第一部军事题材小说《第二道战壕》
1986 年	出版第一部报告文学作品集《缉私大王》
1988 年	出版第一部长篇小说《东方毒蛇》
1989 年	由同名作品改编的电影剧本《西行囚车》被搬上银幕，此片获珠江电影制片厂优秀故事片奖
1990 年	第一次获中华宝石文学奖
1993 年	任文学杂志《新生界》主编
1993 年	发表第一部长篇报告文学《野性的黑潮》
1994 年	第一次成为《青年文学》封面人物
1995 年	《共和国告急》出版，此后获第一届鲁迅文学奖
1995 年	《科学大师的名利场》发表
1998 年	《落泪是金》发表，此后获第二届鲁迅文学奖、第一届徐迟报告文学奖、中国改革开放优秀报告文学奖
2000 年	《中国高考报告》出版，此后获第一届正泰杯全国报告文学奖
2001 年	《中国高考报告》被日本、澳大利亚翻译出版
2002 年	《根本利益》发表，此后获第二届徐迟报告文学奖、人民文学奖特等奖、第六届国家图书奖提名奖、第二届正泰杯全国报告文学奖，入选中宣部推荐的党的十五大献礼书目
2002 年	《国家行动：三峡大移民》出版，此后获中宣部第九届“五个一工程”奖，入选中宣部推荐的党的十六大献礼书目

2003 年　《北京保卫战》发表，获《文汇报》优秀作品奖

2003 年　完成电影剧本《廊桥悠悠》创作（此为与谢晋导演合作项目）

2004 年　由《根本利益》改编的电影《信天游》上映

2004 年　《永远的红树林》发表，此后获第四届正泰杯全国报告文学奖

2005 年　《李琬若：从中国留学生到美国市长》出版，并被美国翻译出版

2005 年　获国务院授予的“全国劳动模范”称号

2005 年　任《中国作家》杂志主编

2006 年　《男人的美丽男人的梦》出版

2007 年　散文《父亲的体温》入选中学课本及教辅资料

2007 年　《部长与国家》获第四届鲁迅文学奖、第三届徐迟报告文学奖荣誉奖

2008 年　《生命第一——5·12 大地震现场纪实》出版，此后获第二届“中华优秀出版物”奖、第四届徐迟报告文学奖

2008 年　任作家出版社社长

2008 年　荣获“全国新闻出版行业领军人才”称号

2008 年　根据《国家行动》改编的同名电视连续剧在央视播出

2009 年　任中国作家协会党组成员、书记处书记，中国作家出版集团党委书记、管委会主任

2009 年　《国家行动》电视连续剧获中宣部第十一届“五个一工程”奖

2009 年　《我的天堂》出版，获中宣部第十一届“五个一工程”奖

2009 年　《永远的红树林》获新中国六十年优秀中短篇报告文学奖

2009 年　　获中华全国总工会“时代领跑者——新中国成立以来最具影响的劳动模范”评选活动提名奖

2010 年　　根据《部长与国家》改编的电视连续剧《奠基者》在央视黄金时段播出，此后获中宣部第十二届“五个一工程”奖

2010 年　　《忠诚与背叛：告诉你一个真实的红岩》出版，此后获中宣部第十二届“五个一工程”奖、第三届中国出版政府奖，入选“2013 年全国青少年推荐阅读的优秀书目”

2010 年　　任中国作家协会副主席至今

2011 年　　《国家——2011·中国外交史上的空前行动》出版，后获人民文学奖特等奖，入选“2012 年中国报告文学优秀作品排行榜”、中宣部推荐的党的十八大献礼书目

2012 年　　《三牛风波》出版，荣登北京图书大厦畅销书排行榜

2012 年　　任中华文学基金会理事长至今

2012 年　　当选中国报告文学学会理事长至今

2014 年　　《南京大屠杀全纪实》出版，此后获第四届中国出版政府奖、人民文学奖特等奖

2015 年　　获亚洲品牌协会“中国文化品牌新领军人物”荣誉

2015 年　　《真假之间》发表

2016 年　　《爆炸现场》出版，获中国出版集团优秀销售奖，入选“2016 年中国报告文学优秀作品排行榜”

2017 年　　《死亡征战》出版，被英国、法国翻译出版

2017 年　　《那山，那水》发表

（截至 2017 年 9 月）

目 录

第一章　来到最高统帅身边

军人出身的人都知道，给将军们当警卫员之类的工作可是件了不起的事，尤其是刚穿上军装的那些新兵，要是能被挑上当将军们的警卫员、勤务兵，那股傲劲，那种神秘感是非语言所能表达的。那么，你更加想象不到在一个举世无双的大人物身边当卫士，会是种什么样的感觉。

毛泽东的卫士长李银桥回忆起当时的情景却一反常情地说："我没有什么特殊的感觉，很平常。尤其是在战争年代，什么事都很突然，很平常。"他顿了顿，又说："毛泽东这个人虽然是顶天的大人物，而实际上也是个极平常的人。不过，他很有个性，有时还很任性，认准了的事别人很难改变他。我到他身边当卫士就挺有戏剧性。"

1947 年 3 月 18 日。这是 20 世纪中叶发生在中国大地上的一场震撼世界的大决战的帷幕。拥有八百万大军和许多精良的美式装备的国民党，与拥有一百多万小米加步枪的人民解放军的共产党，展开了全面的生死较量。

为了避免同蒋介石部署在西北战场的胡宗南进犯延安的主力敌军正面交战，贯彻"牵制敌军主力，在运动中歼敌"的战略方针，毛泽东、周恩来、任弼时、彭德怀等领导同志撤离了中央所在地，率主力军转战陕北，以一比六的悬殊军事力量，与气焰嚣张、一心想置共产党于死地的蒋介石的得力亲信胡宗南部队展开了你死我活的运动战。

经过四五个月的周旋，在毛泽东同志的亲自指挥下，运用

"蘑菇"战术，我军取得了青化砭、羊马河、蟠龙三大战役的胜利，打得胡宗南部队晕头转向，有力地挫败了蒋介石的延安"剿匪"计划。

这时的胡宗南像条气疯了的狂犬，令其干将刘戡率领七个旅的兵力紧追不舍，死死盯住只有九百多人的包括毛泽东、周恩来、任弼时在内的中共中央直属支队，从绥德一直追到米脂县。8月18日这一天，中央直属支队被迫到了黄河边。

形势万分危急，前面是汹涌滔天的黄河，后面是刘戡七个旅的已经紧咬屁股的追兵。

眼前只有一条出路：抢渡黄河。

可是，明摆在面前的一条生路，大伙儿却谁都不敢说出口，就是身为军委副主席的周恩来也一样。"不打败胡宗南决不过黄河！"这是毛泽东在转战陕北初期说的话，毛泽东历来说话算数，尤其是在这决定中国革命命运的紧急关头说出的话。可眼下又是十万火急之际，敌军已将我中央机关九百多人的队伍逼到了黄河边。

老天下着瓢泼暴雨，队伍中没一个人的身上是干着的。已经在周恩来身边当了六个月卫士的李银桥，见自己的最高统帅不时用右手抹去淌在脸上的雨水。

"主席，这里是葭芦河。老百姓管它叫黄河岔。我们从这里渡过去，就不能算是过黄河了吧？！"周恩来凑到久久凝视着黄河而一言不发的毛泽东身边，轻轻地说道。这话的意思很明白，听起来是在介绍眼前的这个"黄河岔"，实际上是在征询最高统帅的意见。

毛泽东连吭也没吭一声，仿佛依然沉浸在凝视之中。

"别再磨蹭了，快行动吧！"任弼时是个急性子，听了周恩来的话，又见毛泽东没有说话，便急不可待地指挥队伍开始渡河。

他是这支九百人队伍的支队司令员，能不着急吗？此刻每耽误一分钟，也许就会酿成中国革命历史，乃至世界历史上一个永远无法弥补的后果。这时，蒋介石的军队已经在对面的山顶上架起了机枪，子弹“哗哗”地在头顶上飞啸，稍不留神就会击中身子骨。

抢时间，抢出路。任弼时拉过一队人马，从老百姓那儿借得几只羊皮筏子。谁知，那羊皮筏子一下水，就像小孩折的纸船一般，立即被狂暴的巨浪掀翻并被冲得无影无踪。

“当时，我虽然才二十来岁，可已经是入伍多年的老兵了，但我第一次从心头害怕起来，这不是断了生路了吗？”李银桥今天这样说。

“给我支烟！”这时，一直凝视着黄河一言不发的毛泽东突然伸出两根指头，做了个要抽烟的样子。声音不大，却把包括周恩来在内的全体同志给调动了起来。毛泽东一生烟瘾极大，尤其是在扭转乾坤之时，一连能抽掉好几包。

“烟！德胜同志要吸烟！”毛泽东在转战陕北时用了“李德胜”这个意味深长的化名。

“谁有烟？快给德胜同志拿来！”

“快！”“有烟吗？”……

真是急煞人的事。偏偏因为毛泽东前段时间闹肺炎，他的卫士们谁也没有为他准备烟。再说，连续几天在雨中行军，抽烟的同志连身子骨都浸在水里，哪里还保得住烟卷呀！

“嗯，我要烟！”毛泽东似乎根本不了解这些，他有点不耐烦地扭过头来，这一下在他周围的人更是急得头上掉下的不仅仅是雨水了，肯定还有热乎乎的汗珠子。

“有，我这儿有！”队伍中有人高声喊了起来。原来是毛泽东的马夫老侯同志，真是立了大功。

周恩来赶忙命令卫士们打开背包，用一条薄棉被遮住风和雨。

一个卫士钻进被子下，急忙划着火柴，不知是紧张，还是有风的缘故，几次点燃，又几次熄灭。毛泽东几次把嘴凑过去，又几次无可奈何地缩了回来，他直皱眉头。

这时，手脚灵巧的李银桥，从周恩来身后几步走上前来，然后钻进被子，接过那个卫士手中的火柴，“嚓”的一下将火柴划着，又迅速地用手遮住火苗，稳稳当当地给毛泽东点燃了烟。

烟着了。毛泽东似乎十分感激地瞥了一眼李银桥这个他并不熟悉的小战士。当时，李银桥对最高统帅的这一微妙神态也并没在意。

打 11 岁跟着贺龙部队离开家乡，来到革命队伍后，这位“机灵小鬼”特别地受首长们喜欢，故近十年来，他一直在首长身边当特务员、警卫员什么的，眼快手勤是基本功。所以今天当他看到别的卫士不能准确及时地为毛泽东点上烟时，便自然而然地上去给最高统帅把烟点上。因为此时他的身份是周恩来的卫士，故做这件事也非常合情合理。打中央机关撤出延安后，周恩来一直跟在毛泽东身边，李银桥也就有机会对毛泽东有些生活方面的小事进行照料，特别是像今天这样事关大局的紧急关头，李银桥熟练地完成了一件别人难以完成的事，其意义真有点不一般。这是千军万马的西北战场上的一个小小镜头，却被在场专门负责中央领导警卫工作的叶子龙、汪东兴看在了眼里。叶、汪两人不约而同地对视了一眼，又看了看回到周恩来身边的李银桥，然后会意地点了点头。

李银桥绝没有想到他因此而成了毛泽东一生中最信得过的卫士、卫士长，并且一跟就是 15 年，如果不是因为阴谋家从中捣乱，也许他和毛泽东之间会有更多、更重要的关系。

就在毛泽东抽完这支李银桥点着的烟以后，毛泽东仿佛一扫脸上的愁云，断然决定：“不过黄河！放心跟我走，老子不怕邪！”

说完，他大步沿黄河边的山路走去。中央直属支队跟着他就在敌人的枪子儿底下开拔，居然使疯狗般咬人的刘戡部队傻呆呆地眼瞅着毛泽东的大队人马过去而未放一枪。后来，有人说，这是“真龙过海，谁人敢敌”，想想还真有点那个味儿。

这天晚上，中央直属支队在一个仅有七八十户人家的白龙庙小村宿营。

李银桥刚刚吃过晚饭，正忙着为周恩来打点铺盖，支队参谋长叶子龙和副参谋长汪东兴走进来拍了拍他的肩膀，说：“小李，你先停一下，有话跟你说。”

“是！首长。”见两位专门负责中央领导警卫工作的上司来了，李银桥知道定有什么大事，心想是不是同意我下部队？前几天，他在周恩来面前曾经表示过这个愿望。扛枪的战士在战争年代最渴望的就是能上前线。当了多年警卫员和卫士的李银桥眼瞅着一些当年一起从家乡出来闯天下的老乡、战友，如今个个不是战斗英雄，就是前线战斗部队的连长、营长，心里早憋着劲儿，希望杀向战场。可他知道，当中央统帅们的卫士，这是许多人做梦也难实现的事，在这个岗位上，去留问题绝非是自己想怎样就怎样的。李银桥看着眼前的两位领导，心里不免有点紧张。

“李银桥同志，我们准备给你调动一下工作。”叶子龙非常郑重其事地说道。他的话还没有说完，李银桥便激动地抢先说道：“是不是批准我下部队了？”

叶、汪两人对视了一下，脸上露出一丝疑惑。叶子龙说：“不是下部队，而是让你到更重要的警卫工作岗位上去，调你到主席身边当卫士！”叶把后面的话说得很重，以示工作的非同一般。

李银桥一怔，嘴巴张得大大的，却没有说出话来。

大概是觉得这位小战士的情绪不对劲，汪东兴特意强调：这是组织上对你的信任，我们是经过慎重考虑后决定的！给最高统帅毛泽东当卫士可不是一般人能干得了的！

李银桥低下了头，半晌没有吱声。

“怎么样，有什么想法还是有什么意见？”叶子龙的这句话完全是习惯性的问话，他在中央警卫局领导的位子上，这样的话不知对人说过多少次。可以这么说，只要他这句话说出口，让谁去当某某首长的警卫员、卫士，对方回答他的只有一个字，那就是——“是”。去给毛泽东主席当卫士，这是天大的光荣，还有谁不愿意？说来也怪，偏偏这个“小李子”闹别扭。李银桥虽然当着这两位首长不敢把话说透，但他在心里说：毛泽东发起脾气来让人害怕，要是哪个警卫他用得不顺，一句话就会把你打发走。李银桥在周恩来身边几个月间，亲眼见过毛泽东发脾气时把卫士打发走的事。他心里怕，一紧张，心里的话竟然跳出了嗓子眼。

“不行啊，首长，我怕干不好，况且我干这个工作太久了，当时，周副主席也曾答应我，干一段时间后允许我下部队去的。”

叶子龙、汪东兴大出所料：嘿！你个小李银桥，给毛泽东主席当卫士你都不愿意去呀！

机灵的李银桥大概一看两位首长的脸色难看，急忙改口：“当然，组织上的决定我服从……”

“服从就好，我们相信你会干好。”叶、汪这才松了一口气。他们站起身来，临走时，汪东兴思忖了一下，说：“这几天你还跟周副主席，最后怎么办，等我们研究了以后再决定。”

“是！”李银桥也松了一口气。他为没有那么坚决、痛快地接受领导的分配，以及汪东兴最后留下的那一句话而抱有希望：也许他们见我不太情愿到主席那儿，说不定干脆打发我到部队去。不过，弄到这个地步，去与留都不是滋味。

李银桥心里七上八下的。

中央直属支队在白龙庙住了一天，第二天就出发了。李银桥根据上级的指示，开始来到毛泽东身边。他觉得别扭死了，因为他发现毛泽东始终不与他说一句话，也不看他一眼。

李银桥唯一能做的就是帮毛泽东挑那两只箱子。箱中都是毛泽东一直舍不得丢的《辞源》《辞海》等书籍。李银桥想用这沉重的担子压住胸脯下那颗忐忑不安的心。

“李银桥，快趴下！”低头走着的李银桥还没有弄清是怎么回事，警卫排长阎长林已将他按倒在地。

“轰隆——”原来，一颗飞弹就在距离李银桥与毛泽东不远处爆炸了。

李银桥急出了一身冷汗。“德胜同志怎么样了？德胜同志怎么样了？”当他看到毛泽东在警卫战士的掩护下安然无恙时才想起抹一把额上的汗珠子。好危险哪！李银桥觉得自己不该走神。

又是一天急行军。这一站是杨家园子。淋了一天的雨，毛泽东的警卫排战士与几个卫士脱下湿军衣，在炕火边烤着。

毛泽东则独自在里屋的炕上，盘着双腿，一只手端着油灯查看军事地图。不长时间，只听毛泽东在大声咳嗽。柴草太湿了，窑洞内烟雾腾腾。

“小李，小李，快扶德胜同志出去透透气，快！”排长阎长林一边抹着呛出眼眶的泪水，一边在大声吆喝着。

李银桥迅速上炕去扶毛泽东：“德胜同志，快出去透透气，等烟散了再工作吧！啊？这样会闷坏胸肺的！”这是李银桥第一次正面与毛泽东说话。如果不是“借烟行事”，恐怕他还没有这种机会。因此，他格外卖力地扶着毛泽东走出屋。

谁知，毛泽东像个与他赌气的孩子，用力把手一甩，挡开李银桥扶上来的双手，连半句话也没说，自个儿下炕走出了窑洞。

李银桥好一阵惊骇，机灵的他马上明白，毛泽东肯定知道了自己不想来当卫士的事儿，他在生气呢！

李银桥不知所措地闷着头跟着毛泽东在院子里转。一个是指挥几百万大军的中国共产党、人民解放军的最高统帅，一个是个头稍比步枪高一点的小战士。谁也无法想象，此时此刻，显然这两个人的心头都憋着一股劲儿在赌气。

“千真万确。”64岁的李银桥今天依然十分开心地证实当时的这件轶事，“毛泽东是非常有趣的人，有时像孩子一样逗人。”

雨已停，天际露出满屏星汉。毛泽东做了个深呼吸后，清清嗓子，然后在院子里散起步来，散步是毛泽东一生最喜欢的运动之一，也是他最好的休息方式，同时又是他最佳的工作时间——中国革命史上几次最伟大的战略决策就是他在散步时酝酿出的结晶。

此刻，毛泽东也许正在想如何彻底摆脱胡宗南部队的纠缠，以实现西北战场的战略大转折。他的步子慢得每分钟仅走上六七步，每一步都仿佛给地面烙上个深深的印子。

跟在身后的李银桥可苦了，他琢磨着毛泽东是否有意把他甩在屁股后面晾着他。一分钟走六七步，此刻，李银桥尽管踩着碎步，但依然觉得如同走钢丝一般艰难……终于，他那不安的脚步声惊动了毛泽东，并且从此消除了这位巨人与一个小人物之间的一段“怨气”，领袖与卫士之间永久的深厚情谊就这样开始了。

后来，李银桥在他所著的《在毛泽东身边十五年》一书中这样回忆他被毛泽东“接纳”的过程——

“你叫什么名字呀？”

主席终于同我说话了。我迅速立正回答：“报告主席，我叫李银桥。”

“李、银、桥。嗯，哪几个字啊？”毛泽东依然不紧不慢地问道。

“木子李，金银的银，过河的桥。”

“银——桥，为什么不叫金桥啊？”

“金子太贵重了，我叫不起。”

“哈哈，你很有自知之明嘛。”毛泽东的口气转热烈，转身望着我问，“你是哪里人呢？”

“河北安平县。”

“父母干什么呢？”

“我父亲种地拉脚，农闲时倒腾点粮食买卖；母亲操持家务，农忙时也下地干活。”

“我们的家庭很相像么，你喜欢父亲还是喜欢母亲？”

“喜欢母亲。我父亲脑子好，多少账也算不糊涂。可是脾气大，爱喝酒。吃饭他单独吃，他吃馒头我们啃窝头，稍不称心就打人。我母亲心善，对人好，我喜欢母亲。”

“越说越一致了么。你母亲一定信佛。”

“主席怎么知道？”

“你说她心善么。出家人慈悲为怀啊。”

“您、您母亲也信佛吗？”我问。

“我也喜欢母亲。”毛泽东说，“她也信佛，心地善良，小时候我还跟她一起去庙里烧过香呢。后来我不信了。你磕多少头，穷人还是照样受苦。”

“磕头不如造反。”

“好，讲得好。”毛泽东点点头，继续散步，走过一圈，又停下脚问：“怎么样，愿意到我这里工作吗？”

我低下头。怎么回答呢？唉，与其说假话落个虚假，不如闭上眼睛说真话，做个老实人。

“不愿意。”我小声喃喃着。

一阵难熬的沉默。

毛泽东终于轻咳了一声，打破了沉默："你能讲真话，这很好。我喜欢你讲真话。那么，你能不能告诉我，你为什么不愿意在我这里工作？"

"我干卫士太久了。从三八年参军，我一直当特务员、通讯员。我想到部队去。"

"噢，三八式，当卫士，进步是慢了些。就这一个原因吗？还有没有别的原因？比如说，在周恩来那里当卫士就愿意，来我这里就……"毛泽东把声调拉得很长。

"没有，绝没有那个意思！"我叫起来，"我一直想到部队去，我在周副主席那里也说过这个意思。我在他那里干过一段，他了解我的情况，形势缓和后提出走的要求也容易。如果到主席这里来，怎么好刚来就提出走？"

"你怎么知道我会不放你走？"

"主席——恋旧。"

"什么？恋旧！你听谁说我恋旧？"

"反正我知道。"我说，"听人说你骑过的老马，有好马也不换，穿过的衣物，用过的笔砚茶缸，一用就有了感情，再有了多好的也不换。就比如你那根柳木棍，不过是孙振国背行李的木棍子，有了好拐棍儿你肯换吗？我们要是有了感情，主席还肯放我走吗？"

"哈哈哈，"毛泽东笑了，"小鬼，什么时候把我研究了一番？嗯，可是我喜欢你呢，想要你来呢，怎么办？总得有一个人妥协吧。"

"那就只好我妥协了。"

"不能太委屈你，我们双方都作一些妥协。"毛泽东认真地望着我说，"大道理不讲不行。你到我这里来，我们只是分工不同，都是为人民服务。可是，光讲大道理也不行。三八式，当我的卫士，地位够高，职务太低。我给你安个‘长’，做我卫士组的组长。”毛泽东略一沉吟，做了个手势，说：“半年，你帮我半年忙，算是借用，你看行不行？”

“行！”我用力点头。

“好吧，你去找叶子龙谈谈，他对我更了解。”毛泽东将手轻轻一挥，我便轻松地退下。他独自回窑洞办公去了……

李银桥后来听说，毛泽东在与他谈话前，确实已经知道李银桥不愿来，但他还是对叶子龙和汪东兴说：“你们不要再考虑别人了，我就要他！”

这就是毛泽东的性格。

在毛泽东身边当卫士，主要是负责毛泽东的起居生活和吃穿住行等日常事务，这是最贴近领袖的人了，用“形影不离”四个字来形容一点儿不夸张。解放以后，特别是毛泽东被奉为“神”的晚年的一二十年生活中，党的副主席、国家政府总理等领导同志要见他也不是那么容易的。就是毛泽东的“联络员”、他的亲侄子毛远新要见他，也必须经过几道关卡。卫士却不同，毛泽东吃饭时，是卫士端去饭菜，并陪在一旁静候他吃完；他办公时，卫士一般在门外值班，同时又不时地进去为毛泽东准备些烟、笔墨和干些倒茶之类的活儿；睡觉前，卫士要为毛泽东擦澡、按摩，起床后，得为毛泽东准备洗漱用具和水；外出活动与开会时，卫士更是寸步不离。

毛泽东的卫士不像人们在电影里看到的列宁的卫士瓦西里式的彪形大汉，他的卫士一般都是十六七岁的小伙子。

“太大了，有些事情就不好意思再让他们干了。”毛泽东不止一次地这样说。因为毛泽东在个人生活上是非常“保守”的。他每天要人擦澡、按摩，才能睡得着觉，又时常因为便秘要人灌肠。这些事用年龄大的人毛泽东就不那么自在了，而十六七岁的小伙子，基本上还是孩子一般，毛泽东爱用这些大孩子，用起来也自在得多。

“是这样，我刚到毛泽东身边时也就是这个年龄，傻乎乎的，什么都不懂，心里想的全是组织上交给我的任务，就是照顾和保护好毛泽东，毛泽东所要我做的一切都是崇高而神圣的战斗使命。”卫士长李银桥这样说。“不过，”他又说，“时间长了，我们这些当卫士的便发现毛泽东虽然是主席，是领袖，但又是一个极普通的人。每个人所有的吃喝拉撒，他也完全一样。譬如，不愿在外人面前暴露一些个人生活习惯上的小隐私，不愿生人在他身上东摸西瞅的。他身上也有痒痒肉，有时我们在擦澡时，不小心碰到了他的痒痒肉，毛泽东不是极其敏感地阻止你的进一步行动，就是像孩子一般地嚷着：‘哎哟，别动了，别动了，哈、哈、哈……’地逗笑起来。”

毛泽东的特殊性格，决定了他使用贴身卫士的特殊标准。

“你千万别认为毛泽东的标准高不可攀。”打从1947年起，几乎参与了毛泽东所有卫士的选拔工作的李银桥说，“话得说回来，中央警卫部门在挑选毛泽东的警卫和卫士时，确实是百里挑一、万里挑一啊，可到了毛泽东那里便只剩下了一条标准，用毛泽东自己的话说，就是‘与我合得来’便行。”

毛泽东这个“合得来”仅为三个字，内容可是丰富无比。在毛泽东的一生中，真正被毛泽东确认与他“合得来”的人可是不多。他政治上最得力的助手、接班人，像刘少奇、林彪，还有曾经是“与我很合得来”的彭德怀，后来都被毛泽东认为是“合不来”的人。夫人江青是毛泽东认为“最合不来”的人，虽然她是毛泽东的妻子。妻子是“最合不来”的人，注定了毛泽东一生在个人生活上的悲剧。江青这个“合不来”又是一个轻易无法甩掉的包袱，我们可以想象毛泽东同江青结婚后的那几十年间，他在家庭与个人精神生活问题上是多么的痛苦。卫士是他日常生活中可依靠和可作些精神生活调整的人。自然，毛泽东十分注意要求能够与自己“合得来”。

怎样才算“合得来”？连长期专门负责毛泽东警卫、安全工作的罗瑞卿、汪东兴、叶子龙也是很难把握得准的。如此结果，便是毛泽东自己是挑选自己卫士的唯一，也是最后的裁决人。

因此，说同毛泽东“合得来”，这既是极为简单的内容，又是万分复杂的事情。汪东兴、叶子龙大概为此不知白了多少头发。但当我们问起那些曾当过毛泽东卫士的同志，他们却说：“非常简单。”

“毛泽东说的‘合得来’有时是政治感情上的一致，有时是性格秉性上的相同，有时是言行举止上的默契，有时是‘老头子’对机灵可爱的小伙子的一种特殊宠爱。一句话，完全凭毛泽东的感觉。”李银桥用这句话，概括了一位伟人所说的“合得来”的全部涵义。

后来，我们走访了毛泽东的其他几个卫士，他们畅谈自己被选为毛泽东卫士的过程，都证实了这一点。

封耀松，浙江人，他在当毛泽东卫士之前，是经过有关部门严格考察的。但无论谁打保票，最后拍板还得由毛泽东本人来决定。

这一天，封耀松被人领进毛泽东的卫士值班室，他被告知去毛泽东身边工作。这对一个穷人家的苦孩子，一个参加革命不久的小战士来说，简直是无法想象的事。过去，封耀松只是从书本上、画像上和领导的报告中，见到和听到毛泽东。如今，要真的见到毛泽东了，而且从今以后开始每天在这位全中国独一无二的大人物身边，封耀松自然激动得从前一天心律就加快了许多。此时，他趁卫士长到毛泽东那里去报告之时，已把放在胸口上的一份早已写好的决心书拿了出来。

卫士长回来了，小封便把决心书交给了他，并保证道：“卫士长，我一定按决心书上说的去做。”

“哈哈，瞧你，一句话错了两个字。”卫士长李银桥看了一眼，便大笑起来。他拿着小封写的决心书念道：“我西生自己也要保护好主席”，然后，他像逗小弟弟似的拍拍小封的肩膀，说：“等一会儿我教你怎样写‘牺牲’两个字，现在跟我去见毛主席。”

毛泽东此时正在书房。封耀松随卫士长一起进了门，不知是错觉还是幻觉，小封只感觉在书山中坐着的毛泽东全身闪耀着一缕缕耀眼的光芒，使他的眼睛都睁不开。他赶忙用手揉了一下眼睛，发现自己的睫毛早已被泪水浸湿了，那热流顺面颊淌在了胸襟上。

“主席，他来了。”卫士长轻声地报告道。

“噢，你叫什么名字啊？”毛泽东坐在藤椅里仍在看书，没抬头，“过来告诉我，叫什么名字？”

封耀松哪经过这种场面，他今天不仅见到了毛泽东主席，而且听到了毛泽东主席的声音，并且是亲自在与自己说话呢！他傻呆呆地站在原地，竟然连话都不会说了。

毛泽东连问两遍，见没有回音，便扭过头来。看了看小封，然后缓缓站起身，走到封耀松跟前。那只曾挥师百万大军，消灭八百万国民党军队，推翻蒋家王朝的大手轻轻地落在了小封的头上。“嘿，我说么，还是个娃娃呢！”最高统帅慈祥地说。

封耀松这下总算是被大手的“电流”触醒了，赶快叫了一声：“毛主席！”

毛泽东答应了一声，又问：“你叫什么名字？”

“封耀松。”

“封——耀——松，是不是那个河南开封的封啊？”

“不是，是信封的封。”小封一本正经地“纠正”毛泽东的话。

“哈哈……”毛泽东开心地大笑起来，像慈父似的用那双大手帮小封整了整纽扣，说：“小鬼呀，不管你有几封信，不开封是看不见信的哟。知道吗？那是一个字，懂吗？”

封耀松瞥了一眼站在一旁也在笑看自己的卫士长，似懂非懂地向毛泽东点点头。

“今年多大了？”

“十六。”

“爸爸妈妈都是干什么的？”

“爸爸给人拉黄包车，妈妈在家做家务。”

“噢，标准的劳动人民呢！你呢？你以前都干过些什么呀？”毛泽东问道。

“当过点心铺的学徒。”小封回答道，“去年到省公安厅警卫处学习。再后来，就上毛主席待的地方北京了……”

毛泽东像是满意地点点头，接着便开始给卫士上起了课：“以前，我对你的卫士长和其他几个人都说过，我呢，虽然是个主席，是大官，可我也是在为人民服务。每天要考虑和处理国家大事，自己的一些事情呢，就顾不过来了，就只好请你们帮忙了。你们干这一行呢，实际上也是在为人民服务，只是间接了点。我们之间只是分工不同，你愿意不愿意这样分工呢？”

封耀松认真地点头道：“愿意，主席。”

“那好，我们看看谁服务最好！”毛泽东像是要考察似的拉着封耀松的手，说道。

封耀松就这样接受了毛泽东的这一“竞赛”。

初来乍到，小卫士封耀松满心担忧，怕“服务”不好，而被“对手”毛泽东给赛输了。

轮到小封独立值班了。听老卫士们说，毛泽东的个人爱好和习惯很特别，谁要是在他工作时或处理他的生活琐事时不得当，他会大发脾气，而且发起脾气来让人心颤。小封听了自然更加胆怯和紧张了。

“见机行事，灵活掌握，处理得当。”卫士长对他说了这“十二字方针”。

小封走进毛泽东的办公室——其实这是一间卧室、书房兼接待室。办公时的毛泽东很安静，也没有什么大的差事需要卫士们做的，就是倒个茶、换个烟什么的。这些虽然看起来很简单，但要服务好毛泽东就不仅仅是做这些明摆着的活儿了，还有许多需要卫士凭自己的眼力去处置。后者最主要，也最难做到。

毛泽东两眼不停地盯在一份又一份的文件上，并有时有节地喝着茶、抽着烟。

小封进屋时，茶杯里的水已没了，他正准备上前取杯为毛泽东加茶水，一个意外的惊人之举使封耀松呆住了：毛泽东的那只空闲着的左手抬了起来，然后将三个手指伸向茶杯之中，轻轻地搓了搓杯中的残茶叶根，随即稍稍用力地撮起一把残茶叶，慢慢地塞进了嘴里，那两腮一动一动地，如同老牛嚼草一般，津津有味。

“报告卫士长，主席吃起茶叶了，是不是嫌茶水不好？”小封不敢出半点差错，连忙跑到值班室将这一惊人的“发现”告诉了李银桥。谁知卫士长满不在乎地说：“他的老习惯，残茶叶能提神。”

封耀松还是第一次听说。他想：我的穷老爹喝茶水时还讲究不吃隔夜茶，毛泽东主席竟连残茶叶也舍不得浪费，真是不可思议！

天黑了，小封见毛泽东那双穿着圆口鞋的脚不停地拍着地。开始小封以为是毛泽东累了，在活动血脉，随着拍地的次数不断地增多，他猛地想起了什么，忙去看温度计。糟了，还不到13℃！北京的农历十二月，可已是严冬了呀!

小封将左手贴在鼻子底下，思忖着怎样让毛泽东别冻着了双脚。有了！他机灵地找来两只热水袋，灌满热水后，轻轻地走到毛泽东的桌前，蹲下身子，将两只热水袋焐在那一双大脚背上。拍地的脚不再动了，室内只有“沙沙”的翻纸页声。又过了一会儿，小封取下热水袋，用双手轻柔地为毛泽东的两腿按摩了一遍。完毕后，他正要撤身，却被抬眼所看到的情景惊呆了，毛泽东双眼溢着感激的泪花，像慈父一般地对他说：“这好！这好！多谢你了，小鬼！”

封耀松的眼圈顿时也红了，慌忙退到一边。

“小封，把我的鞋子给弄来，我马上要开会去了！”又是一天，毛泽东游完泳后，对封耀松吩咐。一个是浓重的湖南口音，一个又偏偏是地方方言难改的浙江人。嘿，这一下热闹了。毛泽东要的是鞋子，封耀松不知怎么听成了“桃子”。

一听说毛泽东要吃“桃子”了，封耀松像接到了“十万火急”的命令，拔腿就往厨房跑。

“侯……侯师傅，快，快给我个桃子，主席要吃桃！”

“桃子？这时候哪来桃子呀……”侯师傅急得直拍大腿。最后还真让他给想出法子了：一个红盈盈的大水蜜桃放在了小封手中。

“主席，给！”小封像是完成一件神圣使命似的将桃子郑重其事地托到离毛泽东眼睛一两尺远的地方，嘴里还大口大口地喘着气。

毛泽东抬起那对正看书的眼皮，半晌愣在那儿。

封耀松见毛泽东愣了，不由得也愣住了，他轻声细语道："刚才您要的……我给拿来了！"

毛泽东突然一悟，终于忍不住地"扑哧"笑出了声，越笑越开心，最后竟笑得直揉眼睛："我……我说让你拿鞋子，你怎么……怎么把这东西给拿来了？"毛泽东一边说，一边用手指指双脚，乐个不停。

"这……嘿嘿……"小封终于明白了，他也不好意思地跟着毛泽东笑了起来。

"小鬼，我们一个是湖南人，一个是浙江人，可都是中国地方方言的能手，我们俩在一起，可有热闹戏呀！"毛泽东把小封拉到自己的身边，像父亲关怀儿子一般地抚摸着小卫士的头发，十分逗趣地说道："好，好，我喜欢这样的热闹戏，不过今后可得注意，可别把我的肚肠根给笑断了，啊？！"

封耀松腼腆而又真诚地点点头。

"我能在毛泽东身边工作多年，大约就是靠这傻实在吧！"几十年后，封耀松回忆起那段难忘的经历时，笑着这样说。

卫士田云玉，一副机灵活泼相，是个谁见了都说可爱的小伙子。他能在毛泽东身边工作那么多年，大概是属于"老头子"对机灵可爱的小伙子的一种特殊"宠爱"吧。

确实，田云玉是一开始就被毛泽东喜欢的小卫士，而且他也是唯一在江青与毛泽东两人面前都"吃香"的卫士。

田云玉能到毛泽东身边工作，凭的也是他那股可爱劲。

1952 年 2 月，才 15 岁的田云玉在老家黑龙江双城，当时听说沈阳来了几个人到他家乡那里招一批人去为苏联专家当招待员，便自个儿跑到城里，夹在一大堆报名的人群中间。

招工的人见了乱哄哄的报名队伍，就出来维持秩序，见了田云玉，就对同事说："这个小鬼不错，要他，要他。"

田云玉在众目睽睽下，非常得意地获得了优先。

一个有七个孩子负担沉重的家庭，自然迫不及待地希望能送出去几个孩子挣钱。田云玉招工"上榜"，家里人不亦乐乎。父亲给他提起一个小包袱，说："走吧，玉儿，你娘还等你早点寄点儿钱回来呢！"

田云玉当招待员的时间不长，就"青云直上"了。中央办公厅到东北选服务员，这位人见人爱的小伙子自然又中榜了。田云玉并不知道，他们这批服务员进中南海可是根据毛泽东主席的意图挑的。毛泽东在去莫斯科期间，途经沈阳时，曾说东北的小伙子聪明、朴实。卫士长李银桥将毛泽东的话转告了叶子龙、汪东兴，于是，就有了中央办公厅到东北挑服务员这件事。

谁知经过一个月集训后，机灵鬼田云玉却在分配时被搁在了一边：没被配给首长当警卫员、卫士，却留在中南海招待所当招待员。田云玉气不打一处来，可又不敢发作。后来才听别人说，领导觉得他活泼有余，扎实不足，要这个毛孩子"锻炼锻炼"再说。

田云玉毕竟是个机灵鬼，从此后就开始向老同志学习，在人前做出一副成熟老成的样子。可爱的小伙子整天在中央首长面前晃动，很快就被"老头子们"注意上了。第一位是彭德怀，随即又被眼尖的江青瞅见了。

江青是女人，又爱漂亮面孔。这田云玉自然被她一眼瞅见后就别想跑掉了。1953 年底，招待科科长告诉田云玉，让他到毛泽东主席身边工作。小田激动不已：愿望终于实现了，而且是最高的愿望——对一个从事服务工作的小鬼来说。

小鬼毕竟是小鬼，田云玉按照卫士长李银桥的分配，开始值副班。为毛泽东服务叫正班，在江青那儿叫副班。副班主要是协助正班工作，协调毛泽东夫妻之间与家庭的事情。

第一次上班，是早晨，田云玉在老卫士李家骥的带领下，来到江青卧室给她送早饭。

江青还躺在床上。李家骥为她摇起那张安有升降装置的床，然后将一张特制的木桌嵌在床上，并正好落在江青直起身的胸前：江青平常每天早上就在这张桌子上吃饭，很有点18世纪英国贵族的味道。

这一次江青没有马上动筷，而是两眼带有明显的好玩似的神色盯着眼前这位新来的小卫士。她开始用特有的又细又尖的声音问话："小鬼，叫什么名字呀？"像与三岁的孩子对话。

田云玉不知咋的，全身莫名其妙地战栗起来，半晌才回答："我叫……田云玉。"

"多大了？"

"十六。"

进来的时候，李家骥让田云玉拿着装饭的碗盘。这时，田云玉想上前为江青摆好饭，可他两条腿怎么也不听使唤，不仅迈不出步子，而且抖得连身子都在摇晃。真没用。一边的李家骥直想骂他。

江青觉得很惬意和开心，说："小鬼别紧张，我可不是吃人的狼啊！"说着瞪大她那双眼睛，装出唬人的样子，随即又"咯咯咯"地大笑起来。

李家骥瞥了一眼，还真像一只小绵羊见到大灰狼，那副窘样实在惹人爱。

很快，这个天真活泼的"小鬼"便赢得了江青的喜欢。等到他被卫士长李银桥带到毛泽东身边时，田云玉竟毫无半点惧怕感。那一脸孩子气的笑颜，毛泽东一见便满心喜欢地把他叫到跟前。

"小鬼，叫什么名字？"

“报告主席，我叫田云玉。”

“会写吗？”

“会，主席。”田云玉便伸出右手指，在毛泽东面前的空间比划起来：“就是这个田地的田，云彩的云，玉石的玉！”

“嘿，你还不简单呀！”毛泽东笑呵呵地说，“有天有地，又有玉石，可正是上下齐全国中贵，那么，你家一定人不少喽？”

田云玉心想：毛泽东真神，他怎么知道我家的事呀？便回答道：“是的，上有我父母，还有爷爷，下有我们兄弟姐妹七个。”

“可不，被我猜准了吧！”毛泽东笑了。又问：“家在哪个地方？”

“黑龙江双城县。”

“双城县。”毛泽东琢磨了起来，“为什么要叫双城县呀？是不是还有个单城县呢？”

田云玉可没听说过，便摇头说：“没有单城县。”

“不对，会有。”毛泽东坚持道，“有双城必有单城，而且不会太远，说不定你爸爸、爷爷他们知道，或许不知道，你可以问问。”

这是田云玉第一次领教的毛泽东，他觉得这位大人物挺有自己的分析、判断、见解。果然，田云玉在后来确实证实了他的老家是有个单城，只是单城小，慢慢地被双城“吃”掉了，以后就不曾有了。毛泽东真神！田云玉打这以后对主席特别敬佩。

情况一熟，田云玉的那股孩子脾气便淋漓尽致地暴露出来了：爱说爱笑，爱哭爱闹，无拘无束。除了多一点工作责任感外，他在毛泽东和江青面前如同在自己的父母面前一样。也许由于自己的儿女长久不在身边，或许偶尔在身边时也对他们要求得太严，缺乏太多的父子间的那种情趣的缘故，田云玉正好使毛泽东在这方面得到补偿。毛泽东一见田云玉来值班，就总是乐呵呵的，手头的工作再忙，也要抽出时间同小卫士闲聊几句。

这天又是田云玉值班了。前几天调级调工资时，田云玉因为看到别人都调了两级、三级的，自己只调了一级，便在中南海同有关部门吵了起来。为此，机关有人贴出大字报批评他，上面还写了两句怪“缺德”的话：“一登龙门身价十倍，田云玉哭哭啼啼要两级。”不光如此，这张大字报偏偏还让毛泽东看到了。

见卫士过来，毛泽东一副慈祥的目光落到了田云玉的脸上。

“小田，你过来，我想跟你商量一件事，你看行不行。”毛泽东完全是一副与小卫士平起平坐的姿态，“我先问你，你是不是家里兄弟姐妹多？”

“是，连我七个。”田云玉开始并不知道毛泽东为何又问这个。

“你现在的工资多少？”

一听说这，田云玉脸上就发热了，他知道毛泽东肯定要为他吵着要调级的事批评他呢，他难堪地回答：“四十三块。”

“要说四十三块一个人花还是可以的，要照顾那么一大家子就显得困难了。”毛泽东自言自语地说道。思忖片刻，他把头凑近小卫士，说：“我每月给你60元行不行？”

田云玉吓了一跳，连连摇头。

毛泽东误会了：“怎么，你还觉得少点？”

田云玉的头更如铃铛般地摇晃起来：“不不，主席，我——我不是这个意思。”突然，他“啪”的一个立正：“报告主席，我是国家干部，怎么能拿你私人的钱，那样的话，我不成了你私人的人了吗？”

伟大的毛泽东本是一片好意，可他绝没有想到小卫士会这样说。他那一向对什么都反应锐利敏捷的头脑还真愣了一下：是啊，这娃娃说得对啊！“不错，不错，我没想到这一层！”他拍拍田云玉的肩膀，“你说得有道理，有道理。”毛泽东一边在屋里兴奋地来回踱着步，一边不停地赞许道。

“小鬼，我喜欢你！我们俩合得来！合得来！”毛泽东走过来，将小田的头轻轻地搂在自己的胸前。

田云玉两眼模糊，激动的泪水哗哗直流：他感到了一缕阳光的温暖，感到了一个父亲的慈爱，也感到有点惭愧……

毛泽东一生所用的几十名卫士，几乎都是这样说简单又十分不易地来到这位最高统帅身边的。

第二章　头等使命

根据科学家测算，普通人的一生，平均每天的睡眠时间是 7.5 小时。常言说：人一辈子一半是在床上过的。睡觉确实是人的一生中极为重要的组成部分，没有睡眠便没有生命。当然，人不能因为睡觉而活着，但活着若是不能好好睡觉，将是件极其痛苦的事。

人为何睡觉？《汉书 · 贾谊传》中曰："将吏被介胄而睡。"医书言，睡觉是一种与觉醒状态周期性地交替出现的机体状态。它为脑疲劳后获得功能恢复所必需，人在疲乏之时需要睡觉，可是高度疲乏又使大脑神经产生兴奋，兴奋又最终导致人不能入睡。

我们这些普通人每日仅为自己、家庭或周围环境、工作等事纠缠，就时常为不得入睡而烦恼、心焦。那么，一个整日操劳天下大事、日理万机的领袖人物，他是怎样得到和安排睡眠的呢？

卫士长李银桥谈起此事，语气是那样沉重。他介绍说，毛泽东作为一个管理世界上人口最多的大国的领袖，在他的一生中，由于各种无法摆脱的、接二连三的大事、小事缠身，他失去了正常人一生中所应有的许多东西，其中之一便是睡眠。毛泽东习惯于夜间办公，白天睡觉。夜间万籁俱寂，便于思考问题，使人聚精会神。然而，白天睡觉却并不十分科学。人的生理是有其规律性和科学性的，人为地违反这种规律和科学是痛苦的。这种痛苦来自精神和肉体，毛泽东为了全国人民的解放事业和新中国的建设，耗尽了毕生的精力。

"毛泽东平均一天睡多长时间？"我们问。

"没办法统计这个平均数。"李银桥抱歉地摇摇头。他说："毛泽东的精力超人，国内国际有多少大事等着他处理，因而他无法遵循老天爷的日出日落的规律，所以也无法计算他一天睡多少小时。经常是，这一天他工作到清晨四五点，还没有睡到九十点，又有什么紧急要事催他起床处理。而这一起床，也许是连续办公两天一夜。我们卫士班的同志曾计算过他一周睡多少小时，结果才不足二十七小时。我们的老公安部长罗瑞卿同志，在中央首长中素有精力过人的美称，能三天四夜不打瞌睡，可他不止一次感叹道：‘哎，这些日子可累惨了！’‘怎么了？’有人问。‘陪主席呗！’可见毛泽东的精力何等超人。

“我们卫士的任务，主要是负责毛泽东的衣食住行。他的衣服非常简单，几件军装和几件内衣，从陕北时一直穿到60年代困难时期。毛泽东的饮食更是简单：一碗辣椒，一碟黄豆！遇到喜事心情痛快时，最多来碗红烧肉。除了解放战争时转战陕北以及50年代初出巡时间较多外，毛泽东大部分时间属于深居简出。于是，照顾好老头儿睡觉，便成了我们卫士的头等任务和重要使命。”李银桥说，平时他们背着毛泽东，都叫他“老头儿”。

“毛泽东精力充沛，是我所接触的中国所有领导人中最突出的一位。他工作起来会使周围的人难以支持。通常我们卫士每天轮流值班，采用四班倒。可就是我们这一天里，四个小伙子加起来都顶不住已进入花甲之年的毛泽东一个人。毛泽东有好几次出办公室时把自己的大衣轻轻地盖在门外值班睡着了的卫士身上。无论是战争年代，还是新中国成立后，不管哪位中央首长来见毛泽东，第一句总是要问：‘主席睡着了吗？’一听说正在睡觉，纵然有再重要的事情（除非特别重要的），也总是不敢和不愿惊醒毛泽东。大家都知道毛泽东能睡上一觉太不容易了。尤其是周恩来，每次见到我们，总要问这几天主席睡觉怎么样，一听说睡得好，便会像办完了一件大喜事似的，脸上堆满舒心的微笑；如果一听说没睡好，就会把我找去，指示道：‘卫士长，得想想法子呀，主席是全中国人民的掌舵人，你们得保证他休息，这是头等大事，明白了吗？’说完，还会非常具体地教我们一些行之有效的方法。所以，有周总理等领导同志的指示，就使我们卫士感到保证毛泽东睡好觉的重要性了。”

“为了保证毛泽东睡好觉，我们想了许多办法。有些办法是可行的，而有些则无法实现。譬如，规定毛泽东几点睡觉，或一天之内至少睡几个小时，这两点拿到实际中就无法兑现了，就连毛泽东本人有时也无法按照自己的意志办事：中国是个大国，大国又有数不清的大事，他又是这个大国的最高领袖，有些事是非他拍板不可。我们卫士看着毛泽东的办公室常常连续几天几夜亮着长明的灯光，私下里有多少次感叹：作为主席的毛泽东是多么不容易啊！”

“我给你们讲讲关于毛泽东睡觉的几个故事。”李银桥打起精神对我们说。

躺椅上的鼾声

1948 年 9 月，中央在西柏坡召开了著名的“九月会议”，会议以“军队向前进，生产长一寸，加强纪律性，革命无不胜”为议题，实际就是对各战略区打大规模歼灭战下达了总动员令，中央在此次会议上确定了解放全中国的伟大战略方针，根据战局的需要，决定将一切可能和必须集中的权力集中到中央和中央代表机关手中，以加强中央的统一领导，为夺取全国胜利创造思想和组织上的必要前提。中央当时的五大书记——毛泽东、刘少奇、周恩来、朱德、任弼时，进行了分工，依然由毛泽东同志负责全国的军事指挥，周恩来协助。从此，毛泽东同志以极大的精力投入到了辽沈、淮海、平津三大战役和后来的渡江战役中。这期间毛泽东几乎都是通宵达旦地工作，中央首长不时过来劝他多休息，可毛泽东总是幽默地说："我的面前是几百万的国民党军队，这么大的一盆'红烧肉'，不把它吃掉，我哪能睡得着呀！"

谁也对他无奈。

卫士们却急坏了，千方百计想办法劝毛泽东多睡些觉，可每当走进他的办公室，看着毛泽东一手支在桌子上，一手持着放大镜，恨不得把军事地图给"吞"掉的样子，就再也不敢上前说一句话了。

在东北战场的紧急关头，毛泽东已经连续两天三夜没有合眼了。这一天，是李银桥值班。

在毛泽东一生所用过的卫士、医生、秘书等贴身工作人员中，李银桥是毛泽东最称道的一个，也是同毛泽东个人感情最深的一个，他脑子快，办法多，胆子又大。

这几天，李银桥看着毛泽东整日整夜地工作，用尽了办法想劝主席在床上"眯盹儿"一会儿，可怎么也不管用。

束手无策的李银桥只得站在毛泽东身后，笨嘴笨舌地重复着这样一句话："主席，您已经两天三夜没合眼了，该上床躺一会儿了。"

半晌，毛泽东才"嗯"了一声，似乎身后的卫士根本不存在。

李银桥急得直想跺脚，可又怕影响毛泽东的思绪。他使劲地搓着手，站在那里越想越觉得又是惭愧又是委屈，惭愧，是作为卫士他没能照顾好主席；委屈，是自己想尽了办法也没能解决任何问题。时间又是一小时、一小时地过去。李银桥越想越着急：今天再不能保证主席睡一觉，周恩来已有言在先：卫士们必须做检查，特别是李银桥！周恩来对熟悉的人要求更严，因为李银桥到毛泽东身边之前是周恩来的卫士。李银桥这一急，便冲出了一句连自己都感到惊讶的话："主席，您不尊重人，我正式向您提意见！"

声音很大，而且很冲。

正趴在地图上的毛泽东一怔，抬头疑惑地看了看李银桥，像没有听清似的反问了一句："银桥，你刚才说什么？"

"您不尊重人！"李银桥噘着嘴。

毛泽东似乎感到了问题的严重性，便将身子从地图上支撑起来，将头微微地转过来，认真地瞪着自己的卫士。"你说说，是不是又有哪位到我这儿来了？"毛泽东又以为是哪位中央领导上门找他而他无意间冷落了人家，弄得别人产生"主席对我有看法"的误会呢！

"这会儿谁也没有来过。"李银桥说。

"那是怎么回事？"毛泽东更加认真地问。

李银桥心头在笑，嘴上却依然一本正经地说："就是，主席有时就是不尊重人，尤其是对下面的同志。"

毛泽东可是最怕这个了。他在延安时就针对机关有些同志高高在上的问题，一再强调要密切联系群众，虚心做群众的小学生。卫士们对毛泽东非常了解：在党内，在中央高级阶层之间，毛泽东从来也不跟谁讲客套。谁进他的办公室，有事办事，办完事就走，毛泽东一般既不出门迎接也不出门送行，可要是下面来位同志或老乡，或民主人士，毛泽东总是迎进送出，十分注意礼仪礼貌，并且对来客提的意见，不管是对是错，总是认真听，细心记。此时，李银桥这么一说，自然引起了毛泽东的注意。

"譬如说，对我们卫士说的话，主席有时就非常不尊重。"

"说具体点。"毛泽东放下手中的放大镜，脸上露出了笑容，似乎心里已明白了一半。

“好的。”李银桥见毛泽东认真地听着，知道自己的“阴谋”有望得逞了。“嗯——我问主席，这几天您知道我和其他几个卫士劝过您几次休息吗？”

毛泽东抱歉地点点头，说：“大概有四五次吧？”

“不对，至少是四五十次！”李银桥纠正道。

“有这么多吗？”

“肯定有。主席曾经说过，对群众的意见不管是对是错，我们都要认真地听，可您对我们的意见就没有认真地听。何况，我们提的意见是对的。保证您的休息，是组织交给我们卫士的重要任务！”

毛泽东终于笑了，过来拍拍卫士的肩膀，说：“算你的意见提得正确，不过，我没有认真地接受你的意见是有原因的：全国各个战区都进入了大决战的时刻，有许多重大事情正等着我们去决策。我是主席，更要全力投入，否则会影响我们夺取全国政权的进程。银桥，你应当帮我给其他卫士一起做做思想工作才是啊！”

“主席，这个任务我可完不成。”李银桥说，“因为您的话有片面性。”

“片面性？”

“是的。您说您是主席，当前的形势需要您全力投入，否则会影响革命进程。这只是问题的一面。如果您因为工作高度疲劳而病倒了、累坏了，那时您就不能正常工作了，那时，您作为主席对正在决战中的全国革命形势的影响才叫大呢！”

毛泽东惊疑地睁大了那双因疲乏而泛红的眼睛，赞许地说：“银桥有进步啊，什么时候学会了辩证法呀？”

李银桥这下可不好意思了：“是看了您的《矛盾论》，您说世上任何问题总是存在两个方面。”

“噢——你是用毛泽东理论，攻毛泽东观点呀！”毛泽东尖起了嗓音说。

"我可不敢，主席。"李银桥赶忙分辩道。他知道自己的"诡计"一旦被毛泽东"揭穿"，就再也没有法子劝毛泽东休息了，于是急得眼泪快要掉出眼眶似的乞求道："您已经好几天没有合眼了，这是现实吧？您总得休息一下才是。"

毛泽东在屋里踱了几个来回，嘴里一边说着："从问题的另一方面看，你们的意见和观点也是有一定道理。不过，手头的事情也确实多，怎么办呢？"毛泽东突然停止了踱步，对李银桥说："这么办，容我尽快把手头的文件看完，然后再去休息。你看怎么样？"

"不行，主席。"李银桥坚决地说，"这话您每次都这么说，可行动起来总是走样。再说，您要看的文件从来就没有完过。"

毛泽东听完这话，两眼也不自觉地瞥了一下案头小山似的文件，皱起了眉头，嘴里说着："这倒是个难题。"

李银桥高兴了，这个机灵鬼知道，"计谋"可以得逞了，他快手快脚地搬来一张躺椅，然后对毛泽东说："主席，您躺在椅子上看文件，我给您梳头，这样既不影响您工作，又可以休息。"

毛泽东赞许地瞅了一眼李银桥，说："好，好，这个好。"

就这样，毛泽东躺在椅子上一份接一份地批阅着文件的同时，李银桥一遍又一遍地为他梳理头发。

不知过了多长时间，李银桥听到"啪"的一声，主席手里的文件落在了地上，低头一看，毛泽东已经睡着了。他赶忙轻轻地捡起落在地上的文件，然后给毛泽东身上轻轻盖上一件毛衣，接着便踮起脚尖，悄悄地走出毛泽东的办公室。李银桥双脚还未出门，只听身后一阵高过一阵的呼噜声，是那样有力、有节奏。

刚出门口，对面迎来了周恩来。"嘘——"李银桥赶紧做了个"小声"的手势。

“怎么，主席睡了?！”周恩来轻声问道。

“您听——”李银桥把右手掌挡在耳朵沿。周恩来学着他的样子，站在毛泽东办公室门口，侧耳听了起来。

“呼——噜——呼——噜——”

“哎，还真香啊！”周恩来非常高兴地说。退出毛泽东的办公室，他来到卫士值班室，问李银桥用了什么高招。李银桥便将让毛泽东躺在椅子上一边让他看文件一边为他梳头的做法说了一遍。周恩来听后连声说：“好，这个办法好！梳头能使大脑的表皮层血脉活通，有利于消除脑神经疲劳，促进睡眠。这个办法好！”

据李银桥介绍，从此在毛泽东工作时，他和以后的其他工作人员给毛泽东梳头的做法，一直坚持了下去，毛泽东非常乐意接受这一消乏催眠的好方法。

至今，那些曾经在毛泽东身边工作过的卫士们回忆起毛泽东从躺椅上发出的沉沉酣酣的鼾声，总感到是那样的幸福，仿佛是冲锋的战士攻下了一个坚固的堡垒。

周恩来亲自出面

“这是中华人民共和国开国大典前夜的事情。”李银桥回忆说。

自 1949 年 3 月 25 日，中央机关从西柏坡迁移到北京后，毛泽东一方面仍在指挥彻底捣毁蒋家王朝的渡江战役，另一方面即在着手筹备新中国成立的诸多大事。打 6 月份召开新的政治协商会议筹备会后，毛泽东所在的住处始终客来人往。这期间，卫士们见毛泽东比任何时候都忙，常常不能正常地吃饭、睡觉，可他精神也比任何时候都好。作为领导中国人民和中国共产党打了多年江山的统帅，毛泽东对“十月怀胎”、即将“分娩”的人民共和国自然是格外的兴奋，因而他的精神状态始终充沛而饱满，显示出非凡的超人毅力。

9 月 21 日，中国人民政治协商会议第一届全体会议在北京举行。为了开好这次会，同各界人士商议和起草好《共同纲领》，毛泽东又是一连几天几夜没合眼。9 月 30 日，距开国大典仅有十几个小时了，这天下午，毛泽东参加完人民英雄纪念碑奠基仪式后，回到住所三下五下地吃完一顿“辣椒加臭豆腐”的美餐，接着工作。凌晨，毛泽东叫来李银桥，让他给梳头。

“唔，这下老头儿要睡觉了！”卫士们兴奋地议论起来，谁知不出半小时，李银桥便阴着脸回到值班室。

“怎么样，主席睡了吗？”卫士们急不可待地问道。

“看来又没戏了！”李银桥摇摇头，说，“我以为我的‘阴谋’又要得逞了，谁知他根本不理这茬儿，说：‘银桥，你这帮我一梳，足以使我坚持七八个小时。’”

“这怎么行！再过七八个小时，就该到 10 月 1 日中午了，一到下午两点就得上天安门城楼，让老头儿近百个小时没合眼去参加开国大典，要是有个好歹，我们怎么向全国人民交代呀！”卫士们急得直跺脚。

“快想想办法吧！”卫士孙勇冲着李银桥说，“银桥，你是治老头儿的‘智多星’，快拿主意呀！”

“对，卫士长快想办法吧！”卫士们围着李银桥七嘴八舌地说道。

李银桥急了，一跺脚：“我有什么法呀！你们就知道冲我喊！”

值班室内，一片沉默。

突然，电话铃响了。李银桥抄起电话。

“喂，是小李吗？主席睡了没有呀？”是周恩来的声音。

李银桥有气无力地回答：“报告周副主席，主席就是不肯睡。

我们怎么劝也没用。”

“那怎么行！不行呀！小鬼，再过十来个小时，主席就要上天安门的，唉！”电话里传来一声长叹后，便是许久的沉默。周恩来似乎也有点束手无策了。

“哎，叫周副主席来，主席准听他的！”警卫排长阎长林用胳膊轻轻地捅了一下李银桥，在他耳边轻声说道。

李银桥似乎一下子反应过来，把电话迅速提到嘴边：“周副主席，主席听您的，您来劝劝他吧！”

“好吧，我马上就到，你们准备一下。”对方搁下了电话。

卫士们欢呼起来，有周恩来到，毛泽东睡觉就有希望。

周恩来真是神速，仅三四分钟便来到了毛泽东的住处。

“你们谁值班？马上准备些安眠药，另外一定要给主席按摩好。”说完，他便走进毛泽东的办公室。

大约过了 5 分钟，周恩来走出毛泽东办公室。

卫士们赶忙问：“怎么样，主席同意睡觉了？”

“并不那么乐观。”周恩来对卫士们说，“我还有事，不能在这里久待，过一小时后你们再进去，一定要想尽办法让主席睡觉。要是出了大事，我唯你们是问！”

周恩来走时，已是凌晨 4 点多钟了，这已经是属于 1949 年 10 月 1 日这一伟大的日子了。

卫士们从周恩来的话中猜测到，大概毛泽东答应再工作一个小时后便休息，于是，刚满一个小时，李银桥便走进毛泽东的办公室。

毛泽东依然伏案疾书着，根本没有半点想“罢休”的样子。于是，李银桥便轻轻地提醒道：“主席，又过一个小时了，天空已经开始发白了。”

“嗯。”毛泽东应了一声后，毫无反应。瞧着毛泽东全神贯注的样儿，李银桥不敢轻易打扰，不得不又退了出去。

“银桥，周副主席在半个小时里来了三次电话问主席睡了没有，可怎么办好啊？”阎长林对拉长了脸的李银桥说。

李银桥一声不吭，忽而坐下，忽而又站起来，他在屋里来回走了半天，末了，又折身进了毛泽东办公室。

“主席您……”他着实有些赌气似的张开嘴，连头都没抬。

“怎么，我不睡觉你有情绪啦！”不想，这次毛泽东主动放下笔，伸了伸懒腰，站起来说道。

“不不……主席。”李银桥顿时转忧为喜。他熟悉毛泽东的每一个生活习惯和细节，他知道毛泽东要准备睡觉了。

李银桥赶忙弄好洗澡水，10分钟后，待毛泽东从院里散步回屋，他立即服侍毛泽东洗了个热水澡。上床后，李银桥照例上前为毛泽东按摩，可是却被毛泽东挡住了，说：“没事了，银桥，你也休息一会儿，下午一点叫我起床。”

李银桥只好退了出来，在值班室等候。这一天是他值正班，虽说这几天因为毛泽东不肯休息弄得卫士们也没敢睡，此时的李银桥也已疲倦不堪，可他哪敢打瞌睡。凭他的经验推测，今天的毛泽东是不会很早入睡的，或许临到中午才能睡着。如果到了时间不将他唤醒，误了开国大典，可是谁也负不起的历史性责任！想到这里，李银桥硬打起精神，告诫自己：必须按时叫醒毛泽东，绝对。卫士的责任有时连着中国革命的命运，因为他们是毛泽东的卫士。

一点整，毛泽东没有按铃。李银桥径直奔进他的卧室。毛泽东睡得很香，李银桥犹豫了：在毛泽东几天几夜不能睡觉时，他和卫士们，还有周恩来等中央首长个个急得团团转，想方设法希望毛泽东能睡觉，可眼下毛泽东真的睡了，而且睡得这么香时，又不得不去叫醒他。毛泽东是多么难啊！李银桥鼻子很酸，他打心里不忍上前去唤醒熟睡中的毛泽东。有一次，李银桥和卫士们记录过，毛泽东在几天没睡后，有一天睡下时，竟睡了35个小时！为此，李银桥和全体卫士举行了一次庆贺酒会。这些平时不喝酒的卫士们为毛泽东能睡35个小时，欢欣万分地每人痛饮了一杯酒。今天，他多么希望毛泽东再创造一次35小时的睡眠纪录！可是，不行啊！万万不行啊！误了开国大典，天王老子也不容许。

"主席！主席！"李银桥叫了两声。

"嗯？"毛泽东睁开了眼皮，他看见了李银桥。"怎么，一点了？"

"是的！"李银桥一边答道，一边扶毛泽东靠在床栏上，然后端上一杯热茶，放在床头柜上。

起床喝茶、看报，这是毛泽东的习惯，在开国大典的伟大日子，他也不例外。

"主席，一点半了！"李银桥掐着表，打断了毛泽东读报，替他穿上那件以后几十年里一直铭刻在中国人民心头的"开国大典毛式制服"。

两点五十分，李银桥扶着毛泽东，走完一百个台阶，与中央其他领导一起，登上了天安门城楼。

三点整，毛泽东走到麦克风前，庄严地向全世界宣告："中华人民共和国中央人民政府成立了！"这声音至今仍响彻在十几亿人民的心头。

从下午三点开始的大典到晚上的焰火晚会，毛泽东整整在天安门城楼上待了六七个小时。

十一点，毛泽东回到菊香书屋。李银桥赶忙替他脱下制服，解下皮鞋。"主席，您今天在城楼上始终神采奕奕，精神饱满。"李银桥看着劳累了一天，却依然红光满面、精神抖擞的毛泽东，不由感慨道。

毛泽东听后也很高兴地说："是的，看到人民，看到翻身做主后的人民喜气洋洋的情景，我精神好着呢！"毛泽东将头微微向上一仰，双光明亮地看着上空。他在想什么？想他的共和国？想他的人民？想他的延安窑洞？还是那牺牲在敌人屠刀下的娇妻杨开慧？

顷刻，毛泽东将奔腾的思绪收拢回来。他认真地说："银桥，今天要感谢你早上给我的一觉。"

"不，是周副主席的功劳。"李银桥说，"是他劝后您才同意睡的！"

毛泽东点头称道："是，恩来这个人做什么事总是想得那么周到。不过也得给你记一功。"

怒气冲霄之后是道歉

"说毛泽东的睡眠是全党的大事，一般人难以理解，也难以接受。其实一点不夸张。我在毛泽东身边当了15年卫士、卫士长，这一方面的感受可以说是极为深刻的。毛泽东自己也经常说，'我的个人生活只有三件大事：睡觉、喝茶、吃饭'。你们看，他是把睡觉放在了第一位。"李银桥说。

"听说毛泽东曾有几次跟卫士发脾气，都是为了睡觉的事？"我问。

"是这么回事。"卫士长道，"毛泽东一生最讨厌、最恼火、最痛苦的是睡觉，反之，最渴望、最高兴、最满意的也是睡觉。毛泽东之所以与卫士曾经为睡觉而发脾气，其整个过程，完全体现了领袖与卫士之间那种特殊的关系和师长与后辈之间的深情厚谊。"接着，李银桥就给我们讲述了几个"睡觉插曲"。

这一次又是一个重要会议。毛泽东在此次会议期间发表了一个重要讲话——《关于正确处理人民内部矛盾的问题》，并且主持召开了最高国务会议。每逢这类大事，毛泽东便再无生活规律可言了。

“怎么，如此说来主席已经两天没睡觉，只吃了一顿正经饭？”卫士长李银桥听完卫士们的汇报，不免又着急起来。

“看来又得费点心思了！”他说完，目光落到了卫士封耀松身上：“小封，下一班是你吧？”

“是。”封耀松从卫士长的目光中明显地看出卫士长没说的另一句话：就看你的了！封耀松顿时感到了肩上的重任。

夜深了，小封陪伴着毛泽东，心里一个劲地嘀咕着得“想方设法让主席多睡多吃”，无奈，他又拿不出半点有效的行动。

这时，小封忽见正在伏案疾书的毛泽东将头朝上仰去，用双手在太阳穴、眉睫间捏着、揉着，显然，他是想歇一会儿。封耀松见此机会，赶忙上前，小声地劝道：“主席，您已经有一天多没吃饭了，是不是给您搞点来？”

毛泽东看看小封，长叹了一声，点点头，又马上摇摇头：“饭就不用搞了，你烤几个芋头来就行了。”

“这……”小封正要理论，毛泽东却又朝他挥挥手，低头又伏案写文章了。这个时候是不能再有半句多余话的，否则毛泽东准不会轻易饶恕的。

小封只得按毛泽东的吩咐来到厨房。深更半夜，为了怕惊醒厨师老侯，小封便自个儿烤起芋头。老侯还是醒了，他一见小封便说：“怎么，饿了吧？到里面来，这儿还有好吃的呢！”老侯认为小封“偷食”吃，便关切地说。“哪里是我，是主席要吃！”小封忙说。“你这个小鬼，怎么不早说呀！”老侯着急起来，“主席已经三天没吃一顿像样的饭了，我马上给做！”“不，侯师傅，别忙了。烤几个芋头就行了！”老侯一听火了：“你这个小鬼，主席饿了几天了，怎么能就烤几个芋头给他吃，你存的什么心？”小封也急了：“主席说烤芋头嘛，你好心，那你做饭你自己送去！”老侯这才没了话，他深知毛泽东的脾气。

小封将烤好的六个芋头，放在一个碟子里端进毛泽东办公室。他脚刚踏进门，只听室内鼾声阵阵，原来毛泽东睡着了！只见他斜靠在床头的靠垫上，一手拿着笔，一手抓着文件，就这么睡着了。小封见此，轻手轻脚地把芋头放在暖气片上，随即退出了门。倘若闹醒毛泽东，那可是“罪该万死”的事！小封对自己说。

没过多久，小封在门外听到里头一声咳嗽，毛泽东醒了。

“主席，芋头烤好了！”小封赶忙进屋，端起暖气片上的那碟芋头。

“好，想吃了！”主席放下手中的笔和文件，搓搓脸，抓起一个，便津津有味地边剥皮边往嘴里塞。见他自得其乐的样子，卫士赶忙退出了屋。

一支烟的工夫，门外的小封又听到屋内阵阵的呼噜声：毛泽东又睡了！此时的封耀松，其心头那股甜滋滋的劲头不亚于灌了一瓶蜜。

碟子内只剩了一个芋头。老人家吃了五个，够支撑一阵子的了，小封边收拾边想道。他刚要踮着脚出门，忽觉毛泽东今天的呼噜声似乎有些异样！卫士不放心地回头一看，天哪！封耀松不敢相信，在毛泽东的嘴里竟然还夹着半个芋头！那半个芋头随着呼噜声一起一伏地在毛泽东口腔内颤动着！

毛主席有多困呀！小封的眼眶里“哗”的涌出一股热流。绝不能让主席这样睡！小封心里想着，手就下意识地跟着轻轻地动了起来。只见他上前用两个手指抠住那半个芋头。

芋头抠出来了，呼噜声亦随即消失。

“哪个？”毛泽东瞪着一双熬夜熬得通红的眼睛，愠怒地看着封耀松，怒气冲天地问，“怎么回事，啊？”

封耀松吓了一大跳，顺口叫喊了一声“主席”，便泪如泉涌，没有说出半个字，只用手中的那半个芋头向毛泽东示意了一下。

“唉，你这个小鬼呀！”毛泽东又怜悯，又恼怒，又感激地叹了一口气，“我不该跟你发火。”

“不不，主席，是我不对，我不该惊醒您。”小封哭出了声，哭声中不断地乞求着毛泽东，“您已经几天没好好睡觉了，我怕这个芋头卡在嘴里影响您睡觉。求求您了，您得睡觉……”

毛泽东笑了，看着还是个孩子般的卫士，无可奈何地说道：“好好，小封，我们达成一个协议，你呢，莫哭了，我呢，听你的话睡觉。”

“哎！”小封一听这话，破涕为笑，利索地收拾起毛泽东吃完的芋头和那只碟子出了门。

后来，小封把这件事告诉了卫士长，李银桥像大哥哥训斥小弟弟一般地用手指轻轻戳了一下他的额头，说：“你这家伙胆还不小，可就是笨了一点！”

另一次的事，那天的值班卫士是李连成。

“毛泽东这一次的脾气发得真不小。责任在我们卫士，但李连成也是一片好意。”李银桥对此事记忆犹新。

这天，毛泽东刚写完一篇重要文稿，精神非常兴奋。两天没合眼，他自己也极想好好睡一觉，可就是难以入眠。两个小时后，他已经服了第三份安眠药了，通常医生吩咐当他一下不能入睡时最多可服两份药。

李连成再一次扶他上床，然后竭尽全力地按摩着。不知过了多长时间，李连成惊喜地发现毛泽东终于合上了眼，并且已经轻轻地发出鼾声。李连成大气不敢喘一声，也不敢轻易挪动一下已经有些发麻的姿势，因为毛泽东还未进入熟睡状态。

不知又过了多长时间，也许是半小时？一小时？李连成停下手，静听起毛泽东的呼噜声——太好了，他睡熟了！那熟悉的鼾声，如同柳花纷飞季节里一首悦耳的春曲，令李连成陶醉。

他蹑手蹑脚地从床上下来，又慢慢挪步退至门口。就在这时，李连成的目光被另一束强烈的光芒遮住了：太阳光，从窗口射进的一束太阳光。坏了！李连成不由紧皱眉头。这光过不了多长时间，就会射到毛泽东脸上，那时就……想到这里，李连成不顾手麻脚酸，重新折回屋内，小心翼翼地走向窗口。他要挡住这讨厌的阳光，保证毛泽东睡个好觉。

窗，是个木质的百叶窗。只要将其放下，便能全遮住光。那时的百叶窗不像如今街上到处可见的那些轻如棉布般的铝合金或塑料合成的百叶窗。木百叶窗显得很笨重。李连成心里直骂做窗的木匠，干吗不做得轻便些。他是怕放帘时惊醒毛泽东。

他担心极了，越担心手就抖得越厉害。

“啪——啦！”担心的事终于发生了，百叶窗像散了架似的一滑溜从上坠落下来，其实这声音并不算大，可在静谧的房间内，对一个睡着了的人来说，这突如其来的响声，却如同电闪雷鸣。

“谁？怎么回事？”李连成的身后，已是愤怒焦躁的吼声。

卫士面无血色。

毛泽东吃力地从床上坐起，张着那双因极度疲乏而布满血丝的眼睛，瞪着李连成：“说，怎么回事？”

“我关……关窗。”

“关窗，早干什么去了？你不要在这里值班了，出去！你给我外边站着去！”毛泽东历来有怒便发，吃了三份安眠药才刚刚进入梦乡就这样给折腾醒了，他的火气自然不比一般。这火越大越显露了他内心和精神上的痛苦。

李连成哪敢违命，退到院子里，双脚并拢立正站好。

不到五分钟，李连成又被由远渐近的熟悉的脚步声惊得浑身打了个冷战。毛泽东出门了，依然怒气冲冲地说："去吧，你不要在这里了，你去把李银桥叫来！"

李连成丢了魂似的跑到值班室。他知道毛泽东的脾气，谁要是真惹火了他，一句话就会把你给支到天边，并且永远不许再回到他身旁。李连成自知今天闯了祸，一副哭丧脸向卫士长作了汇报。李银桥一听，没说一句话便匆匆向毛泽东卧室赶去。

"主席，我来了！"

李银桥进屋时，毛泽东正在屋里焦躁地来回走着。见卫士长进来，他嘴巴动了动，却没有说话，看得出，他是硬压着肚子里的火气。

再叫他睡是不可能了。李银桥搬上一把躺椅，让毛泽东坐下。毛泽东坐下来了，胸脯却仍然起伏不停。此刻最好的办法是让他稳定情绪，李银桥不愧是卫士长，对毛泽东的情绪、嗜好了如指掌。他拿起一把梳子，便给毛泽东梳起头发来。

毛泽东不与他说话，他也不问毛泽东一句。李银桥知道毛泽东的火气未消，而且对他这个卫士长也有意见——至少应有"领导责任"嘛。李银桥心里知道，因为毛泽东与他这个卫士长私人感情非同一般，所以没有冲他发作。机灵的李银桥便没有再多嘴。这时，唯一要做的，是让毛泽东从恼怒和痛苦中恢复过来。

梳呀梳，不知梳了多长时间。李银桥只觉得两只胳膊都快要断了。

"好了，去叫李连成进来。"半天，毛泽东终于平静地说了一句话，"方才我对他发了火，该向他道歉。"毛泽东回到了他那平易近人的位置。

“主席，我看算了。是小李的错，再说我也有责任。”李银桥不想再让毛泽东为此事劳神了，便劝道。

“不行，我向卫士发火是不对的，一定要道歉。”

见毛泽东坚持，李银桥便退了出来，回到值班室，挨了半天冷板凳的李连成见卫士长出来了，依然一副哭丧脸，可怜巴巴地盯着卫士长。

李银桥瞅见李连成，就咬牙切齿地举起拳头在他面前晃了晃。“你是怎么搞的？事先为什么不做好准备，我真想揍扁你！”说着，拳头却落在了自己的大腿上。

“主席睡着了吗？”李连成最想知道的是这个。

李银桥白了他一眼：“还睡什么？主席几天不能睡，好不容易合眼你又弄醒了他。你真是个小混蛋！去吧，他叫你去呢！”

无奈，李连成胆战心惊地来到毛泽东卧室。

“主席，我……错了，您狠狠地批评我吧！”李连成的声音颤抖着。

正在一边吸烟一边看文稿的毛泽东侧过头，“唉”了一声，说：“你有些小错，我是大错，我不该向你发脾气。”

“不，主席……”李连成泣不成声，“是我不好，是我不该……”

毛泽东是见不得别人的眼泪的，见小卫士如此伤心，不由怜悯心大起：“莫哭了，莫哭了。是我委屈你了。我工作忙，脑子想的事也多，睡不好就烦躁，情绪不能自控。你可别往心里去啊！”

毛泽东越这么说，李连成越哭得不能控制，最后竟号啕痛哭起来。他是被毛泽东的话所感动的，谁知毛泽东误以为他受了天大的委屈，便一个劲地哄。

在此之后的一个星期内，毛泽东竟三次向李连成表示道歉，弄得李连成不知所措。

专列“搬女将”

“说起毛泽东睡觉的事，还真不少，而且挺有些你们文人说的艺术戏剧性！”李银桥兴致勃勃地给我们讲起了另一件事。

广袤的原野上，一列列车在月光下由中国的华北平原向中原、华东方向奔驰而去，这列列车行至沿途各个站时或是根本不停，或是戒备森严。有经验的人知道：这一定是哪一位领导的专列。据说中央对享受专列人员的级别有严格规定，必须是副总理和政治局委员以上。专列的行动路线是保密的。

毛泽东的专列胜过其他专列的总和。然而，在专列上，卫士们感到与在中南海丰泽园里并无区别：毛泽东睡什么床、吃什么饭、干什么事，都依然如旧。

夜间行车是毛泽东专列的习惯，因为夜间是毛泽东的工作时间。这个习惯连中央的刘少奇、周恩来、朱德、任弼时这样的领导人物都要围着转，专列当然也不例外。同样，白天是毛泽东的休息时间，公安部长罗瑞卿经常随毛泽东出巡，为了保证毛泽东休息，只要他一合眼，这位罗部长就要通知列车马上停开，不管是逢站或不逢站。罗瑞卿不在时，这个权力便由卫士长李银桥行使。随即，一个电话，专列的四周便会迅速出现一队队武装警戒人员。毛泽东的专列始终是处在绝对安全的情况之下，对此，毛泽东曾多少次地反对过，但有关部门严格按照“向人民负责”的原则坚持这样做。

毛泽东是个永远不知道疲倦的人，任何时候都争分夺秒地扎在工作与看书当中。卫士们介绍，他的一生中，除了人必需的一些日常生活外，95% 以上的时间是在案头、床头工作和读书，除此就是开会及参加一些党务、国务活动。即使在专列上，毛泽东也依旧如此。

“老头儿又是两天两夜没睡了！”卫士们挤在一起，又在为毛泽东的睡觉问题发起愁来。

“小封，小李，还有张仙鹏、田云玉，你们都想过办法没有？”卫士长李银桥一个个地点着名问大家。

“没办法，老头儿是什么脑子？我们那点小‘计谋’、小把戏，还不都被他轻易识破了！”田云玉首先泄气地说道。

“卫士长，你有办法，还是听你说说。”张仙鹏非常敬佩李银桥，因为卫士长总是在关键时刻教他怎么做。这一次，张仙鹏又希望卫士长能出高招。

“对，卫士长你说怎么做，我们遵命便是。”卫士们哄嚷起来。

“嚷什么，就知道从我这里拿现成的点子，今天哪，都得给我想！”李银桥瞪了大伙儿一眼。

于是，一片默然。卫士们个个闷着头，搔首思索着，可半天也想不出辙。

“有了。”最后，还是李银桥说话了。他是卫士长，比谁都着急。

“快说，是叫我去吧？”最受毛泽东宠爱的田云玉蹦了起来，请战道。

李银桥抬手按在小田肩膀上。“今天这一招，我们都不唱主角。”

“哪位唱？”

“我们来个搬兵。”李银桥笑着朝大家挤挤眼，“搬个女将来！”

卫士们面面相觑，随即不约而同地叫起来：“小姚！叫姚淑贤来！”

李银桥点点头：“小封，快去请！”

“是！”封耀松转身便跑。

姚淑贤，是毛泽东专列上的一位医务人员，活泼、可爱。这位天津姑娘跟随毛泽东专列好几年了，因为在专列的首长主车厢工作，所以跟毛泽东挺熟悉。毛泽东也喜欢小姚，并且曾为正在谈恋爱的这位姑娘写了一首古诗词，让她悄悄交给她的那位经常不能相见的恋人。“静女其姝，俟我于城隅。爱而不见，搔首踟蹰。”毛泽东的墨迹，给姚淑贤的爱情增添了无限情趣。

姚淑贤被卫士封耀松叫来了。

“小姚，主席已经两天没睡了，得想个办法。”卫士长见了姑娘便说，“我们几个都说你嘴灵手巧，再说主席也挺喜欢你，准能想个法子让主席睡觉。”

“哎呀，我的卫士长，你可别抬举我了。你们都劝不动，我更不行了！”小姚连连摆着手说道。

“小姚，别弄虚的了，你准有办法！”卫士们跟着起哄。看得出，小伙子们倒是一片诚意。

“小姚，你会唱京剧吗？”卫士长问。

“哎呀，我可不行！”小姚一听便叫了起来，“别说唱，就是听也听不懂呀！”

“这可怎么办？”卫士长一听真着急了。火车上毕竟不是中南海，有娱乐的地方、散步的院子。这干巴巴的就像手掌那么大的一块地方，好人也会憋出病来！

“我有个同事是农村的，以前跟她学过一支农村小调……不知能不能行？”

“行行行！”听小姚一说，卫士们顿时雀跃起来。活泼的田云玉像抓住救星似的拉着姑娘的胳膊说：“只要你一唱，主席就会和了！”

“总不能上去就对主席说：‘主席，我给您唱个歌’呀？”小姚说。

"得想个法子，先把主席的注意力吸引开，然后再唱歌。"一向比较稳重的张仙鹏说。

"这样吧，我先削好几支铅笔，然后再想法跟他说上话。"小姚自己给自己出了个点子。打她上了毛泽东专列后，便主动承担了为毛泽东削铅笔的任务。毛泽东一天用的铅笔不下二三十支。

"行，这样就能把主席的注意力吸引过来了。"田云玉说道。

"哎呀，不行呀，如果我上去说：'主席，铅笔给您削好了。'他说：'行，放在这里吧。'那不就糟了，我总不能赖着不走呀！"小姚扭头一想又着急起来。

"你不会随机应变一下，你不走，主席能轰你走吗？"急性子的田云玉冲着姑娘说。

小姚不高兴地反击道："就你行！你能在主席面前撒娇，谁能跟你比。"

"哎呀，吵有什么用，还是想想办法吧。"卫士长说话了。

又是一片沉默。

"有了，"张仙鹏拿起桌子上的一本《人民画报》，"你们看，这上面有毛泽民烈士的照片，小姚拿着这个，请主席讲讲自己兄弟的事，这不就搭上话了？"

"行，就这么着！"李银桥让小姚拿着这份画报和削好的铅笔，然后对卫士们说，"我们几个准备配合行动。"

"是！"卫士们像接到了攻克高地命令的战士，一齐立正。

"女将"姚淑贤虽说与主席经常见面，可那是全国人民、全世界人民敬仰的主席呀。现在她要去接受一项"特殊"使命，心里头"怦怦"跳个不停。

"千万别紧张。"身后，卫士们小声鼓劲道。

小姚挺了挺胸，做了个深呼吸，然后将毛泽东正在工作的车厢门拧开。门一开，小姚感到一股浓烈的烟味扑鼻而来。平日，对这种烟味小姚并不以为然，她深知毛泽东的烟瘾，可今天她却要来个“大惊小怪”了。

“咳咳咳……哎呀，好大的烟味呀！”小姚装腔作势地说道。门外的卫士们捂嘴的捂嘴，竖拇指的竖拇指，差点为小姚的表演笑出声来。

果然，毛泽东见小姚那副样子，便把手中的烟头给摁灭在烟灰缸里，并且朝姑娘抱歉地笑了笑，随即又将目光落到了文件上。

“主席，铅笔用完了吗？我又削了些。”小姚在步步实施计划。

“好，请放好，谢谢你。”毛泽东嘴里说着，却连头都没有抬一抬。

“主席，水凉了吧，要不要换？”小姚继续找“茬儿”。

“不凉，莫换了。”

毛泽东说不凉，小姚的心却一下子凉了。怎么办？她的手碰到了衣服口袋里的那本画报，姑娘急中生智，不知哪来的那股勇气，掏出画报，竟然不管毛泽东同意不同意，就往毛泽东正在看着的文件上一盖。

“主席，看，毛泽民烈士，卫士长说是您的亲弟弟，我怎么看不出来呀？”

毛泽东出神地看了看画报，然后放下笔，身子往后一仰，做了个扩胸的动作。

“他上当了！”小姚激动得快要喊出来了，可又不敢。

“他长得有点像印度人，是跟我不太一样。”毛泽东无限深情地说道，“不过我们的确是亲兄弟。他像我父亲，我像我母亲。”

“主席，给我讲讲您弟弟的故事吧！”姑娘得寸进尺。

毛泽东摇摇头，正想开口，即听到卫士长的声音：“小姚怎么搞的，主席正在办公，你就跑来搅和，出去吧！”

小姚见卫士长那副气势汹汹的样子，真是吓了一跳，可当她又见卫士长朝她扮鬼脸，便完全明白了。她顿时装出一副可怜巴巴的样儿，朝毛泽东看了一眼，像是真要走开似的。

毛泽东哪知这是“小鬼”们早已串通好的把戏！听见卫士长这么一说，便不干了：“你不要乱说，我现在正在休息，小姚跟我聊聊天，有什么不对呀？”

卫士长的脸顿时比电影还变幻得快，一副笑颜地说道：“主席您不知道，小姚会唱河北小调，让她给您唱一段。”

“瞎说瞎说！”小姚真羞假羞不知道，反正脸蛋绯红。

“好啊，你还不承认！”卫士长朝门外喊一声，“喂，进来吧。主席在休息，快一起来听小姚唱歌呀！”

卫士们早已准备好，“呼啦啦”地拥到了毛泽东身边。

“哎哎，你们说说，小姚的歌是不是唱得挺好的？”卫士长李银桥不愧是个一流的鼓动者，卫士们顿时一齐帮起腔来。

“对对，她昨天还唱呢。”

“小姚，你要是在主席面前不唱可不行啊！”

“你们不要给她戴高帽子了。”毛泽东被这些姑娘小伙子逗乐了，慈爱的目光落在了姚淑贤身上。“小姚，你唱一个吧！”

小姚毕竟是个姑娘，在这关键的时刻，却想退缩了。“不行啊，主席，我过去是瞎哼哼，在您面前，我……”说着就想溜。

“不行不行！”卫士们一下子把她抓了回来。“一定要唱！一定要唱！”

“你们……你们这么多人欺侮我一个人，欺侮妇女！”小姚的脸红得像熟透的桃子。

毛泽东笑得眼里直闪晶莹的泪珠，一边与卫士们拍着手，一边指手画脚地对小姚说：“我们建立统一战线，你不与我们站在一起就孤立了，唱一支，唱了就加入我们的统一战线了。”

卫士长暗暗地捅了一下小姚，小姚知道不能退了，便鼓了鼓勇气，于是那轻松、优美的歌声在专列的主车厢内回荡起来——

月牙渐渐高，风吹杨柳梢，
蒋介石坐台湾，一阵好心焦，
嗯嗳哎嗬哟，一阵好心焦……

毛泽东全身松弛地靠在座椅上，与卫士们一起，摇头晃脑地为小姚打着节拍，卫士们个个喜笑颜开。

……
提起我抓兵，抓得好干净，
和尚老道都让我抓呀抓干净，
嗯嗳哎嗬哟，嗯嗳哎嗬哟……

“后来，毛泽东睡了吗？”我们问。

李银桥久久停留在那幸福的回忆中，许久，他说：“没有，小姚唱完后，我们又一起同毛泽东说说笑笑了一会儿，他就又开始办公了。后来我又去劝他睡觉，他眨眨眼，说刚才小姚唱歌时他就休息了一阵子，够了，我还能再说什么呢？”

“毛泽东就是这样一个人。他一生中最注重睡觉，可一生中始终睡得比别人少得多，少得多。”李银桥无限深情、无比痛惜地说。

第三章　让“老帅”动一动

毛泽东，作为中国人民的伟大领袖和导师，他对中国革命事业和共产主义运动的贡献是无法估量的，他一生忘我地工作。当问及他的贴身卫士，毛泽东每天投入工作的时间是多少？他们都摇摇头说：“无法核算。”

“毛泽东的一天，与我们普通人过的一天不一样，他的一天是48小时。”卫士长李银桥作了这样一个权威性的、常人又难以理解的结论。

李银桥这样解释：计算毛泽东的一天，不能单从早晨起床、中午吃饭、下午上班这样来看。因为毛泽东平时的工作时间一般是从下午开始，并且一直要到第二天清晨，这时他才开始睡上四五个小时，然后再继续工作，到第4天的清晨，或者更晚些。如果不是有重要活动，毛泽东的工作时间就是这样反复循环。因此说他的“一天”实际上是48小时，这48小时中除了吃两三顿饭外，便是四五小时的睡眠时间，其余的时间基本上是埋头在案头、床头，甚至是在厕所里批阅文件、看书、找人谈话等。

李银桥回忆说：“解放战争初期，我在给周恩来当卫士时，就知道中央几位领导的精力都是惊人的充沛，常常一天工作一二十个小时，有时甚至几天不睡觉，后来我到毛泽东那儿当卫士，才算真正发现毛泽东的精力是最充沛的。当时中央的五大书记，除毛泽东外，还有刘少奇、周恩来、朱德和任弼时。由于毛泽东的工作时间是以48小时为‘一天’来安排的，刘、周、朱、任等领导同志因有重大事情总是要同毛泽东一起开会商量，所以他们也经常要跟着毛泽东连轴转。这几个人中朱老总年岁最大，也就最先熬不过。五大书记开会时，我们卫士要在现场搞些警卫、服务工作，所以有时我也要到会场，领袖们一开会就是通宵，常常会议开着开着，毛泽东的精神、思维越来越活跃，而朱老总则要打起瞌睡来。除非是就重大决策进行表决时叫醒他外，一般情况下毛泽东和周恩来总是笑笑，摆手说：'别叫醒他，让老总多休息一会儿。'连续几十个小时工作，刘少奇和周恩来一般没什么问题，任弼时同志可就够呛了。他有高血压病，过度紧张就容易头晕。一到不舒服时，我就看他头向后一仰，靠在沙发上合眼眯盹儿一会儿。这个时候，其他几位书记忙劝他早些去休息。这时任弼时便赶忙敲敲他的大烟斗，说：'我比你们都年轻，你们能坚持工作，我倒回去先休息，那怎么行呢！我应当比你们多做些事才对呀！'他话是这么说，工作中也是这么做的，可后来还是他最先累垮了。建国后不久，敬爱的任弼时同志就病倒了。唯独毛泽东，好像什么事都没有，他工作一个通宵，就像我们干了一个上午似的。我们卫士组正常情况下是三四个人轮流值班，我们都有这种感受，几个小伙子也顶不上毛泽东一个人。"

"从人的生活规律而言，毛泽东的这种工作时间似乎对身体并不十分有利，他自己有没有或者别人是否劝过他改改这种习惯？"我们进而问李银桥。

"有过，但很难奏效。"卫士长说，"记得早在20世纪50年代，毛泽东的一位老乡、老同学，当时是湖南第一师范学校校长，叫周世钊先生，他到北京来看望毛泽东，了解到毛泽东的这种按月亮办事的工作习惯，过后曾专门写信给毛泽东劝他改改这一习惯。毛泽东在周先生这一年生日这天给他回信说：'晏睡的毛病正在改，实行了半个月，按照太阳办事，不按月亮办事了。但近日又翻过来。新年后当再改正。多休息和注意吃东西，也正在做，总之如你所说，将这看做大事，不看做小事，就有希望改正了。'

可是毛泽东始终没有能改过来，据我了解，这种习惯毛泽东一直到他患重病不能动时才得以改正。

“记得 1957 年 5 月，当时的苏联最高苏维埃主席伏罗希洛夫来京访问，在离开北京时，毛泽东到他下榻处送行。伏罗希洛夫紧握着毛泽东的手，动情地说：‘我最亲爱的毛泽东同志，听说您每天不分昼夜地工作，又天天熬夜，我真心痛啊！记住，为了您的中国人民和您亲爱的苏联人民，请您无论如何也别再熬夜了。过去我也通宵工作，结果身体垮了。希望您这样做：太阳一出来您就向它问好，太阳一落您就向它告别，去休息。’伏罗希洛夫见我也在场，便说：‘哎，亲爱的卫士长同志，我说得对吗？您得督促您的主席这样做！’当时我非常感谢苏联同志说的这些话。说心里话，我和卫士们不知多少次劝毛泽东平时注意休息，少熬夜，可毛泽东根本不听，后来，我们渐渐发现这 48 小时的‘一天’是毛泽东的特殊规律，旁人根本无法改变他这种工作与生活习惯。”

“人，毕竟不是机器，年复一年，长期这样下去，会影响毛泽东的身体呀！”我们感慨道。“可不是嘛。”卫士长深深地叹了一口气说，“毛泽东是我们这个人口占世界四分之一大国的领袖，他的一言一行，以至一冷一热，都影响极大。为了既不打乱他的特殊生活规律，又保证他的身体健康，我们这些兼管他衣食住行的卫士，为此没少花心思。从某种意义上讲，保证好毛主席的睡眠，让他适度地休息，这是我们卫士们所担负的两大最艰巨的任务。关于保证毛主席睡眠的事，前面已经讲了。这里再讲讲有关我们调剂毛主席劳逸结合，适度休息方面的事。”

下面是卫士长讲给我们的故事——

见缝插针

如果要等着毛泽东什么时候没事了，空出些时间来休息休息，那将永远是失败的，卫士们对这一点已经太熟知了。中国这么大的一个国家，有多少事等着毛泽东去处理，偏偏毛泽东这个人又爱看书学习。因此，要从他的一天中找出一点点空闲来，简直是不可能的事。

这一天，轮到卫士李连成值班了。卫士长告诉他，封耀松值的上一班时，毛泽东就没有离开过案头，得想法让“老头儿”歇一会儿，李连成接受了这个最平常也最艰难的任务。他深知，要想让毛泽东歇一会儿，有时比自己去战场冲锋陷阵还要难。毛泽东在工作和看书时，如果冒冒失失地走进去说：“主席，请您歇一会儿。”或者拉着毛泽东的袖子说：“主席，到外面散散步吧！”这样是不行的，因为毛泽东最讨厌别人突然打断他的思路。总之，冒失——在毛泽东面前是绝对不可取的，李连成和所有的卫士都很明白这一点。

四五个小时过去了，李连成除了进屋给毛泽东上烟换茶外，他已经十来次悄悄地从门口朝里探头，看看有没有劝毛泽东休息的“战机”，可总是失望地缩回头来。

又是两个多小时过去了，卫士长交代给自己的任务还没有任何进展，李连成心急火燎，在门口直搓手。

小伙子终于沉不住气了，提着暖瓶又一次进去了，他是想借倒茶之机劝毛泽东休息休息，可他发现毛泽东水杯里的水依然满着，是呀！才几分钟呢！李连成一看表就知道自己心急的程度了，他心里有些紧张，怕自己太多地走动会影响毛泽东聚精会神地工作，他匆忙抽腿往后退，可又停住了，要是退出去再进来就更会打扰毛泽东了，怎么办？说吧！不说，看样子毛泽东是要再干上十几个小时。“不能照顾好毛泽东，不能让他劳逸结合，就是我们卫士的失职。”李连成想到卫士长的话。

小伙子没了退路。

“主席，您该歇一歇了。”他小心移着步，细声细气地说，连眼都不敢直视毛泽东。

没有回音，半晌，李连成才瞥了一眼毛泽东。对方毫无反应，大概没有听到吧！于是，李连成决定提高嗓门。

“主席，您该歇一歇了！”

“嗯？！”毛泽东突然一惊地抬起头，惊疑地问卫士，“什么事？”看，他精神太集中了，以至根本没听清卫士在说什么，还以为发生了什么重要事情。

李连成全身汗毛都竖了起来，他恨自己没有把握好嗓音。“没，没有什么事，主席。”

“噢，那就别大惊小怪的！”毛泽东说完，又埋头钻到他的文件堆里。

李连成大气不敢出，直挺挺地站在原地。他想走，可“任务”没完成又不敢拔腿。再劝毛泽东吧，又怕再度干扰会引起他发怒。真是进退两难。

突然，他感到自己后腰被人轻轻地捅了一下。哟，是卫士长来了！天哪，救星来了！

“怎么样，老头儿没歇？”卫士长用眼神问李连成。

“可不，我连针都插不进去！”李连成也用眼神答道。

卫士长皱了一下眉头，也不知如何是好。

这时，毛泽东放下手中的文件，做起扩胸动作。

卫士长和李连成好不高兴：毛泽东要歇一歇了！可是，他们马上就意识到不是那么回事，毛泽东又随手拿起一本书看了起来，丝毫没有想歇一歇的意思。

卫士长也着急了。他负有的责任比任何一个卫士都重。于是，他不得不采取“行动”。经验丰富的卫士长准确地把握着嗓音的“频率”，说话了：“主席，您该休息休息了。”

“嗯？”这下，毛泽东没有受惊，也没有愠色，只是奇怪地问：“你们什么时候进屋的？”

卫士长笑笑：“我刚进来，小李站在这儿大概有二十分钟了。”

“什么事？”毛泽东疑惑地问。

“该歇一歇了，您从昨天下午一直到现在还没歇，也没吃什么，时间太长了，会把身体搞垮的。快歇一歇吧。”卫士长好心地劝道。

“银桥，你们怎么知道我没休息？”毛泽东微笑着问。

卫士长理直气壮了：“这还用怀疑？从小封的班到小李这一班，我们没见您从桌边挪动过呀！”

“主观，片面。”毛泽东举起那只拿着书的手，笑着说，“我至少已经休息两三次了。”

卫士长和李连成面面相觑，不知毛泽东又有什么“高超理论”了。

果然，只听毛泽东说道：“休息有各种各样。我的休息方法便是看文件、批阅材料，或者开会、讲话时间太长了，脑子累了，我就拿一本书看看，这样不就可以像你们说的换换脑子休息休息么？”

“这……”卫士长和小李不知说什么好，似乎觉得毛泽东的话并不全面，又一下想不出更有力的理论驳倒他。

“好吧，你们下去吧，我还有些急的文件要批阅。”毛泽东说罢，便又钻进了他的文件堆中。

此时便不好说什么了。卫士长和小李像泄了气的皮球退了出来。“对付”毛泽东，可真难啊！

“银桥啊！主席休息了没有呀？”这时，周恩来进了值班室，见他便问。

“总理，主席有二十来个小时没有休息了。他不睡也不出来歇一会儿，我正着急想办法呢！”卫士长赶忙报告道。

周恩来亦感为难地拍了拍脑门：“这段时间有许多重要文件得请主席审定，他一定很紧张也会睡不好觉的。不过，无论如何你们要让他劳逸结合，千方百计地让他多休息休息。”因为有事，周恩来给卫士们留下任务便走了。

“这可怎么办？”李连成又急又想不出法子，冲着卫士长直嚷嚷。

“沉住气。”卫士长示意他安静，自己则在值班室小屋里踱起步来，忽然，他问李连成：“喂，锅炉房可以用了吗？”

“锅炉房？”李连成不明白卫士长为什么突然问起这个，便说：“能用了，刚才我倒的开水就是从新锅炉房里打来的。”

“好，有了！”只见卫士长高兴地拍了拍大腿，“走，跟我来。”

李连成不知卫士长又有了什么新花招。平日里，要说“治”毛泽东，卫士长的点子是最多的，也许因为这毛泽东特别信任他。可今天，李连成有点摸不着头脑，在快到毛泽东办公室门口时，他扯扯卫士长的衣袖：“怎么回事，卫士长？”

“你呀，就不知道动动脑子。”卫士长笑着轻轻地告诉他，“锅炉房能烧水了，主席洗手、洗澡可以不像以前那样靠我们一盆一盆地把水端进端出，对这个新变化主席一定会像上次发现卫生间那样感到高兴，这一高兴，我们不就可以把他从文件堆中拉出来了吗？”

李连成听后拍着脑袋瓜儿笑了，他联想到卫生间的事：以前，毛泽东办公和居住的菊香书屋院子里是没有厕所的。上厕所难不仅给这里的主人带来麻烦，也使来开会或拜访的客人感到不便。每逢毛泽东上厕所，都要走到后院里去，这段路程，并不比住在北京四合院里的普通老百姓去公厕的路近多少。怎么来解决这个难题呢？这可把有心计的卫士长苦苦折腾了一番。后来，他终于想出了一个好办法：在紧靠毛泽东办公室后窗子的地方，按卫生间的要求盖一间平房，然后把办公室的墙开一扇门，与卫生间连通起来，这样便可使毛泽东的寝室、办公室和卫生间成为一个完整的套间。卫士们都说这个办法好，于是，他们就和中南海修缮队的师傅一起商定了方案，并趁毛泽东睡觉时一起把活儿干完了。毛泽东起床后发现办公室有了新变化，才知是上厕所不用再多走路了。

“哎，你们谁想出的这个办法呀？”毛泽东喜形于色地问道。

卫士长忙解释：“是我们和修缮队的师傅一起研究定的。”

“好好，这样方便多了，谢谢你们啦！”毛泽东连声道谢，并来回地在几个房间里走了几趟细细查看了一番，显得特别高兴。盖卫生间算是给毛泽东办了件好事，也给当时连续几天几夜没好好休息的毛泽东创造了一个松弛下来的机会，对此，卫士们连连称道。

上厕所问题解决了，取暖仍是个难题，北方冬天如果屋内没有良好的供暖设施，那几个月的日子就特别难过，以前菊香书屋的房子取暖是靠烧地炉子，因年久失修，火道都不通了，卫士们提出要装锅炉和暖气片。卫士长和卫士们着实苦心地研究了一番，最后他们选定在紧靠毛泽东办公室的一块空地盖一间小锅炉房。这样不仅可以解决菊香书屋的取暖，还可以为毛泽东的洗漱提供热水。利用业余时间，卫士们和修缮队的师傅又很快将小锅炉房盖了起来，卫士们还特意挑选了心细的人负责烧锅炉。

眼下，听说锅炉已可启用，卫士长当然很高兴，因为他又有

“机会”了。李连成也恍然大悟，于是两人便乐滋滋地走进了毛泽东的办公室。

毛泽东还在埋头工作，卫士长便轻轻上前用最恰当的声调提醒毛泽东道：“主席，您再这样下去，可就有点官僚了。”

“什么，银桥，你说什么？”毛泽东感到卫士长的话说得突然，他不由放下手中的文件，认真起来了。

“老头儿上钩了！”李连成差一点笑出声，他对卫士长的高招佩服得五体投地。

“是的，主席，我说您只管自己埋头工作的话，就要犯官僚主义了。”卫士长一本正经地说。这种话，除了他以外，大概谁都不敢在毛泽东面前这样说。

“噢，那你倒说说，我哪个地方有官僚主义呀？”毛泽东对卫士长的话一向是认真听取，这次也不例外。

见毛泽东认真，卫士长倒自个儿先笑了起来。“主席，我是说您只管埋头工作，而对周围发生的事极少注意。不信，您看看这个办公室又有什么新变化？”

毛泽东举目环视了一遍，没有发现什么，便说：“不会是又给我盖了个卫生间吧？”

卫士长见毛泽东已经进入角色，便放开了胆子，上前一把扶起他老人家，说：“来，您到这儿来看看。”这时，李连成也上来，两人一起扶着毛泽东，走到洗手间，并打开了水龙头。

“主席，您试试。”

毛泽东不解何意，便把手伸到了水龙头下。“嗯？水是热的！”毛泽东一脸惊喜。

“主席，我们在您办公室后面盖了一个小锅炉房。这样冬天的取暖问题总算解决了，而且也不用到处打开水了。”卫士长兴奋地述说起来，“最最关键的部分，主席您还没有发现呢！”

“又有什么新花招？”毛泽东笑颜相问。

李连成眼疾手快地走到洗澡盆旁，拧开了水龙头，顿时，热气腾腾的水“哗哗”地流入澡盆内。

“好么，洗澡也有自动化了！”毛泽东好不高兴。卫士长见此时火候已到，便上前为毛泽东解起衣扣。

“主席，这第一个自动化的热水澡您再不洗可会后悔一辈子的！”

“好好，洗，洗个热水澡！”毛泽东很乐意地接受了卫士长的建议。

卫士长和李连成两人兴奋得像喝了几杯美酒，劲头十足地为毛泽东又是擦背又是按摩，足足折腾了个把小时。毛泽东呢，在热水里时而闭目养神，时而戏水弄波，难得的自在高兴。

“舒服，十分的舒服，你们又为我干了一件好事，谢谢你们了！”出澡盆后，毛泽东高兴地说道，并吩咐卫士长和李连成说：“我要睡一觉了。”

“哎！”卫士长和李连成相视一笑，把毛泽东扶送到卧室。

这一觉，毛泽东睡了整整 8 个小时，卫士们在值班室里几番欢呼万岁。

能这样让毛泽东好好地休息一下的机会是不会太多的，因为不可能总盖厕所、装锅炉吧。所以，要真正使毛泽东做到劳逸结合，更多的是需要卫士们见缝插针，巧妙安排。机会还是有的，关键要看卫士们能否掌握好“火候”。

又是一连几天让卫士们为毛泽东的休息感到焦虑，左右为难的日子，忽然那天午饭过后，毛泽东从书房里走出，在台阶上住了脚步。只见他仰天深深地吸了一口气，接着清了清嗓门，唱起了卫士们熟悉的《空城计》。

卫士们顿时笑逐颜开。每逢毛泽东唱《空城计》，必会有好事。此时毛泽东的心情一般总是很好，卫士和家人们提出什么事他都会答应的。

机会又来了！正在江青屋里陪李讷、江青一起玩的卫士迅速用目光向李讷暗示一下，聪明的李讷见叔叔们向她发出了“进攻的讯号”，便连蹦带跳地出了屋。江青也赶忙跟了出去。

院子中的走廊里，卫士、江青、李讷一起站在那里，眼睁睁地看着毛泽东背着手，哼着戏，独自在那七棵翠柏间绕圈。

毛泽东忽然抬头看到了走廊里侍立着的人，马上醒悟了什么似的：“噢，都来玩一下，玩一下么！”

卫士们高兴得直要拍手鼓掌，因为他们又得胜了——制造了一种特殊的气氛，让毛泽东感觉到应该“玩一玩”了。今天的“作战方案”是让爱女和平常在一起不易说得拢的江青出现在兴头上的毛泽东面前。此法果然奏效。

多少次在背地里骂毛泽东不理人的江青，此时也显得有些激动。听毛泽东这么一说，江青即刻用试探的口气响应道：“玩玩麻将好吗？”

卫士们的心一下提到了喉咙：这江青怎么搞的，毛泽东是最不愿玩麻将的呀！好在他们马上有了“救星”——李讷说话了：“爸爸，玩麻将么，就玩麻将么！”

毛泽东从不怕江青的种种刻薄和无理取闹，却经不起爱女的几句撒娇式纠缠，应道：“好好，就玩麻将！”

卫士们仿佛听到了冲锋的号角，“哗”的转身奔进屋里，搬桌的搬桌，摆牌的摆牌，欢声带着笑语，如同办喜事一般。

“我来这么久，还没见主席跟家人一起打过麻将呢！”一个小卫士刚刚发出感慨，就被老卫士封耀松剋了一通：“新兵蛋子才来了几天！我跟老头儿十来年，也还是头一回见他这么痛快地玩呢！”

上桌就是“一转圈”，完后，卫士们趁热打铁，凑到毛泽东身边，轻声建议道：“主席，吃饭是否一起吃？”卫士的意思是让毛泽东与家里人一起进餐——要知道这样的机会也是很少的，尤其是同自己的子女一起吃饭。平日，毛泽东一贯坚持让子女到大食堂就餐。今天，卫士们又一次掌握了“火候”。

“好么。”毛泽东点头答道，一家人难得在一起吃了一顿饭。

能将毛泽东从他的办公室拉出来一次散散心，就是卫士们一次皆大欢喜的事。为此，卫士们费的心思可不算少。

平常，毛泽东除了工作、看书外，他的休息方式是比较呆板的，无非是散散步，玩麻将之类实在是千载难逢的事。这就给卫士们“使招”带来一定的难度。好在卫士们，特别是卫士长对毛泽东的性格、脾气、习惯都非常熟悉，因而也就能基本做到知己知彼，百战而能差不离七八十胜。

还有一次，卫士长随毛泽东到南方巡视工作。一路上，毛泽东白天不是找人谈话，就是出席各种会议，参观工厂、农村，晚上在灯下一坐下便是一个通宵。日程安排得难有插针之缝隙。

卫士长看在眼里，急在心上。光劝几句，毛泽东根本听不进去，有时实在缠不过，便双手一摊道：“我出来一次不容易，既然出来了，就想多看看，多了解些情况。要在北京，你们又不让我走动，这回有了机会能放掉吗？”

这一点卫士长当然能理解，但想到自己所肩负的责任，他便会产生一种一刻也不可放松的使命感。

上海市委安排的住宿地是一家大饭店。聪明过人的卫士长在毛泽东办公室的门外徘徊了几次，想进去劝说毛泽东放下手中的笔歇一会儿，可怎么也想不出点子来。

“乒！乓！乒！乓！”什么声音？卫士长听到走廊的一端有人在活动，便上前推开一扇门。噢，原来是服务员们在打乒乓球。

“卫士长，来玩玩吧！”

“哎，噢，不不！”卫士长抱歉地笑着退出了门。就在这一瞬间，他想起了“一计”，于是便径直进了毛泽东的房间。

毛泽东依然埋头疾书着，烟雾在房间里缭绕。卫士长忙把一扇窗户轻轻打开一些，好让烟散出去。随后，他轻步来到毛泽东桌前。

“主席，饭店的服务员们听说您的乒乓球打得不错，都想请您去打打呢！”卫士长开始“用计”了。

“我那点水平还值得献丑？”毛泽东头也不抬地说了一句。

卫士长抿了抿嘴唇，有意把嗓门提高了半个“挡”：“要我说也是，您的乒乓球水平现在可以算得‘阿木铃’了。”

“什么‘阿木铃’！”毛泽东知道上海话“阿木铃”的意思，于是断然放下笔，起身挥手道：“走，看看我真是‘阿木铃’吗？”

卫士长心里乐开了花：老头儿中计了。可他脸上却依然一本正经，并装作不愿去似的：“是啊，主席，我看还是别去了吧！到时您真的‘阿木铃’了，可太影响您的形象了！”

毛泽东一听这话，更不肯罢休，大手一挥道：“走走，什么形象不形象。”

妙哉！卫士长跟在毛泽东身后，高兴得一个人手舞足蹈起来——他又要胜利了！这一招叫激将法。他知道，毛泽东的个性就是爱挑战。无论是对自然界，还是政治、军事，挑战越大，毛泽东在其中所显示的勇气、毅力、才思、智慧将越刚强、越坚忍、越敏捷、越超人！

今天，打个乒乓球，比个输赢，算不得什么，但毕竟将毛泽东从工作中“激”了出来，这便是最大的收获。卫士长能不高兴？

毛泽东的出现，使正在打乒乓球的服务员们一个个惊喜万分。

他们又是拥簇又是欢呼，好一会儿，毛泽东才上了球台。

“来，谁是对手，请上么！”毛泽东手持乒乓板，做出一副应战的架势。

场内却一下子凝固了：谁都想上去，谁又都不敢上去，没人上去，冷落了毛泽东可不好！卫士长赶忙从一个服务员手中夺过乒乓球拍，跟毛泽东对打起来。

这可是真打。卫士长左右开弓，毫不留情。

毛泽东连连失球，精神一下子全力以赴。

左——右，来——回。卫士长看到毛泽东已经进入“角色”，便主动让身旁的服务员上场。

于是，站在一旁的服务员们一个个抢着上场与毛泽东对峙几下。这哪是比打球，分明是能同伟大领袖打一次便可以三生有幸的难得的好机会。

于是，球艺再高的服务员也纷纷“败”下阵来，毛泽东连连得胜，越战越强，最后竟然连扣五下，每下准确无误，直逼得对方一个“狗吃屎”。

于是，欢笑声响彻饭店的廊里廊外。

毛泽东笑出了眼泪。然而，整个场内最高兴的却是卫士长，因为他又一次让毛泽东得到了最好的休息。

投其所好

“毛泽东这个人是很有感情色彩的人，平时说话幽默，办事也讲究艺术性。这样对身边的卫士也有一种潜移默化的教育，因此，卫士们在为他老人家做什么事时，也多少得讲点艺术性。这是我跟随毛泽东多年的体会，也是毛泽东和中央其他领导同志夸我工作做得好的原因之一。”卫士长李银桥今天这样对我们说。

当我们听完他讲的故事后，也深深感受到了这一点。

1955年，这是新中国成立后的一个重要的年份。毛泽东对这一年曾作过如此描绘："1955年，在中国，正是社会主义和资本主义决胜负的一年。这一决战，是首先经过中国共产党中央召集的3月、7月和10月三次会议表现出来的。1955年上半年是那样的乌烟瘴气，阴霾满天。1955年下半年却完全变了样，成了另外一种气候，几千万户的农民群众行动起来，响应党中央的号召，实行合作化。"

这一年年底，毛泽东以极大的热情，全力以赴投入了上、中、下三册，达90多万字的光辉著作《中国农村的社会主义高潮》一书的编辑工作，并亲自写下了104条按语。

因为要赶在1956年1月份出版此书，卫士们亲眼看到毛泽东为了编辑这本书，又开始了没日没夜的工作。全书文稿一百几十篇，厚厚的一沓。由于原稿文字较差，标题也大多是些新闻式的题目，有的一个标题长达几十个字。毛泽东就像老师给小学生改作文似的，一篇一篇、逐句逐段地进行删改。秘书们知道他有夜间工作的习惯，便总在第二天一早到他办公室来取毛泽东修改好的文稿，连同写好的按语一起拿去誊写。有几天，毛泽东在晚饭后也叫卫士把材料送到秘书处，秘书们感到很奇怪："白天主席不是在睡觉吗？怎么又有一批修改好的文稿呢？"

"他已经有几个白天没睡了。"卫士说。

"哎哟，那他怎么能顶得住呀！"秘书们担心起来了，于是，便在再次上毛泽东那儿取材料时劝毛泽东注意休息，别太累了，这时，毛泽东总是笑笑说："人民群众的社会主义热情如此高涨，步伐如此之迅速，我睡不着觉呀！"

毛泽东确实讲出了他的心里话。那时，不仅毛泽东被广大人民群众走社会主义道路的高涨热情所感染、激动，中南海几乎所有的领导和工作人员都是这种情绪。“群众都行动起来了，我们还能闲得下来？”一种高昂的热乎乎的革命情绪，自上而下地在当时的中国到处可以看得见、听得到。

怎样使毛泽东在这情绪高度兴奋过程中能够得到适当的休息，这又成了卫士们伤脑筋的事。

一两个月来，虽然毛泽东吃得不错，只要能睡下去也不用吃几次安眠药了，但毕竟他睡的时间太少，工作起来又太专注。这一方面是因为他从材料上看到各地轰轰烈烈的社会主义运动而激动、兴奋，另一方面确实因出书的工作量太大、时间太紧张。除了吃饭、上厕所外，毛泽东连办公桌都不离开。一坐下来便是几小时、十几小时，有时甚至更长。

初冬的夜晚，北风带着寒气卷进了北京城，卷进了中南海。菊香书屋的灯光依然彻夜长明着。

屋外的窗下，披着大衣的卫士轻手轻脚地在守卫着自己的伟大领袖，从他们匆匆替换的行动，可以看出其内心的不平静。

“卫士长，怎么办呢？老人家已经两天两夜没有离开办公桌了！”卫士小田不安地问前来检查岗位的卫士长。

“脑子都动到了？”卫士长问。

“啥法子都用了，可就是拉不动。下午，周总理、江青都来这儿劝过，还是不见效。”

卫士长轻轻地推开毛泽东办公室的门，从一条缝中往里看了一眼，又把门掩上了。“唉，老头儿情绪兴奋时一干便没个完。”

“卫士长，你没穿棉衣，快回家休息吧。”小田突然感到自己的脸上沾了几滴水珠，便朝院子的上空一看，说：“看，天多冷，下起雪了。”

“真的？”卫士长一听，兴奋地跑到院子中央站了一会儿，然后高兴地拍拍小田的肩膀，“我有办法了，你先回去休息，我替你值班。”

“那怎么行！”

“怎么不行？你有办法让毛主席休息？”卫士长将了小田一军，小田只好乖乖地脱下大衣给卫士长穿上，自己回宿舍休息了。

雪，在静悄悄中越来越大，使整个大地披上了一层银装。卫士长看着雪花一层又一层地掩没了菊香书屋院子外的瓦顶、草地……下吧，快快下吧。他一动不动地站在走廊上，凝视着下雪的夜空，心头异常兴奋，因为他想到了毛泽东性格中的一个秘密：恋雪。

北国风光，
千里冰封，
万里雪飘。
望长城内外，
惟余莽莽，
大河上下，
顿失滔滔。
山舞银蛇，
原驰蜡象，
欲与天公试比高。
……

卫士长情不自禁地轻轻吟起毛泽东这首气势磅礴、诗意纵横的伟大诗篇。这首《沁园春·雪》是卫士长最喜欢的一首诗词，这不仅仅是因为诗词本身写得好，而且是因为他知道毛泽东和他一样的爱雪。

记得那是1951年冬的事。那年北京下第一场雪时，正值“三反”“五反”高潮。毛泽东工作了一夜后，天亮时便放下笔，伸了个懒腰后，便往门外走。他刚刚跨出门槛，猛地停住了脚。

原来，门外正纷纷扬扬地下着大雪，毛泽东像孩子似的睁着惊喜的双眼，动情地凝视着这银色世界。他被雪激动了、陶醉了。

毛泽东一生有四大最显著的爱好：抽烟、吃辣、游泳、恋雪。前两者当为饮食爱好，后两者属于人与自然之间所产生的情感。毛泽东对游泳的爱好，显示了一个伟大政治家的远大志向和气魄；而他对雪的恋情，则完全是诗人的气质。

一次，他问卫士长喜欢不喜欢雪。当听卫士长说喜欢时，他高兴得像找到知音似的：“银桥，不知是不是我们俩都有一个慈善和信佛的母亲的缘故，在许多方面我们俩的趣味很相像。我爱雪，十分地爱。刚到延安的那一年冬天下雪时，我一听说下雪了，便从炕上跳下来跑到窑洞外面，后来发现自己的脚上竟连鞋都没穿……”“哈哈哈……”卫士长差点没笑断了腰。这事他曾听老警卫人员说过，如今听毛泽东亲口说后，更觉得有趣。

北国的雪不下则已，一下便如鹅毛盖地。毛泽东被眼前的景象深深地迷住了。

这时，一位卫兵进院，见毛泽东站在雪地旁停住了脚步，以为雪挡了他的道，便赶忙找来一把扫帚匆匆去扫路。

毛泽东突然像被人戳痛了似的惊叫起来：“不要扫！我不要你扫！”说着，他像丢了什么东西似的又四周看了看，发现院子里的铺砖路上的雪只有薄薄一层，便大声问卫兵：“这路是你扫的吗？”

卫兵以为毛泽东批评他没尽到责任把雪扫干净，便忙解释道：“黎明前我已扫过两次，可雪一直下着，所以……”

“你，你一次也别扫了！听见了吗？”

卫士被毛泽东的话弄得怔怔地，呆看着被扫过的雪地，不知是怎么回事。

毛泽东没有再去理会卫兵，独自走出廊檐，走下台阶。步子迈得小且又移动得小心翼翼，仿佛怕惊醒一个甜美的梦。刚走出两步，他又停了下来，转身看看自己刚刚留在雪地上的脚印，双目闪耀着新奇和惊奇。他不再抬腿了，怕洁白无瑕的雪地被“无情”的脚踩坏了。

“哦，空气多新鲜啊！”他贪婪地吸着，空气中透着那雪花带来的舒心气息。

“主席，走一走吧，这样站久了会感冒的。”卫兵远远地提醒道。

毛泽东没有理会，而是抽身走进没有雪的廊檐下，然后推开后门，朝中南海走去。

卫士长看到了，赶忙追随而去。他发现，毛泽东爱雪爱得“自私”：自己院子里的雪连扫都不让扫，而到了“他人”之地，双脚竟恣意地在雪地里打转转。

“好么，雪真多么！”毛泽东独自踩着雪，嘴里不停地喃喃着。

从那以后，卫士们都知道毛泽东爱雪，爱得无限柔情。于是，每逢下雪，卫士长就交代卫士们，不要打扫丰泽园里外的雪地，留下来，供毛泽东观赏。

关于毛泽东恋雪这一点，除了有诗人气质的陈毅同志非常了解外，许多中央首长并不知道此事。于是，雪天如有领导到毛泽东办公处时，见院内院外都是雪，免不了一边皱着眉头跺去沾在脚上的雪，一边大声责怪卫士：“你们这些小鬼，怎么这么懒呀？也不把院子的雪给扫一扫？”

卫士们听了，也满不在乎地笑笑便是。

想起昨日，看看眼前，卫士长仿佛轻松了许多。因为他知道，只要有雪，毛泽东便能将手头再重要的事都毫不迟疑地先放在一边，然后出去到雪地里走走。

“真是天助我也。”天已亮，下雪后的早晨显得异常的美，卫士长充满信心地走进了毛泽东的办公室。

他什么话都没说，拉起毛泽东便走。

“哎，银桥，你要干什么？”毛泽东被卫士长的突然行动弄得有些恼怒，但这最多也就一两秒的时间，当他被扶出门口时，毛泽东的神色一下由愠色变成了惊喜之态。

“啊，下雪了！下雪了！我怎么一点也没有感觉到呀！”毛泽东伸出手，接住几片雪花，然后放到嘴边，用舌尖一触，咂咂嘴，舒心地笑了起来。

“银桥，走，咱们从后门出去，到雪地里走走。”

看，毛泽东就是在如此兴头上也不忘恋雪的“自私”：他不踩自己门前的，却愿去踩“他人”的雪。

“银桥，看看表，10 分钟。”毛泽东一边吩咐卫士长，一边只管迈开大步在雪地里东踩西踩，那脚步比平时热烈许多。本来，他走路的姿势就显得摆动很大，此刻，那肩膀和腰，随着不安宁的手脚更是左右摇晃着，真有那么点手舞足蹈的样儿。

卫士长笑了，笑得像喝了蜜一样甜。

“几分钟了？”毛泽东突然问。他的生物钟极其准确，平时他说休息 10 分钟，准超不了 11 分钟。

是的，又是 10 分钟了，可今天，卫士长却故意一本正经地回答道：“6 分钟了！”

毛泽东似乎真相信了，于是继续他的“手舞足蹈”。

卫士长看着表，已经快到 20 分钟了，再不能犯“欺君之罪”了，他不忍心地喃喃道：“主席，现在 10 分钟了。”

毛泽东很不忍心地收住脚步，口喘粗气，做了个扩胸动作后，便返回了办公室。

“今天你的表好像出了点问题。”坐下后，毛泽东便说。

卫士长不敢撒谎，支吾道：“可能我的表……慢了。”

“哦——我觉得是快了么！”

“还快呀？”卫士长叫了起来，“我已经多给您10分钟了呀！”

“是吗？”毛泽东装作惊讶地望着卫士长，继而哈哈大笑起来。

卫士长明白了，跟着大笑。他笑毛泽东的幽默，更笑自己终于又一次顺利地让老人家整整休息了20分钟！多不容易，可又多么开心呀！

巧设妙计

一位西方国家的领导人在同毛泽东仅有一次接触后，便这样著文道：“世界上很少有一位聪明绝顶的智者可以同毛泽东相比。也许你同他仅仅是几十分钟的接触，但就是在这短短的几十分钟里，你会发现自己留下的印象将是一生的。他的思维，他的机智，使再伟大的哲人在他面前也会显得多少有些笨拙……”

这是毫不夸张的评语。毛泽东就是这样一位超人的智慧巨人。然而，他的卫士们为了能让其做到劳逸结合，设下道道的妙计，让毛泽东这位智慧巨人“上钩”。我们听后觉得非常有情趣。

用计之一：“派小将诱老帅”

这事发生在西柏坡。自从毛泽东、周恩来、任弼时率党中央从陕北来到河北平山县的西柏坡与刘少奇、朱德等领导组成的中央工委会合后，这里便成了中国革命的心脏。

当时全国战场上的形势发生了巨大变化，我人民解放军已开始组织大规模力量，在全国战场围歼国民党军队。五大书记的会合，给中国革命带来了新的转折，中央机关上上下下充满了欣喜的革命情绪。毛泽东等一到这里，机关的工作人员就提出要组织一个晚会，目的是想借机见一见首长们，和首长一起娱乐娱乐。后来经有关领导同意，决定搞一次舞会。

搞舞会是延安时期的传统，那时每星期都有，毛泽东等领导也经常参加，他的舞就是在那儿学会的。当时在延安采访的美国女记者安娜·路易斯·斯特朗和王稼祥的夫人朱仲丽，还有江青都是毛泽东的业余教员和舞伴。现在到了西柏坡，全国的革命形势又越来越好，机关的小青年们自然对舞会的兴趣更浓了，但大伙儿更多的还是出于对领袖们的敬意和关心，除了要见见首长外，大家都知道毛泽东此时正在运筹伟大的辽沈、淮海、平津战役，每天没日没夜地工作，希望通过舞会把大帅们从办公桌上拉出来松弛松弛。

组织者怕届时请不到毛泽东，便干脆把舞场设在毛泽东、周恩来、任弼时的住房门前。那里正好有一块老乡们的打谷场，比较宽敞，也比较安全。

“主席，今天晚上有舞会，大家都希望您能参加。”那时还是卫士组长的李银桥进来对毛泽东说。

毛泽东“嗯”了一声，没有明确回答。下午，他出门散步，看了看同志们正在布置的舞场，很高兴地转了转，没说什么话又回到了屋里。

晚饭后，舞场上灯火辉煌，附近的中央机关的男女干部们，有的还带着小孩，有说有笑地都来参加了。村上的老乡也有不少人来看热闹。

朱总司令第一个到，他是有名的“舞迷”，有舞会必到，同志们给了他热烈的掌声。这时，刘少奇同志也来了，于是打谷场上又是一阵热烈的鼓掌、欢笑声。该到时间了，可毛泽东和周恩来还没有来。

叶子龙问李银桥：“主席怎么没来呀？”

李银桥回答说：“请不动，一吃过晚饭，他就像钉在办公桌前似的再也抬不起身。”

“不行，不行，一定请主席来。我们都等着见他呢！”舞场上的小青年们你一句、我一言地嚷嚷道。

李银桥灵机一动，对叶子龙说：“哎，动用一下你的‘看家武器’吧！”

叶子龙会意地一笑，便跑到孩子群里，把毛泽东的孩子李讷和他自己的千金燕燕与二娃叫了出来：“李讷、燕燕、二娃，现在交给你们一个重要任务：你们到毛主席办公室，把他拉出来，叫他到这儿来玩玩。”

李讷撅着小嘴问：“要是我爸爸不肯来呢？”

“那你们就要赖。”

“啊，叶叔叔坏，叶叔叔坏。”李讷蹬着一双小腿叫起来，逗得在场的人都哈哈笑。

“快去吧，李讷。告诉你爸爸，说外边可热闹啦，大家都在跳舞，叫他出来休息休息，他要是不来，你和燕燕、二娃就硬拉他出来。”李银桥给孩子们出点子。

“哎！”李讷这才高高兴兴地带着燕燕、二娃跑进了毛泽东的屋里。

怕小将们有误，叶子龙和李银桥片刻后也走了进去，他们还未到门口，便见三个小将前拉后推地把毛泽东请了出来。

“主席，休息休息吧，机关的同志都想看看您呢！”叶子龙、李银桥迎上去说道。

毛泽东说：“我有什么好看的呀！”

“好看好看，叔叔阿姨们都要看你呢！”李讷、燕燕、二娃摇晃着毛泽东的胳膊，撒娇地嚷着。

“好好，我服从小将们，我服从。”这样，毛泽东便随着孩子们的摆布来到了舞场。

顿时，舞场上高潮迭起。这一晚，毛泽东与大家整整跳了两个来小时，得到了难得的活动和休息。

卫士们都知道，毛泽东的性格里刚毅占据了大半，他要认定的事别人是很难劝说得动的。在工作与休息这一问题上也同样。但只要是孩子们一出动，毛泽东便总是“投降”。

进北京后，中南海也经常有舞会，毛泽东忙，所以平时一般很少见到他参加。卫士们犯愁时，便又动用“看家武器”。当然，用时也要巧妙，否则会引起毛泽东的反感。

又是一个周末舞会的时间了。毛泽东对卫士们劝他休息休息的话早已充耳不闻，这下又不得不再一次动用“看家武器”了。

李讷是每天都由李银桥等卫士接送上学的。晚饭过后，李银桥、叶子龙等找来李讷、燕燕，又一次“密授”机宜：“主席已经有好几天没休息了，今天晚上你们无论如何得拉他出来跳舞。”

“还让我们去哪！”小李讷的倔劲又来了，说：“叶叔叔、李叔叔，再让我们去，我爸爸就不会再信我们啦。”

“不会的，李讷，我问你，你爸爸最喜欢谁？”李银桥有意问。

“当然是我啦！”李讷得意地挺起胸膛。

“这就对了，你爸爸最喜欢听他最喜欢的人的话。”叶子龙接过话。

“因此，我就最最最应该去！”调皮的小李讷冲着叶子龙做鬼脸，逗得卫士们哈哈大笑。

叶子龙把李讷和自己的小女儿燕燕拉到一块儿，说：“你们进去后，如果主席不跟你们走，你们就说：‘你再不活动活动，肚皮就会很大很大，我们就不喜欢你了！’怎么样？”

“哎！”两个小将又高兴地领着任务进了毛泽东的书房。

没两分钟，毛泽东在门口出现了，见卫士们都站在门口，便说：“这两个小家伙，非得拉我出来跳舞。说我再不活动活动，就不喜欢我了。说我肚皮会越来越大，大得没人喜欢了。”毛泽东说着，用手拍拍他那微微隆起的肚子，幽默道：“你们看，这个地方还真越来越大了。好，为了不让大家抛弃我，走，跳舞去！”

卫士们顿时欢欣鼓舞。

“小将诱老帅”，战果真可谓辉煌。

卫士长除了采用上述“战术”劝毛泽东休息外，还有特殊招数。他的家住在菊香书屋的侧院，与毛泽东的住处仅仅一墙之隔，中间有一小门相通。每逢看到毛泽东几天得不到休息，着急得无计可施时，他便来次“走后门”：有意放行自己年幼的儿子和女儿进入毛泽东的办公处——在平时，他是绝不让自己的儿女随便进菊香书屋的院子的，怕干扰毛泽东的工作。现在情况特殊，他也采取了“特殊战术”。

孩子年幼不懂事，于是手里玩个皮球、乒乓球什么的，东玩玩，西玩玩，一会儿就溜进了毛泽东的屋子里。

使这个“战术”，卫士长肚里是吊着胆子的，于是，不敢怠慢地悄悄紧随在孩子的后面“侦察”。孩子进屋，里面没有大声嚷嚷的声音，卫士长在门外静静地等候，过了一会儿，他不安地轻轻探头进去一看：哈哈，毛泽东正蹲着身子，跟孩子们玩上了！

卫士长站在门外，掩着嘴“哧哧”地笑开了。

二十来分钟了，估计毛泽东休息得差不多了，卫士长便习惯地整整衣服，装出一副严父的架势，走进屋里便朝孩子又是瞪眼又是嚷嚷：“喂！谁让你们到这儿来影响主席工作的？还不走！”

孩子胆怯地站起来看着自己爸爸的样子，十分可怜。

毛泽东见状不干了："你别把娃儿吓坏了，是我让他们在这儿玩的！"老人家转身抚摸着两个孩子的头，慈祥地说："娃儿别怕，下次我们再玩，啊，今天就到这里。"

卫士长顺水推舟，带着孩子出了毛泽东的屋子，回到家，他忍不住蹲下身，重重地在两个孩子的脸蛋上亲了两口："好儿子，好闺女，你们立了一个大功！"

用计之二："敲竹杠"

在毛泽东面前敲竹杠，大概谁都没有听说过吧？

卫士们告诉我们，他们确实敲过毛泽东的"竹杠"。后来在采访卫士长时，他本人证实了这一点。

"你们不要以为跟毛泽东在一起，一天到晚都必须板着脸，其实相反，只要不是工作时间，毛泽东极爱跟身边的工作人员说说笑笑。那些工作人员呢，这个时候也可以放开胆子想说什么，就说什么，用不着顾忌。"卫士长对我们说。

大家都知道，毛泽东是一贯反对别人给他过生日的。记得在延安毛泽东五十岁生日时，有关领导人提出要给他做寿，当时赞成的人不少，可是毛泽东坚决反对。全国解放后，在他的生日时，也有人曾提出过类似建议，均被毛泽东断然否定，所以后来再也没人提此类事了。每逢他生日时，友好国家的领袖们经常不忘给毛泽东发来贺电或送来礼物为其做寿，像金日成、胡志明、铁托，还有戴高乐等。场面上的兴师动众去掉了，但在小范围，那些工作、生活在毛泽东身边的人，依然不忍心忘掉这件事，所以一到 12 月 26 日这一天，虽然就是那么几个简单的家常菜，也总爱跟毛泽东凑凑热闹，目的无非让他老人家高兴高兴。即便是这样，毛泽东还是反对，他曾说过："你们给我炒几个菜，说上几句祝福的，反倒提醒了我：噢，老天爷又长了我一岁呀！不过生日么，倒也稀里糊涂活了一年又一年。我看，以后还是不过为好。”

为了告诫全党同志，特别是高级干部，中华人民共和国成立之前，毛泽东正式提出了禁止给党的领导人做寿。

1953年，是毛泽东的六十大寿。8月间，毛泽东在全国财经工作会议上，再一次向全党尤其是高级干部提出“六不准”。其中第一条就是“不做寿”。自然，他的六十大寿又像五十寿辰时那样没有搞什么活动。

1963年12月26日，是毛泽东的七十大寿，当时也有人借国家困难期已过去，提出要为他做一次寿，好给人民和国家带来福兆。毛泽东还是谢绝了。

他的八十寿辰是1973年。当时全世界有一百多个国家的元首、政府首脑、马列主义政党及其领袖人物纷纷向毛泽东发来贺电、贺信，金日成还派专人送来了寿礼。可在国内，由于毛泽东反对，新闻界连上述消息都没公开宣传和报道过。

由于毛泽东自己不主张，而且有那么几次他在外地巡视期间，正逢12月26日，有人曾做过为他老人家做寿的准备，结果被狠狠地批评过。所以，他的生日大多数是在不知不觉中度过的。

这一年，毛泽东到南方巡视，他吃住在专列上，值班卫士告诉卫士长，毛泽东这几天又是没日没夜地写啊写的，急得大家不知如何是好。

“老头儿这样下去身体非垮不可。要是在中南海，他还能出去散散步，这下好了，干脆一天到晚坐在椅子上不动弹了。”

卫士长觉得事情有些为难，身边又没了“看家武器”——他和叶子龙的小儿小女们及李讷。走道上，他边踱步边思索着，无意间目光碰上了一张日历表。

“喂，今天是12月26日吧？”卫士长问大家。

“是啊，再过 4 天又是新年了！”

“有办法了！”卫士长拍拍大家的肩膀，轻轻一挥手，“你们跟我来，还有小姚，你也去。”小姚是女列车员，跟毛泽东很熟。

他们不知道卫士长的葫芦里卖的是什么药，便跟着他进了毛泽东的那个大包厢。

见毛泽东在埋头批阅文件，卫士长便上前给老人家倒了一杯茶水，然后问：“主席，今天是几号？”

“嗯？”毛泽东抬起头，见卫士们都在他面前站着，还有女列车员，便说：“是几号你们还不知道？”

卫士长笑了：“今天是 12 月 26 日，我们当然知道，就怕主席您有意在这一天不提醒我们一下。”

毛泽东眨了眨眼睛，不解地问：“提醒什么，我干吗要提醒？”

卫士长更乐了：“主席，今天是您的生日。这不明摆着，您是有意不想请客。您看，我们几个在您身边辛辛苦苦干了一年，您老人家总得有所表示呀！”

“对，主席，您得表示表示！”卫士们和小姚等一伙年轻人跟着起哄。

毛泽东一看这阵势，便明白了，于是，把手中的文件往桌子上一放，宽厚地一笑：“原来你们是变着法子敲我的竹杠啊！”

“哈哈哈……”西洋镜戳穿，这帮年轻人笑得前仰后合。这个时候，他们尽可“放肆”。

“好吧，今晚又是吃大户。”毛泽东大手一挥，道：“你们快去准备！”

“哎！”卫士们一听，便嘻嘻哈哈地退了出来，有的忙着到厨房吩咐师傅做寿桃、下寿面，有的忙着找酒，吵吵嚷嚷，不亦乐乎。

开饭时间到了，卫士们和小姚姑娘，还有秘书，便在毛泽东的包厢里摆上一张餐桌，端上寿桃、寿面和饭菜，还有几瓶酒。

小姚姑娘给毛泽东和卫士、秘书一一倒满酒。平时包括毛泽东在内，这些人是不喝酒的，而且酒量都极小，今天高兴，大伙儿都端起了酒杯。

卫士长首先提议："今天是主席生日，我代表同志们祝主席生日愉快，健康长寿！"

卫士们"唰"的一声自动起立："祝主席生日愉快，健康长寿！"

面对一片酒杯，毛泽东也举起了手中杯，他微笑地说："又是一年了，同志们工作辛苦，我祝同志们身体健康！"

"丁当——"领袖和卫士们的酒杯亲切地碰在了一起，发出阵阵清脆悦耳的响声。

"这一仗打得真漂亮——"卫士长很少有今晚这样的高兴，不知是为毛泽东祝福还是为自己和卫士们又一次让"老头儿"能轻轻松松地休息一大会儿而如此兴奋。本不怎么喝酒的他，此刻豪迈地唱起《洪湖赤卫队》里的一首歌，将满杯的白酒"咕嘟"一下倒进了口里。

"干！会喝的不会喝的，这一杯统统都得干！"卫士长脸红脖子粗地看着空杯示意他手下的卫士们。

"干，是好汉的不留杯中酒！"年轻的卫士们在这种场合谁都不认输，于是，会喝的不会喝的，全都干了杯中酒，连女列车员小姚也受感染地喝下了杯中的葡萄酒。

毛泽东不能喝酒，一喝便红脸。正当小伙子们比高低时，他仅仅将装着红葡萄酒的杯子往嘴唇上沾了一沾。

"不行主席，今天您这一杯应该干掉。"小姚是姑娘，跟毛泽东较起真儿来。

"对，主席喝，一定要喝！"卫士们跟着起哄了。

毛泽东带着歉意的微笑，说："这样吧，咱们订个协议。你们知道我不能喝酒，但我能吃辣椒。我们比吃辣椒和喝酒。辣椒可并不比白酒劲小多少，谁要是不服，那就请吃辣椒！怎么样？"

"哈哈哈，主席要赖！"卫士们开心地笑了。听毛泽东这么一说，小伙子们和小姚姑娘也就没有话说了，事实上他们也并不想怎样毛泽东，只是想逗逗乐。

毛泽东倒是挺认真的。他看着卫士们一杯杯地畅饮，自己便一把一把地将干煮的辣椒往嘴里塞。

这一晚，卫士们的酒没少喝，毛泽东的辣椒也没少吃。

"今天没事，大家可以多喝，误了事也不怪罪。"有毛泽东这样发话，小伙子们更来劲了。这一喝不要紧，卫士长第一个喝醉了。平时这位对毛泽东忠心耿耿、办事认认真真的卫士长，这一喝醉的样子实在让人感到滑稽好笑。

毛泽东呢，看着自己的卫士长又笑又舞的滑稽相，又惊叹又高兴地说："没想到银桥还是个能歌善舞的多面手哪，平时真让他屈才了！"

卫士们听了，又是一阵哈哈大笑。

这一夜，卫士们与毛泽东度过了一段难忘的时光。

这一夜，毛泽东的睡眠比平时长了一倍。

用计之三："假戏真唱"

毛泽东的卫士个个英俊潇洒、聪明能干，谁见了都会称道。他们为了保证毛泽东的安全和关照好毛泽东的生活，可真是全心全意、一丝不苟，而且充分显示了年轻人的可爱劲。

"这几个小鬼，鬼得很哪！"陈毅元帅不止一次地这样夸奖他们，"能让主席工作好、休息好，你们鬼一点好！"

说起这帮小伙子们，有时还真够鬼的。

"那都是毛泽东逼出来的！"当谈论起昨天那难忘的岁月时，

今天的李银桥这样对我们说，“毛泽东一生无私地把自己奉献给了中国革命和社会主义事业，他的时间里除了工作还是工作，因此，为了保证他老人家能永葆旺盛的精力，有时我们不得不学得鬼些，以便让毛泽东能得到哪怕是几分钟的休息和松弛。目的能够达到，这是我们卫士们最高兴的事。”

卫士们说：平日里，毛泽东最忙的时候，便是卫士们最闲的时候，而这一闲又成了他们最紧张的阶段。因为一旦毛泽东因工作连续几天不得好好休息，卫士们便得千方百计想法子保证让他老人家有适当的劳逸调剂。

中华人民共和国成立后的十一二个年头间，共和国一个接一个的重大决策，都在等待毛泽东和他的助手们亲自去酝酿、思考、判定、决断。而每逢此时，毛泽东总是忘我忘时地工作，这无疑给卫士们增添了工作的难度。

“再难也得想办法。”党和人民要求卫士们同样得全心全意去照顾自己的领袖。

“有时我们确实感到束手无策。但毕竟我们想出了许多法子，让毛泽东赢得了一点休息时间。”卫士长说，“我再给你们讲个故事——”

那是一段举国上下欢庆社会主义建设高潮到来的时光。首都文艺界为中央领导同志安排了很多文艺晚会，出场的是侯宝林、梅兰芳等名家。毛泽东到位于西长安街的长安大戏院看过几场，他老人家特别欣赏侯宝林的相声，夸侯宝林是个“语言大师”。

这天晚上，梅兰芳要出场，毛泽东自然要去的。可是，从前一天下午开始工作到第二天的下午时分，毛泽东忙于开会、批阅文件长达十七八个小时了，我们卫士怕毛泽东身体太累，到时去不了戏院，于是便商议想法让他歇歇。

我正愁着没法子时，只听值班室里的几个卫士在争论着今晚梅兰芳的戏。那时我们这些扛枪杆钻山沟的土包子，过去虽听过梅兰芳唱的戏，但都以为梅兰芳是个女的呢！只听小伙子们这样说："我看梅兰芳一定是个非常漂亮的姑娘。""我不信！她肯定是个老太婆了！"现在你们听了一定觉得这是个可笑的话题，可当时，我们那些卫士兄弟们真不知道梅兰芳是个男的。因为在延安时，我曾听人议论梅兰芳的事，所以我知道梅兰芳是个怎样的人。当时听了同志们的议论，我忍不住想告诉大家，但忽然灵机一动，想到了一出"假戏真唱"的计谋，以便能让毛泽东在这一天有段换换脑子的时间，于是，我便进屋对大家说："梅兰芳到底是怎样一个人，我们去请教主席，怎么样？"

"对，主席是'万事通'，他准知道。"同志们举手赞同。

"主席正在忙，会不会影响他老人家？"一位新来的卫士担心道。

我说："没事。"因为我了解，毛泽东最赞赏我们这些身边的工作人员爱学习。逢到这类学习上的事去请教、打扰他，他老人家总是十分耐心地给你说个明白。我想今天这个关于"梅兰芳是个什么人"的课题，毛泽东是会非常感兴趣的。

假戏是要真唱的，不然毛泽东会因影响他工作而恼怒的。

"主席，我们有几个问题不清楚，想请您讲讲。"进屋后，我轻声对毛泽东说。

他抬起头，见卫士们都来了，以为有什么重要事呢，便放下手中的文件，问："什么事呀？"

卫士们一放松，笑了。

"我们都不知道梅兰芳是男的还是女的，想请您说说。"

"噢！"果真，毛泽东对这个问题感兴趣。他的脸上露出了笑容，我一看，心里乐了：他又上当了！

"那——你们说呢？"毛泽东没有马上回答，倒是反问卫士们。

意见还是两种：有的说肯定是女的，有的说是男的。

“我先问问，你们说梅兰芳是男的，有什么根据？”毛泽东问。

一个说“男的”的卫士摸着脑袋瓜儿，喃喃地回答：“是听人说的。”

“噢，那就难断正确与否了！没有调查么！”

毛泽东这么一说，几个说是“女的”的卫士以为自己得胜了，便欢呼起来。

“不要高兴得太早了！”毛泽东摆摆手，又示意大家坐下，然后他缓缓地说道：“你们都犯了个错误，那就是缺乏对事物的深入研究调查，因此所答的结论或是错误的或是片面的。”

其实，梅兰芳是个男的。可为什么有人认为他是女的呢？那是因为听他的唱腔而得出的判断，这错就错在因果关系没搞对头了。一般情况下，能唱出女腔的应该是女的，可偏偏在中国京剧这种戏曲里，唱女腔的却都是些男演员，这又是什么原因？难道过去中国就没有女演员了？不是的，那是因为封建社会的缘故，旧社会男女在一起别说拉拉扯扯不行，就是多看几眼多说几句都被视为不道德，所以，京剧初创时期，唱花旦的演员便由男演员来代替了，久而久之，这个传统传了下来。梅兰芳是中国一代名旦，他虽为五尺汉子，却唱得一腔女调，堪称中国一绝。

“对任何事物，我们都不能只看表面的现象。看表面现象往往会被迷惑；而不经深入调查了解，仅从道听途说得来的材料也不能作为判断事物的标准。所以，现在你们总该明白梅兰芳为什么是男的而不是女的，为什么他身为汉子而不唱男腔唱女腔了！”

“没想到，我一手导演的这出‘假戏’，经毛泽东如此这般充满辩证哲理的话，真的变成了一场‘真戏’。”卫士长感慨道，“毛泽东就是这样一个伟大的思想家、哲学家，他常常把深奥的哲学问题融化在最普通的事情当中，又常常从最简单的问题中，推导出最深刻而又普遍的真理来。”

这一出“戏”，前前后后半个多小时，卫士们出来时充满了欢快的充实感，一则他们为毛泽东争取了一段轻松而又有意义的“换脑子”，二则他们从毛泽东这里又上了一堂难忘的课。

毛泽东和卫士之间，就是这般太阳与禾苗的关系：太阳给禾苗以成长的阳光和雨露，而禾苗又给太阳以绿色和硕果。

第四章　天下第一媒

毛泽东是世界公认的一代伟人。20世纪是人类走向光明的世纪，在这个世纪中社会主义大发展，产生了共产主义运动史上前所未有的壮举。领导这场伟大革命的导师，有俄国的列宁、斯大林和中国的毛泽东等领袖。列宁和斯大林作为党的领袖，在自己的战斗岗位工作了十几年、二十几年。如果从遵义会议算起，直到毛泽东逝世的1976年，毛泽东作为中国共产党的领袖和中华人民共和国的缔造者，长达近半个世纪。这位伟大的马克思列宁主义者，领导了世界上最大的一个党、世界上人口最多的一个国家。他不仅为国际共产主义运动作出了杰出的贡献，而且为中国共产党和中国人民，以及世界人类历史，留下了丰富和宝贵的思想体系、革命战争学说。作为一个人，一个有血有肉的人，毛泽东还给我们留下了许多极为光辉的思想品德。

毛泽东曾几次与身边的工作人员说过：中国历史上有两个人了不起，一个是统一了中国的秦始皇，一个是创造了东方民族文化的孔子先生……中国的传统文化中，孔子思想占了重要比重，中国共产党的共产主义思想体系中，有继承孔子学说的成分。毛泽东是一个马克思列宁主义者，同时又是一个杰出的民族领袖，体现在他一生的非凡的革命实践中的那些属于中华民族传统美德的部分，将作为民族遗产永远被子孙后代学习和吸收。

毛泽东作为一代人民领袖，在他琐细的生活中，做过无数成人之美的事。无论是对同志、朋友、下属，还是在国民党阵营里，他亲自出面做过的成人之美的事数不清，卫士们对这一点感受更深切。

在李银桥家里，这位当年英俊潇洒，如今越活越貌似毛泽东形象（在近几年间，李银桥外出作报告、旅游途中，几次被人惊奇地发现他像毛泽东）的卫士长，亲热地拉着他夫人韩桂馨女士的手，绘声绘色地给我们讲起当年的事："毛泽东历来对在他身边工作的同志要求十分严，但成人之美的事他像一位坚定的中国传统儒学的捍卫者和实践者，着实做了不少。我和老韩便是他撮合的。哎，老韩给建明介绍介绍，毛毛（本书合作者朱梅的小名）是我们的儿媳妇，公婆那点浪漫史她也都知道。哈哈哈……"李银桥说完，开怀大笑起来。

"你这个人，越老越不正经！"性格内向、温柔的韩桂馨，听丈夫在外人和儿媳妇面前谈论自家过去的婚事，不免有些不好意思起来。

"建明，这样吧，这段就免讲了，写的时候你找毛毛，她都知道。"李银桥提议。

我用询问的目光征求朱梅的意见，朱梅自信地点点头，好，就这么定。

于是朱梅便成了被采访者。

"先说说我婆婆吧！"朱梅开始数落她丈夫的家底了，"我婆婆韩桂馨也是一位参加革命工作很早的老同志，早先在延安中央军委卫生部所属的幼儿园工作。1947 年 10 月，延安革命根据地的形势经过毛泽东'运动战'的几场战斗后，胡宗南部队已经不像刚开始那样猖狂了。这时毛泽东住在神泉堡，江青从黄河东岸把她和毛泽东生下的宝贝女儿接了回来。战争期间流动性很大，毛泽东又忙，所以中央决定给李讷找个阿姨，边照顾生活，边指导学习。我婆婆高小毕业，当时在延安的女同志中算是文化高的了，毛泽东开始戏称她是'女秀才'。她到了毛泽东家里，于是就有了以后与我现在的公公——毛泽东卫士长李银桥的婚事。我几次听公婆回忆当时的情况，虽然当时两人经过一段时间接触，彼此有了好感，但如果没有毛泽东中间搭桥拉线是绝对不可能成亲的，毛泽东关心他的卫士和身边工作人员的婚事，比关心他儿子的婚事更用心。”

下面是朱梅同志从她公婆那里获知的有关毛泽东身边的一个卫士与一个阿姨之间的全部浪漫史。

韩桂馨本来就是位文雅、温柔的姑娘，一到毛泽东家，喜欢打扮的江青便着意要为小韩“装点装点”。江青来自大城市，又当过演员，经她一摆弄，韩桂馨一下美了许多。战争年代，革命队伍里男同志是绝对的多数，因此极有限的女同志便是众多男士们的“进攻”目标。小韩人又出色，加上在毛泽东身边工作，自然属于“重点进攻”目标。为此，江青还不断出面给她先后介绍过两位老红军呢！小韩均没有同意。

“你这姑娘，人家都是老牌的红军同志、革命功臣，你眼就那么高？”江青不满了，觉得驳了她的面子。那时，红军、功臣，同现在的博士、洋老板一样，特别讨俊姑娘们喜欢。偏偏韩桂馨不理这茬儿，江青能不生气吗？再说，江青历来自以为自己很有眼光。可她哪里知道小韩的心思！打到毛泽东家后，小韩的心里悄悄地装进了一个人，这个人就是形影不离毛泽东的卫士组长（那时不叫卫士长）李银桥。

“小韩这个人，心细、爱学习，你们都得向她学习！”毛泽东不止一次地在他的卫士面前夸奖过韩桂馨。

打小韩到家当阿姨后，不知怎的，一向跟李银桥从不谈论男女之间的事的毛泽东，只要一瞅李银桥和韩桂馨这两位同是河北安平的小伙儿、姑娘在场，脸上总是露出一种神秘的笑容，或者用那种不多见的奇怪眼神来回地在这对年轻人之间穿梭起来。

看来毛泽东是有意要做一回“月下老”了。

一天行军途中，毛泽东把李银桥拉到一边指指正在前面走着的小韩，小声地问 :“哎，你看小韩这个人怎么样？”

“不错！”李银桥哪知道毛泽东这一问话中有话，随口便说。

毛泽东“哧哧”一笑，那眼神里充满了神秘光芒。“你们以后可以多接触接触，彼此多了解了解，别总是像石头那么实，多主动地找人家谈谈心，互相帮助、互相关心多好呀！”

李银桥自己明白毛泽东说这番话的意思，他心头又感激又不好意思，可革命战争年代的小伙、姑娘间，哪有今天小伙儿、姑娘的“冲锋劲”，即便挑明了的事，也不敢“进攻”呀，就为这，不知有多少情投意合、一见钟情的相好终未成眷，成为终生遗憾的事。李银桥与韩桂馨也同样，尽管他们每天见面，但就是因为毛泽东从中把这对青年男女的初恋情窦给有意挑开了，反倒使他们彼此比以前陌生了。李银桥是毛泽东身边工作人员的党小组长，小韩也是党员，再说卫士和阿姨的工作许多都是相连的。以前他们两人说话做事随随便便，现在倒好，一见面反没了话，见了面又赶紧把头扭到一边去。情窦初开的恋爱开始折磨起他俩来。好在战争年代，每日的外部紧张气氛和繁忙的工作使这对情人各自有了摆脱恋爱痛苦的地方。

1948 年 3 月底，毛泽东率领中央机关从延安撤到了河北西柏坡，随着整个形势的迅速变化，相比之下，这里的生活稳定多了。

一天，为了动员毛泽东把身上早已破得无法再补的毛衣扔掉，重新买新毛线织毛衣的事，小韩和李银桥被阎长林等卫士们将了一军 :由他俩出面到毛泽东那儿动员。买毛线的事没动员成，毛泽东反倒把他俩的恋爱给动员了一番。

那天，两人到毛泽东办公室，劝买毛线的事没戏，李银桥和小韩就准备退出毛泽东办公室。这时，毛泽东忽然想起了什么似的，问："你们两个除了刚才说的事以外，还有其他事吗？"

"没有。"小韩说。

毛泽东看了一眼直挺挺站在那儿，连目光都不敢斜视一下的李银桥，笑了起来。"银桥，你今年二十几啦？"

"报告主席，21岁。"

"小韩，你呢？我记得你该18岁了，对不对？"

"差几个月就19岁了！"

毛泽东笑了："那更好么，你们俩应该互相帮助啊，到时我要检查的哟！"说完，他自个儿先哈哈大笑起来。

李银桥和小韩红着脸相继"逃"了出来。

第二天，李银桥陪毛泽东在西柏坡的野山冈上散步，毛泽东用他那高大宽厚的身体贴着卫士的肩膀，低头悄悄地在李银桥的耳边问道："怎么样，你们两个谈得怎么样啊？"

李银桥只是红着脸笑，半晌才说了一句："我……我一见她，就觉得没话了！"

"哈哈哈。"毛泽东像小孩似的开怀大笑。完后，说："银桥啊，你就是太老实。在我这儿越老实，我越喜欢，可在姑娘面前太老实了就不行啊！"

李银桥只顾"哧哧哧"地笑。

毛泽东又忽然大惊小怪似的对卫士说："我要告诉你一个重要情报。前几天，江青对我说她给小韩介绍了两个对象。你先别紧张，听说小韩没同意，她心里想的是你啊！所以你得要主动进攻，否则小韩被别人抢去了我可不负责任呀！"毛泽东装出一本正经的样子，吓唬李银桥。

"可……可没有机会呀！"李银桥两手插在头发里，真的发愁和着急。

毛泽东偷偷地抿嘴一笑，然后又像"恋爱大师"似的宽慰道：

“不着急，只要心诚，机会总是有的！”

机会真的来了。

这一天，李银桥接到家里来信：“……桥儿，你年纪也不小了，我和你妈年岁大了，手脚也没以前利索，想给你找个媳妇。前天邻村有家来说媒，对方条件不错，你思忖行，就尽快来封信，家里人等你音讯……”

“这这，这可怎么办？”李银桥急得团团转又想不出主意，拿着信便找到了毛泽东。

毛泽东认真地看完信，问：“你自己打算怎么办？”

李银桥撅着嘴，低着头：“反正我不同意，可家里非要我娶。我、我不知道怎么回信。”

“你啊你啊！”毛泽东将信还给李银桥，用手拍着他的肩膀，边笑边说：“银桥啊，说你太老实就是太老实，你就不会去问问小韩？她比你文化高，你不可以借此机会让她帮你写封信，然后再进攻一下，你们俩不就明朗了么？”

李银桥恍然大悟，顿觉开朗，满脸绯红地低下头，他的心跳得太快，完全一副儿子在父亲面前被揭露心中秘密的样儿。他没有一点勇气看毛泽东一眼。

“主席，那我去了！”说着就要往外走。

“别忘了向我汇报。”

“是！”

“哈哈哈，这小鬼！”身后又是毛泽东那亲切而充满深情的笑声。

李银桥一口气跑到韩桂馨那里，正好，李讷正在睡觉，小韩独自坐在一边，正缝补着一件衣服。

“小韩，出来一下。”李银桥在门口轻轻地叫了一声。

小韩出来了，问：“什么事？”

李银桥涨红了脸，把家里的那封信往她手上一塞，说："你看看吧！"

韩桂馨开始并不知道啥事，越看越气短，双手都有点发抖了。

"你看咋办？"

"不知道。"小韩抬起头，死盯着李银桥，仿佛要一眼看穿他的心。"难道……你自己还没有主意？"

李银桥从这后面的话中获得了勇气。"连面都没见过，我看不合适，推掉算了。"

"那就推掉呗。"小韩说完这话，赶紧把眼神收回去，头再也没抬起过。

相反，小伙子的胆大了起来。"你代我写封回信吧，你是'女秀才'，主席说让我们互相帮助么。"

"谁……谁帮你这个！"她说着，娇嗔地白了他一眼。

李银桥傻笑起来："嘿嘿，这是主席教给我的办法，是他让我请你写回信的！"

"哼，就你神气。主席最喜欢你，叫别人都叫警卫，叫你银桥，比儿子还亲似的。"小韩说得李银桥乐得合不拢嘴。

"现在部队里女同志少，将来进城后，啥漂亮的女同志都有，你、你不会变心吧？"

姑娘突然阴着脸说道。李银桥一听，"啪"的一个立正，对天发誓道："绝对不可能！我们俩是按照毛主席的意思才……才那个的，我要变心，毛主席不答应，我自己也不答应。我是你的领导，我要变心了，那还像个领导吗？我怎么去教育别人呢？"

小韩羞涩地笑了："那你就永远当我的领导，一辈子，我啥时都听你的……"话像蚊子叫一样轻，却使李银桥至今仍清晰地记着。

毛泽东在办公室里见李银桥脸上堆满了笑回来了，便问："怎么样，成功了？”

李银桥点点头，然后把经过学舌了一遍。

“哈哈哈！”毛泽东高兴地用右手拍拍后脑，然后用左手一把拉着李银桥往室外跑：“走，银桥，到外面散步去。”那高兴劲儿，就像刚刚开完一次成功的重要会议。

“银桥，你们俩的事我一开始就说有缘分，你还记得吗？”

“记得，主席。”李银桥回答说，“一年多前第一次见小韩时，您就说我们俩都是河北安平人，有缘分，让我跟她握手。”小伙子完全感受到了领袖的关怀，陶醉在幸福之中。

毛泽东听完，低下头，把嘴凑到李银桥耳边：“噢，怎么样，我是不是有点先见之明啊？”

“嗯！”

“哈哈哈……”西柏坡的山村间，回荡着领袖和卫士一阵又一阵亲密、快乐的笑声。

“爸爸妈妈让我把这个给你看看。”朱梅提供一张发黄但却保管完好的纸让我看。她说：“这是他们俩当时给中直机关党总支书记写的结婚申请书。”

我看了时间是“1948年12月10日”。那上面除了李银桥和韩桂馨两人的申请书内容，还有分别写满了文头、文后的那些熟悉而又热烈的指示：“大大好事，甚为赞成”“完全赞成”“同意并致祝贺”“十分赞成”“总支委员全同意”等等。

看得出，当时毛泽东亲自办的这件成人之美的事，在西柏坡中央机关着实得到了上上下下的赞同。

“爸爸妈妈在毛泽东身边工作的十几年间，毛泽东为他们留下了不少诗文墨迹及物品，可惜‘文化大革命’中有人却把一个无限忠诚于毛泽东同志，并且是毛泽东极为信任的卫士长打成了

‘反毛泽东’的‘反革命分子’。造反派抄家时把大批珍贵的东西抄走了。这份结婚申请书是我爸妈唯一留下的东西，他们一直保管得好好的。平常两位老人总对我们念叨这是毛泽东留给他们的最难忘的东西！”朱梅说。

婚期很快确定了。那时结婚没有现在复杂，领导一批准，两个铺盖一合并就算完事了。李银桥和韩桂馨结婚时，也没有举行什么仪式，倒是江青特意为小韩打扮了一番。那时的江青还很有人情味。她解释道：“老板帮助你们成了事，我也得作点贡献呀！”江青在解放前一直称毛泽东为“老板”。

毛泽东进城后，李银桥、小韩已经结婚一段时间了，可毛泽东仍觉得他这个“月下老”还有点小事没办完，有一次他对李银桥说：“过去条件不允许，现在有条件了，你们选日子，把仪式补了。”

李银桥赶忙摆手道：“别别，主席，现在工作紧张呀，要建设新中国，仪式还是免了吧。”

“该补该补，一定要意思意思。如果正常的话，这一生就那么一回。”毛泽东坚持道。然后神秘地说：“我这个媒人还没吃你们的喜酒呢！”

这还有啥可说的！于是李银桥小两口便选定了新中国成立后的第一个“五四”青年节这天举行结婚仪式。毛泽东听完，连连称道：“这个日子好，有纪念意义。”

“可惜，那天毛泽东连续开会，脱不开身，未能参加我们的婚礼！这是件多么遗憾的事。”同当时的“小韩”——如今也已快成“老太太”的韩桂馨已过“银婚”的李银桥，一手捋过那依稀的白发，无限感慨道。

“主席吃了我们送去的喜糖。”坐在一旁的韩桂馨阿姨补充道，

“那天结婚还挺热闹，当然比不上现在的。小李讷当时才九岁，却很懂事，从早晨起床后就嚷着要给韩阿姨新娘祝福。她帮我收拾屋子，忙得头上都出了汗。小李讷真乖，仪式上说她代表她爸爸妈妈，特意为我们表演了两个节目。好热闹！”韩桂馨和李银桥一起沉醉在四十多年前的那幸福时刻中……

如果说毛泽东对比较成熟的卫士组长李银桥的恋爱是亲手“缔造”并十分放心的话，那么对另外几个“毛头毛脑”的卫士的恋爱则真可谓颇费一番心思。

正如当初韩桂馨担心李银桥进城后是否会“变心”那样，李银桥婚事之后的那些卫士们，一个个生活在红旗下，工作在大城市，不像李银桥、韩桂馨那样，都是一起在长期革命战争年代里成长起来的“三八式”“延安派”，思想与感情基础都比较稳定、牢固。解放后，来到毛主席身边的卫士，除了个个英俊潇洒、聪明伶俐外，把“毛泽东贴身卫士”的招牌一亮，啥样的姑娘找不着呀！

毛泽东对身边工作人员历来要求很严，不许搞任何特殊化，但在谈恋爱的问题上，却是大开绿灯。他曾经对那些热心要为他的卫士们做介绍的大小官员们说过：“我身边的小伙子个个都是好样的，找的对象自然也得方方面面都不错的姑娘么。”有了毛泽东的话，那些年轻的卫士们可真有点飘飘然了，眼睛免不了有点花了。

解放以后，虽然毛泽东的行动总在一定范围内，但毕竟同各界接触很多。特别是50年代他经常到各地巡视，每到一地，地方党政机关总要热情接待，安排些精彩的文艺晚会和舞会，于是，各地的那些出类拔萃的姑娘们总会出现在招待领袖的晚会上。于是，毛泽东的那些年轻的卫士们便乘机纷纷出击，各自暗中寻找“目标”。

哪知道这些“眼在天上心如石实”的小伙子，在情场上却纷纷落马。毛泽东日理万机，而对他的卫士们的婚恋败绩大为操心，并且发现一个“挽救”一个。卫士封耀松和田云玉的浪漫史便是得毛泽东援手后才没有落得个“肠断魂散”的结局。

封耀松，可称得上江南美男子，加上那副剽悍的身材，更显得英俊潇洒。小伙子到毛泽东身边的头几年，以稳定、老成著称，打随中央首长们经常出席“星期六中南海舞会”后，即变得异常活泼了。不用说，到中南海同首长一起跳舞的姑娘们没一个不是热情、漂亮的。跟“老头子”们跳舞多少带些“政治任务”的味道，同英俊的卫士、警卫人员和秘书们跳就情况不同了。自古以来，娇女爱俊男，英俊小伙子喜欢漂亮姑娘。

“我在毛主席身边工作。”舞场上，卫士这么一句话，再高傲的姑娘也会投以秋波。

封耀松与战友文工团的一位漂亮姑娘恋上就是这么一出戏。开始，小伙子们“得手”都很容易，但时间一长，这些“石头疙瘩”便原形毕露，封耀松也不例外。

卫士之间从不隐瞒各自的事，模范“月下老”毛泽东自然很快也知道了。

一天，刚跟女演员“吹了”的封耀松给毛泽东按摩时，老人家见小伙子一脸愁云，便开导起来：“别打了败仗就灰心。我的卫士不发愁，要有信心么！”

“不发愁，可也高兴不起来呀！”小封几天来一直这样瓮声瓮气。

爱美之心人人有。毛泽东理解他的卫士，一个好端端的小伙子，最后被一位年轻美貌的姑娘“蹬”了，自然心里不好受。毛泽东压低嗓子，用父辈的慈爱开导小封：“到了我这个年龄才知道啥叫婚姻。你们二十几岁的人谈恋爱找对象总是净往好处想，天下哪有那么好的事。在我这儿工作，你们的身份不低，可这并不意味着你们在谈恋爱时有什么绝对优势。我几次对外人说过，我的卫士个个都是好样的，但并不排除情场上当败将。你知道这是什么道理吗？”

小封摇摇头。

毛泽东微笑道：“那是因为你们都是门外汉。这找对象就像打仗一样，要发起冲锋，就不能在军号一吹后瞎闯蛮撞，那样没有不挨枪子儿的！”

卫士想不到毛泽东这位卓越的大军事家居然能把谈恋爱幽默地比喻成冲锋一般的战场艺术。从他的比喻中，小封似乎悟出了自己失败的原因。

“老婆不是花瓶，不是啥子摆设品，所以讨老婆不能光挑长相，还是找温柔贤惠的好。她自己进步，又能支持丈夫进步，那多好！那才叫幸福美满哩！家里和和睦睦，外头干工作就情绪高、有干劲，你说是不是？”

小封频频点头。

毛泽东拍拍卫士的肩膀，又笑着说：“当然蛮精神的小伙子，硬要你去找个丑八怪，塞给你一个麻子当老婆，这也太委屈了。恋爱恋爱，总要恋得起来才有可能爱么！”

这句话可说到小封心坎里去了。他脸红了，“扑哧”笑出了声。

毛泽东也笑了，但他的脸上随即变得严肃起来，甚至清楚地看出几分痛苦的愁云。“唉——”他长叹一声，婉惜地说，“一个人其他诸多方面处理得有板有眼，要是婚姻问题没处理好，就会永远背上包袱，一生不得幸福，有时还会有灾难。”

小封倏然抬起头，见毛泽东的表情无比痛苦，跟随毛泽东几年来，小封和其他卫士对毛泽东家里的事是一清二楚的。毛泽东是全党全军、全国人民的领袖和最高统帅，可在家里他得不到妻子的温柔与关照。江青不是今天跟他吵，就是明天给他找麻烦。毛泽东与江青吃不到一起，睡不到一起，更不用说谈得到一起，这样的夫妻生活和家庭能有什么幸福可言呢？毛泽东生性豪放、粗犷，喜欢随心所欲。江青却处处斤斤计较，惹是生非。卫士们最清楚毛泽东内心的痛苦，可又爱莫能助。就是周恩来、朱德等这些几十年与毛泽东同甘共苦、出生入死的老战友、大首长也不便多插手，周恩来所能做的也仅仅是必要时劝劝架，说说江青而已，又不便言语过重。毕竟毛泽东与江青是夫妻，两人的结合，虽是经中共中央批准并报告过斯大林同意，但拿定主意的还是毛泽东本人。

“我给您再按摩一下好吗？”小封怕勾起毛泽东的痛苦，便打起岔来。可是毛泽东并不理会，像是告诉后人，又像对自己说：“所以，在讨老婆的问题上，一定要先看看思想、看看性格，其次才是长相。思想一致，性格合得来，婚后才会有幸福，不然就会埋怨自己一辈子。你们年轻人千万要注意这一点。”

小封重重地点了点头。

毕竟是年轻人，当时封耀松对毛泽东的话句句都记在心头，但终究没有亲身经历，所以不可能很深刻地理解和领会。

一次，毛泽东到合肥巡视，小封随从而来，大概确实是到了想要老婆的岁数，在省委组织的舞会上，小封又和一位姑娘“恋”上了，还是一位漂亮的女演员。小伙子受第一次恋爱的影响和刺激太深，不见漂亮姑娘不放箭。在毛泽东身边没有瞒得住的事，最先看出苗头的自然是小封的战友——卫士长和卫士们。同所有的小伙子一样，卫士们在晚上和夜里逼着小封“坦白”。无奈，小封只好“交代”了近半夜。

第二天，他在毛泽东面前老打呵欠。

毛泽东善于观察人，平时也爱开玩笑，便问：“小封，是不是夜里又在做讨媳妇的好梦了？”

一边站着的小田，逢到这种事情最起劲，便比手画脚地向毛泽东“打小报告”：“主席您还蒙在鼓里呢！他呀！这回可不是梦里的林黛玉了，而是个实家伙呢！”

“是吗？”毛泽东也有点不相信地睁大眼睛，问小封。

“没错，没错。”田云玉抓搂过卫士张仙鹏，然后贴身地旋转起来，一边嘻嘻哈哈地说着：“主席您瞧，小封这么搂着人家转，转晕了就来点甜甜蜜蜜的悄悄话……”

只要不是工作时间，卫士们在毛泽东面前吵吵闹闹、动手动脚都无所谓，这下子给小田那么一折腾，毛泽东跟卫士们一样手舞足蹈、眉开眼笑。菊香书屋内欢笑声此起彼伏。

封耀松哪吃得消这番取笑，拔腿就要往外逃。

“快，小田，把他抓回来！”毛泽东笑着下出一道“圣旨”。

小封被狼狈地拖到毛泽东面前。“说说，她是个什么情况，叫什么？别来封锁消息么！”

“就是跟咱们一起跳舞的那个话剧演员，叫 ×××。”张仙鹏代不好意思开口的小封说了。

毛泽东认真地回忆了一下。“噢——有些印象。小封，这次是不是又在搞速胜论呀？”

小封红着脸没吱声。

毛泽东像父亲关心自己儿子婚事一样，忠告道：“可不要一时头脑发热，要多多了解啊。”

“是。”

这一天，安徽省委书记曾希圣夫妇拜会毛泽东。闲谈之际，毛泽东突然把正在倒茶的小封拉到自己身边，对客人说：“我们小封在舞场里认识了你们话剧团的一个女演员，叫小 ×，这人你们了解吗？怎么样？”曾希圣夫妇摇摇头，说：“算得上认识，可不了解更多情况。”

“你们看看我们的小封，一表人才。”毛泽东自傲地夸耀起来。

“那当然，主席身边的人还有错？”

“好，就定了，帮个忙吧！你们本乡本土好出面，给我们小封了解了解情况。”

“行。”

曾希圣夫妇可谓雷厉风行，当晚就把情况向毛泽东作了汇报。“主席，有点不太合适呀，那小 × 比小封大出三岁！”

“这有什么！女大三，抱金砖，人家且长得年轻。”毛泽东不以为然。

小封听了却不是滋味。

“关键问题还在后头呢！”曾希圣夫妇赶忙补充道，“小 × 是结过婚的，虽然离了婚，可身边还有个孩子呢！”

毛泽东一听这，便认真起来，转头问小封：“你看怎么样？给你个拖油瓶的行不行啊？说心里话。”

小封的两眼溢着泪花，终于摇了摇头。

毛泽东拍了拍他的肩膀，笑着安慰道：“主意自己拿，关系没确定，问题还算好解决。”转头对曾希圣夫妇说：“这样就有点对不住你们那位女演员了！我身边的小伙子都挺强，所以选择对象时也希望方方面面满意些。”毛泽东像抱歉似的向客人补充了一句。

送走客人，毛泽东转身用手指轻轻点了一下小封的额头，不无爱抚地说：“明白了吗？上次给你上的讨老婆‘军事战术’都忘了吧？记住：失败主义不行，速胜论同样不可取，看来还得提倡持久战。”

小封这下真记住了。

合肥巡视结束，封耀松一行卫士跟着毛泽东上了庐山。“庐山会议”在中国共产党历史上留下了重重一笔，毛泽东和助手们就“人民公社”“大跃进”“三面红旗”展开了一场严肃的讨论与争执，是中国共产党在解放战争后在党内的第一次最严重的“内部交战”。毛泽东为之几日不能入眠。可就在这种情况下，老人家依然念念不忘卫士们的婚事。

这天，江西省委书记杨尚奎夫妇来拜会毛泽东。谈话中，毛泽东对客人又提起了这事：“有件事还得请你们二位帮忙。我身边的几个小伙子都到了讨老婆的岁数了，你们又都见过了，怎么样，给介绍个老表吧！”

杨书记的爱人水静同志一听，满心高兴道：“主席发话还有什么问题，就怕你的小伙子看不上，瞧，一个个长得这么精神。”她指着站在一旁的卫士们。

毛泽东点名了：“小封，给你找个老表行不行呀？”

小封没有开口，早已成家的卫士长李银桥嚷起来了：“行行，江西老表好着呢！拉个出色的来谈谈看。”他说出了小伙子们的心里话。

水静同志笑眯眯地转了下眼珠。“嘿！远在天边，近在眼前，你们 187 号楼上的服务员小郑——郑义修姑娘好不好？她是省医院的护士，到庐山来为主席服务可是挑了又挑的，条件准没错！”

李银桥带头和几个卫士冲着小封热烈鼓起掌来，臊得小封举起拳头轮番打了过去。

又是一片欢声笑语。

末了，毛泽东像是完成了又一件大事，舒展地往沙发上一仰，对小封说：“就这样，接触接触看如何！”

就这样，小封和那位郑义修姑娘谈上了。山上，大人物们在“庐山会议”上昼夜舌战；山坡下，一对俊男倩女情意绵绵地摘花赏景。当毛泽东以力挽狂澜的领袖魄力，带着一颗满意但十分沉重的心离开庐山时，卫士封耀松与小郑姑娘已是甜甜蜜蜜、难分难舍了。

离开庐山后，小封与小郑之间飞鸿不断。每次小封接到姑娘来信，总请毛泽东看，然后自己写回信，并将写好的信再交给毛泽东修正。毛泽东每次必耐心细致地一行行过目、校改。

日久天长，小伙子和姑娘的感情已开始发生“质”的变化。这时，毛泽东再问卫士“来信没有”时，小封的脸便“唰”地红起来，掏信的动作显然很尴尬。“哈哈哈。”毛泽东大笑着摆摆手：“不看了，不看了，大局已定，我以后的任务是等吃喜糖！”

这一天终于来到。1961 年在北戴河期间，小封与小郑来到风景秀丽、气候宜人的海滨圆结了他们的美事，结婚第二天傍晚，小封带着他的新娘来见毛泽东。

毛泽东非常高兴，与新婚夫妇许久长谈，百般勉励。

新娘亲自扒开一块软糖，送到毛泽东嘴里。“好好，甜甜蜜蜜，祝你们今后生活得像这糖一样。”

最后，毛泽东找来摄影师，与封耀松、郑义修这对新婚夫妇一起合影留念。

卫士们这样说过：“我们的恋爱，没有毛泽东指点，成功的不多。自己悄悄作主张恋上的成功率就更小。毛泽东几乎是所有正在恋爱年龄的卫士们最好的‘月下老’。他不仅教导我们怎样树立正确的恋爱观、人生观，而且总是不厌其烦地指点我们如何找对象，找什么对象容易成功，什么对象不能找，在我们遇到恋爱困难时，毛泽东又是处理问题的能手。他使我们感到父亲般的温暖，又使我们时常获得知心者的忠言良药。我们卫士们悄悄称他是‘恋爱专家’。”

关于这一点，卫士田云玉体会得更深。

小田在卫士中年纪最小，生得漂亮英俊、活泼可爱，且是唯一毛泽东、江青两人都宠爱的小卫士。他生性孩子气，再加上毛泽东、江青的娇惯和一种特殊的偏爱，无形中养成了他做事任性、好胜的脾气。小田年纪虽小，但见比他大几岁的卫士老大哥们个个成家的成家、恋爱的恋爱，心头不由得对女性也渐渐产生了兴趣。

1957 年，21 岁的田云玉，成了一名小伙子。

这一年，毛泽东和江青到杭州疗养，住在刘庄宾馆。浙江省委为了让毛泽东养心蓄神，经常在附近的一家大饭店举行舞会，毛泽东要去，卫士们便乐不可支，因为他们比毛泽东更期待跳舞——跳舞是他们接触那些女孩子，而且是些漂亮女孩子的最好最合适的机会。这种场合下，卫士们既可以显耀“毛泽东身边的贴身卫士”的金字招牌而不被有关方面训斥与批评，又能显示年轻小伙子在舞场上的优势。因为这种为首长举办的官方舞会，男士大部分是带官职的“老爷子”或者至少也是有家有室的中年人了，而女士却大多是从当地文艺单位、大学、机关挑来的年轻姑娘，极有限的年轻卫士在这种场合能不感到一种优越吗?

小田是“王子中的王子”。

可偏偏每次乐曲一起，谁见了都害怕的江青总是找小田作舞伴，毛泽东是不太愿意伴江青的，可在大庭广众中总不能冷落“第一夫人”，于是小田无可奈何地充当起“替罪羊”，但他实在不甘心，眼睛不时盯着那些笑逐颜开的年轻姑娘。

机会总是有的。一曲过后，卫士李连成过来为田云玉解了围。小伙子很快瞄准了自己看中的目标，一位漂亮的姑娘即刻成了田云玉的舞伴。正巧一向喜欢主宰舞场的江青突然歇斯底里地叫嚷：“音乐太尖了，不会来点悦耳的?”顿时强节奏的舞潮，变成了令人陶醉的“慢四步”。

小伙子与姑娘有了悄悄话，有了话就有了亲切感，有了亲切感跳起舞来就会全身发热。青春如火、情欲如焰的少男少女马上会变得有种说不出的东西在互相吸引着，这种吸引力相互作用后的结果便是爱情的开端。

姑娘属于一流，是省文工团的舞蹈演员，当然称得上西子湖一般的美女了。

接下来便是互留通信地址，悄悄约会——约会的机会不多，但还是有的。卫士们这一点相比社会青年吃亏多了，但与中南海通信，对姑娘来说无疑是极有吸引力的。

小田人聪明，谈起恋爱也鬼。“地下工作”做了一年竟没有让明察秋毫的卫士长李银桥等战友发觉。到后来，这机灵鬼的秘密终于暴露了。

江青首先追问他：“小田，听说你在文工团找了个女朋友，还是跳舞的呀！”对于这类事江青也算得上是个热心肠。“怎么样？下次去杭州，别忘了带给我看看。小田，相信我的眼光不会错！”

到了这个份儿上，小田也就不怕难为情了。轮到值班时，他取出一沓珍藏在枕头下的“情书”，拿来给毛泽东汇报。

一直把小田当做孩子的毛泽东放下手中的工作，端详了他的小卫士，感慨而道：“我们的小田也长大了，真快哪！”

“好啊，人大了，就该找对象了，男大当婚，女大当嫁么。”毛泽东拿着小田的那位女演员的信，掂了掂，笑着说：“这情书我就不看了吧！”

小田倒很坦诚：“主席，我是在您身边长大的，有啥秘密对主席保守呢？”

老人家慈祥地点点头，认真地看完了女演员的信。小田乘此机会又把刚刚写好的信给了主席，请他修改。就这样，打这天起，小田给女演员的信，多次都经毛泽东阅改。

女演员不知其中奥秘，来信称赞小田说：“你进步真快，几日不见，文化水平一下提高了一大截……”

小田和毛泽东念到这里，都忍不住大笑起来，笑得是那样开心。

有情人千里来相会。田云玉与情人的相会总是来头不小——因为毛泽东又一次来到杭州了。小田是在毛泽东和江青面前最无顾忌的卫士，一到杭州，和那位女演员幽会了几次，便带到了毛主席面前。

见过后，小田迫不及待地问毛泽东：“主席，您看她怎么样？”

毛泽东满意地点点头：“不错，温柔聪明，是个好女孩。”

“那，我们是不是可以定下来了？”

“可以，我看可以。”

田云玉心头填满了蜜，又将女演员带去见江青。

江青顿时拿出一副架势，将姑娘全身打量了一番。“嗯，长相蛮漂亮，身材也好，配得上我们的小田。不过……”

“不过什么？”小田心头十分紧张。

“人是算得上美，可缺少神，是个木美人。”江青回头说，“小田，你得多了解了解，社会上的事蛮复杂，可别上当啊！”

没想到江青会说这种话，小田和那个姑娘目瞪口呆，尴尬不已。

不知是相信江青有眼力，还是自己多心了，小田竟然真的七想八想起来：“是啊，人家长得那么美，又是演戏的，一天到晚与男同志嘻嘻哈哈的，我远在千里之外，一年见不到几次面，谁知道她背着我能干些什么！”小田越想越头痛、越想越疑心，情人间的那股无名妒火烧昏了他的头脑。

几天后，小田背着姑娘找到文工团，私下打听姑娘的情况，偏偏有位姑娘告诉了小田一个情况：“你那个 ××，平时就爱打扮，听说她在上影厂还搭上了一个男指导老师，现在还常来往呢……”

小田的醋坛子一下打碎了，不仅非得让姑娘把事情“说清楚”，而且今后不许她再与男的交往，并说：“我虽在北京，可一个电话就会把你的一言一行了解到。”

姑娘哪受得了这个，说他自私、刻薄。

小田一副凌驾于人的口气：“你就得听我的。”

“收起你的那一套，别以为你是毛主席的卫士就了不起了！”姑娘回敬了一句，“呜呜呜”地哭着而去。两人用近两年时间筑起的爱情大坝开始出现了裂缝。

一晃又是一年多，1960年初，田云玉又随毛泽东来到杭州——那几年间，毛泽东几乎每年都要到杭州住上一段时间。只要到杭州，毛泽东便会问小田恋爱的进程，这一次也不例外。“小田，见女朋友了吗？”

“没见。”小田没好气。“闹矛盾了？”毛泽东看出中间有问题，便说，“待一会儿我要睡觉了，没什么事，你趁这个时间把她接来，好好谈谈。”

在值班时，卫士是不能离开岗位的，毛泽东为了一个卫士的爱情，有意要小田这样做，可见老人家的一片心意。

小田动心了，待毛泽东合眼后，便从警卫处要了辆车把女演员接到毛泽东的住处。

“擅自离开岗位，去接女朋友，你像什么话？”负责毛泽东警卫工作的领导严厉地批评田云玉，他们并不知道小田的行动是毛泽东批准的。

小田不便把责任推到毛泽东身上，便把几天的闷火一齐向女演员发。对方也不饶人，于是两人又吵了起来，关系进一步紧张。

回到北京，小田接到了女演员的信，信中自然有不少气话。

“毛泽东和江青都不曾这样骂过我。”自以为高人一等的小田哪受得了这个，提笔就“唰唰”地写了一封绝情信。自然，正式行动前还要让毛泽东知道。

不看不要紧，一看毛泽东就生气了：“你这是封建大男子主义。人家是演员，而且是个长得非常漂亮又有上进心的女演员，跟男同志接触接触是正常的事，即便是一些小伙子追她也属正常范围，你干吗醋劲大发？还限制人家行动！这不是自私吗？”毛泽东虽然批评严厉，但那口气明显渗透了慈父对儿子般的疼爱和恨铁不成钢的味道。末了，他说：“你写的这封信不要发。过几天我还要去杭州，到杭州你们再把问题谈开，搞对象么，把问题谈开了就不会有那么多疙瘩了。”

就在这后几天里，小田又接到来自文工团内部的“可靠情报”，说他的女朋友仍同上影的男指导有交往，这正是火上浇油，小田从此彻底断定姑娘感情不专。年轻人妒火烧身，一冲动，把那封绝情信发了出去。这回，他连毛泽东的话都没听，小田就是这样有个性的卫士。

江青不止一次当着毛泽东和卫士的面这样说：“都是我和老板平时惯的呗！”

确实，小田的恋爱由于他的任性，不得不让毛泽东一次又一次操心。

1960年“五一”刚过，毛泽东又来杭州巡视，一到驻地，毛泽东就催小田去与姑娘见面，小田就是不肯去。

晚上，毛泽东叫小田：“那你跟我一起去跳舞。”

小田明白毛泽东的意思，因为舞场里那个姑娘准在那儿。可是认准死理的小田推托身体不适，赖着不去。

“唉，你这小鬼呀！”毛泽东像对不争气的儿子一般，无奈地长叹了一口气。舞场上，毛泽东特意连续邀了那位女演员跳了几回舞，亲自出面劝对方考虑考虑，再同小田见见面。

“他大男子主义，他不来见我，我才不见他呢！”这姑娘也是个任性的。这回小田和她居然都不听伟大领袖的话。平时，毛泽东是从来说一不二的人，尤其是对在他身边工作的人和他熟识的人，他的个人意志一向很强，然而，在这对年轻人的恋爱问题上，毛泽东像所有的父亲一样，作出了谦让和宽容。

事情看来已难以挽回。实在谈不来，散了也就散了。毛泽东从心里非常赞同这对十分相配的恋人，可他知道强扭的瓜不甜呀！偏偏这个从小家境穷负债重的小田一不做二不休，厚着脸皮托人向女演员要还当初送的东西。

毛泽东知道此事后，批评小田：“说不到一起也就算了，干吗还要去要回已经送给人家的东西，那东西要回来还要它干什么用？这样做不好，不合适么！”

他从心里觉得他身边的人这样做极不应该，可毛泽东始终没有因此而为难卫士。相反，后来小田又与中南海摄影组的一位叫胡云秀的姑娘好上了，毛泽东又百般关心，一次又一次要小田“吸取教训，不要太自私，要多为别人想想”。

后来，毛泽东又送这对年轻夫妇一起到人民大学上学，结婚时还特意送了500元钱。

“毛泽东真是比亲父亲还亲。”如今年过半百的田云玉过着美满幸福的生活，当回忆起年轻时的这段爱情浪漫史时，感慨万千。

第五章　三军难挡中流击水情

“毛泽东的一生十分注重原则性，一般来说，他对规定了的事总是非常自觉地遵守。这对我们从事警卫工作的同志来说，无疑是最大的支持和配合。”李银桥说完，停顿片刻后说：“可是毛泽东又是个极其富有个性的人，爱冲动，很任性，情绪一来，谁也别想拦得住。平时，打了胜仗，毛泽东就会唱上几句京剧，自得其乐；开了一个成功的会，他也会把手中堆积如山的文件一甩，朝我们卫士说：‘走，出去散散步。’这个时候，毛泽东时常纵论古今、海阔天空地给你讲个不停，或者是连连跟你开玩笑。毛泽东的玩笑从不见俗，总是幽默、机智，因此，总是使我们卫士受益匪浅。毛泽东另有一个情绪好后的表现——睡大觉。而且睡觉的速度是惊人的快，根本用不着像平时那样又要先出去散步，然后吃上四份安眠药，再按摩老半天才能入睡。

“1956 年，周恩来秘密出国，回来那天，工作一夜的毛泽东早晨起来服过了安眠药后，我见他依然翻来覆去睡不着，便一直守在床头给他按摩，可是，任我使出吃奶的本领也无法使他安静下来。毛泽东翻身，干脆从床上坐起来，说：‘银桥，别忙乎了，给我泡杯茶吧！回头，你再去打个电话，问问恩来回来了没有？’这已经是他第六次催我去询问了。中午时分，周恩来还是没有回来，毛泽东就一直不睡。下午，周恩来总理终于回来了。我赶忙进去向毛主席报告，说周恩来同志回来了。我想可能毛泽东马上会令我打电话约见周恩来，谁知毛泽东‘噢’了一声，翻了个身便泰然地睡着了，前后没有一分钟。”

李银桥说得兴奋，两眼闪着光芒。

“在你们的警卫工作中，没有碰见过毛泽东不听话的时候？没有出现过挡不住的时候？”我们问。

“有，太有了！”李银桥说，“对毛泽东的安全工作，中央是有严格规定的。在战争年代，主要是防止正面的敌人和混进内部的敌特分子，那个时候侧重武装警卫、空中警卫——防止敌人扔炸弹。解放后，主要是防止来自特务、间谍和各种暗藏敌人的危险以及公众场合下的特殊意外。毛泽东是全中国人民的领袖，他的安全，关系新中国社会的稳定，关系到中国共产党和中国社会主义革命的命运，同样也影响到世界共产主义事业，因此，毛主席的安全工作一直放在中央工作的重要日程上，堂堂一国的公安部长罗瑞卿大将曾经不止一次说过，他这个公安部长仅仅是毛泽东的一个大警卫员。从这个意义上讲，我们可以看出中央对毛泽东警卫工作的重视。就连斯大林同志在世时，对毛泽东同志的安全也是关心备至。1949 年 12 月，毛泽东第一次也是唯一一次在莫斯科与斯大林会晤，临别时，莫洛托夫特意赶来向毛泽东转达了斯大林的再三叮嘱，要毛泽东回到国内后一定要保护好身体，一定要做好安保工作，千万不要大意。由此可见毛泽东的安全工作的分量。但是，毛泽东自己却并不把这些放在眼里。尤其是当他一来情绪时，就无法按常规的安全措施行事了。虽然公安部长和我这个卫士长有理由也有权制止他，但他毕竟是全党的主席，有至高无上的权力，他要认真起来，别说我这个小小的卫士长，就是罗瑞卿部长——再说高一点，就是周恩来总理也得让步。”

“这种情况在什么时候出现过？”

“在游泳问题上。”李银桥介绍道，“毛泽东的业余爱好除了看书外真不算多。散步是他的习惯，其次，顶酷爱的便是游泳了。毛泽东见了水，就会高兴，据说一生都是这样。水越大、越急，他的情绪就越高涨。在中南海，他每天爱用水擦澡，闲了，会到中南海里去划船。你们不是经常听到毛泽东晚年住在游泳池，或者在游泳池接见外宾吗？其实，中南海在毛泽东住进去之前是没有游泳池这个地方的，这是中央有关部门专门为他老人家修的。晚年时，毛泽东搬出了丰泽园的菊香书屋，干脆就在游泳池那里就宿办公。毛泽东不止一次对我说过，他小时候就爱游泳，还差一点喂了湘江的大鱼呢！他说，游泳是最好的运动，使人全身都活动起来；同时，又能使人忘记一切，不去想什么事情，这对心理和精神的保养是一剂良药；游泳还能练就一个人的坚强意志。毛泽东一生戎马生涯，解放后又日理万机，游泳对他来说，是最好的一种运动了，因而，他对游泳的酷爱程度是别人无法相比的。另外，他的游泳水平也是一流的。今天的小平等领导同志也极爱游泳，在一定程度上是当年受毛泽东的影响。”

“你这个卫士长和卫士们的游泳水平肯定也不一般。”

李银桥摇摇头说：“我刚到主席身边，基本上是个旱鸭子，后来慢慢学会了，毛泽东曾开玩笑地对我说：‘银桥，你跟着我就得学会游泳，否则，到了水里可就没有“银桥”了啊，那时，龙王爷一来，这金桥、银桥可就全不顶用了呀！’

“我们卫士中，有些同志以前根本不会游，毛泽东当年带我们到北戴河后，经常到海滩上教这些同志学游泳哩。”

“看来，当毛泽东的卫士，学会游泳是基本条件之一喽！”我们开玩笑道。

李银桥笑了：“是的，可是凭我们怎么学，总还是在他老人家的水平之下呢！有一次，我们跟毛泽东到海里游泳，有个卫士刚学会游泳不久，一下海，海浪一来，呛得差点把苦胆给呕出来。看着卫士吐得又是鼻涕又是眼泪的那个样，毛泽东开心得像个孩子一样叫嚷道：‘要得要得，等你把鼻涕眼泪都流干后，就再不怕龙王爷了!”

“毛泽东的恋水瘾是出了名的,一旦他想游了,就是调来三军也无法挡住他呀!”李银桥打开深情的思绪,回忆起来——

解放后,毛泽东有机会到祖国大地的每一个他想去的地方,其中他最喜欢待的地方有江西的庐山、湖南的长沙、杭州的西子湖畔,还有就是北戴河。从 20 世纪 50 年代后期开始,一到夏天,毛泽东就要到北戴河休养兼工作,一住就是一个夏天。这样,中央机关就随之而去。这个传统,被中国的第二代、第三代领导人都继承了下来。北戴河是一个美丽的海滨疗养地,依山傍水,一望无际的渤海碧波荡漾,毛泽东在建国初期和 60 年代,除在北京住的时间长外,便是在北戴河了,其次要算杭州。

全国解放后,毛泽东与我们都搬到了北京城里,进北京的头两三年里,毛泽东特别的忙,我怎么也没想到拉他到河里、湖里去游泳。倒是 1953 年初,徐涛医生来了,便想起了这件事。

有一天,徐涛和我们正为毛泽东的休息问题大伤脑筋时,他突然想要教毛泽东游泳——因为徐医生对游泳十分在行,于是,他把自己的想法向罗瑞卿部长和负责中央领导保健工作的卫生部副部长傅连暲作了汇报。

“主席要是淹着了怎么办?”他们也不知道毛泽东会不会游泳,于是既赞同徐医生的建议,又关切地担心起来。经过认真考虑后,便统一了意见:先在浅处教,让他慢慢活动,医生和卫士必须都站在现场,一旦有情况,立即采取措施。为此,中央事务管理局在玉泉山修了一个室内游泳池。这个游泳池不足四米长,与其说是游泳池,倒不如说是个大澡盆。大概有关领导是怕毛泽东在水里出什么意外,这个“大澡盆”里绝对出不了什么事。

一天,我陪毛泽东在院子里散步,徐医生过来了。

“主席，向您讨教几个问题。”

在当时毛泽东身边的工作人员中，徐涛是被毛泽东称做“大知识分子”的，因为他是北医大的高材生，相比我们这些只有初小、高小水平或是文盲的卫士、阿姨、警卫战士，他跟毛泽东聊天时便开口闭口相对都是“高层次”的了。

毛泽东一见他便加快了散步的速度，他知道，这个小徐医生一来，准又会为他什么睡觉、吃饭等等，一天提出一大堆“意见”“建议”，而且条条都是有根有据。毛泽东是个不循规矩和不死啃书本行事的人，他有自己独特的爱好和生活规律，谁给他出些新名堂，除非你的理论使他无话可说，否则一概拒之。好在徐涛肚里墨水也不浅，因此，在一些问题上能与毛泽东“较量”一下。

“我的大知识分子，我现在正在散步休息，你不用给我再上什么课了。”毛泽东知道“来者不善”，便赶紧先拱拱手。

徐涛也很机灵，笑笑，先不开口。待毛泽东放慢了脚步，他才若无其事地说：“主席，上次您对我说，我们两人一个喜欢社会科学，一个喜欢自然科学，可以互相学习弥补。现在我来问一个问题。”

毛泽东看了他一眼。

徐涛从他的眼神中知道毛泽东已放松了一丝“警惕”，便说：“主席，您说说地球上最早的生命来自哪里？”

毛泽东不愧是一位机敏的政治家，他似乎发现徐医生又在绕什么弯让他绊进去呢，“徐涛，你要干什么？”

徐医生煞有介事地说：“谈自然科学么，你说过我们两个互相学习弥补，不能总是您考我么。”平时，我们这些医生和卫士等，同毛泽东可以非常随便，用不着介意。

“海水么。”毛泽东回答了。

“那么什么运动最好？”

毛泽东看了看徐涛，那眼神里露出了一丝善意的讥讽：你徐涛又想搞鬼了么。毛泽东双手往背后一背，仰头挺胸，有意把他本来走路喜欢摇摇摆摆的姿势夸大了三分，并且眼睛朝天十分得意地在徐涛面前走过。那样，真像一位赢得胜利的淘气孩儿。“散步。”他说。

“不对，是游泳。”徐涛接过话便说。毛泽东猛地回头盯住了他。徐涛紧张了，赶忙低头补了一句：“我是说回到水里就是回到生命的发源地。”

是呀，我怎么没想起毛泽东曾经对我说过他喜欢游泳呀。站在一旁的我，这时突然想起过去毛泽东曾经对我说过的话，我心里不由暗暗佩服起徐医生来：“人家到底是大学生。”

我希望他能说服毛泽东。果不其然，徐涛给毛泽东列了一大套有关游泳的好处。这跟毛泽东说的差不多，只是少了毛泽东说的最重要的一条：游泳可以不想事。不过，我想这一条是毛泽东针对他本人而言的，因为他的头脑里每天装的东西太多。其余的徐医生的理论与他基本相符，我暗暗为徐涛医生使劲。

“看来你是会游泳的？”毛泽东友善地问。

徐涛得意了：“那还用说！主席，您尽管放心，我来教您，保证您一个星期就能学会。”

“哎呀，主席会游泳呀！”我正想张口时，只见毛泽东的目光投向了我，并且笑着向我挤了挤双眼。我明白了，他老人家想捉弄捉弄这位鲁班门前弄大斧的年轻人。

徐涛反应也快，顿时生疑地说：“主席，您会游泳吗？”

毛泽东狡黠地笑而不答，只问他：“你准备到哪儿教我游泳呀？”

徐涛得到鼓励，高兴地大声说：“玉泉山室内游泳池，明天我们就走，成不成？”

“不成，后天吧！”毛泽东思考了一下，说。

“好好，后天就后天，到时您看我这个教练怎么样。”徐涛有点得意忘形了，跑过来拉住我的胳膊：“银桥，后天你也去。”

我正想对他说：“你这个教练还不够资格。”却见毛泽东朝我认真地使了个眼色。我明白，他真是要在游泳问题上“治一治”他的医生了。于是我只对徐医生点了点头，心里十分开心，因为我一则想看看这出戏他们怎么唱下去，二则到底毛泽东同意去游泳，去从事他最喜欢的运动了。

这一天终于盼到了。但当毛泽东来到玉泉山，看到那个小游泳池原来就修在他在玉泉山居处的旁边，他的脸一下沉了下来：“怎么回事，什么时候冒出了这个池子？”行政处的同志只好解释：这是专为他修的。

毛泽东一听就火了：“给我修的？为什么这么大的事不报告？现在是什么时候你知道吗？外头是抗美援朝，里头是搞第一个五年计划，恩来他们每天都恨不得把一分钱分作两半用。你们倒好，为我个人修游泳池，我说过多少次了，为什么交代了的事不办啊？”

那个行政处的同志被说得头直往下低。

完了，毛泽东不但没了游兴，还惹了一肚子火。他转头对我说：“你问问修这个池子花了多少钱，从我的津贴和稿费里扣除，明天就送到行政处去！”说完他甩手便走了。

第二天，我就照毛泽东的意思，请秘书从他的稿费中取出一万元钱交给了行政处。

为这事，徐涛有一段时间没敢跟毛泽东谈起游泳的事。后来我对他说，毛泽东生气是觉得不该把钱浪费在修这个游泳池上，而他对游泳并无反对意思，徐医生一听便又来了勇气。

这一次，徐涛决定动员毛泽东到清华大学的游泳池去。开始毛泽东有点勉强，谁知徐涛来了几句多余的话，反倒使毛泽东来了情绪。

徐涛俨然一个国家一级教练似的对毛泽东说："主席，您用不着怕。出不了事，有我保护呢！"

"好大的口气。"毛泽东瞪大了双眼，有意凑近把徐涛上下打量了一番："你保护我？"

"是呀！"徐涛胸脯一挺，"主席，这不是吹的，论其他我一辈子也没有您那几下，要说游泳，我……"他大概想说："我还是比您强一点。"但究竟没说出来，只是笑着说："我还是可以的。"

徐涛呀徐涛，你真不知天高地厚。我在一旁直为这"不知天高地厚"的家伙跺脚，可他根本不往我这边看，一个劲儿地在毛泽东面前炫耀。

"要是出了事呢？"瞧，这个毛泽东，也还在装着一本正经地逗徐涛哩！

"我救您。"徐涛拍起了胸脯，"您那些卫士都是旱鸭子，在水里我一个顶他们几个！您只管放心，甭怕！"

"哎哟，徐涛呀徐涛，我怎么以前就没有发现你还有这个本事呀？"

毛泽东的这话分明是在取笑他，徐涛压根儿就没有反应过来，口里还在夸海口呢："您没有游过泳，自然就不知道我了！"

我在一旁都快笑疼了肚皮。

"好，马上就走！"毛泽东也像是被徐涛的"大将风度"给感染了，大手一挥，我们便直奔清华。

"主席，不用紧张，到水里最主要的是放松，就像您常说的美帝国主义是纸老虎一样，水也是纸老虎。您尽管踩在它的脖子上！"徐涛一边扶着毛泽东，一边还在喋喋不休地"安慰"呢！

再瞧瞧毛泽东，那一本正经的样。看看正要下水的他俩，我实在快要笑出声来了。

“来来，主席，咱们在这边游。”徐涛扶着毛泽东走在浅水区。毛泽东却在有意给他捣乱，双脚直往深水区走。

“哎哎，不行不行，不要往那边走，那边水深。”徐涛紧张起来了。

“怕什么！有你保护我呢！”毛泽东的步子迈得更快了。

“这这……”徐涛的手抓不住毛泽东了，他着急了。就在这时，只听“扑通”一声，毛泽东那魁梧的身子，突然向前俯下扎进了水中……

“主席——！”徐涛一声惊叫，吓得傻呆呆地站立在那里。

这时，早已滑出几丈远的毛泽东，轻松自如地将双臂向头顶一划，身子平展地躺在了池面上，然后朝吓得脸色变青的医生招呼道：“喂，徐涛，还不快来‘保护’我呀！”

徐涛的神色一定，终于从愣怔中反应了过来，惊喜地大声喊起来：“主席，您会游泳呀！”

“你第一次看毛泽东游泳是在什么时间？什么地方？”早听说过有关毛泽东游泳的轶事，我们希望卫士长能细细谈谈。

“第一次——大概是 1953 年。”李银桥回忆说。

“解放战争时期都在黄土高原和冀晋山区，见不着河，而且每天生活紧张，毛泽东也没有提起过要游泳。只在他擦澡时跟我唠叨说他年轻时常游湘江。他总嫌洗澡的水太少，不太过瘾。那时，我便知道毛泽东是会游泳的。他问我会不会，我笑笑摇摇头。

“‘噢，原来也是个旱鸭子！’毛泽东便给我讲起了游泳的好处。什么游泳能接触大自然呀，男女老少皆宜呀，是全身的运动，对心脏和胸肺有特别好处。最好的一点是，游泳时可以什么都不想，这一点吃安眠药都做不到，因为在水里一想事就往下沉，就会喝凉水。在水里，你就得老老实实，啥事扔到脑后边，要不龙王爷就会灌你一肚子水，让你吃不了揣着往下沉哟！每当毛泽东谈起游泳，看得出他的情绪特别兴奋。

“在延安，在西柏坡，我几次希望能找到一条河，让毛泽东到那里痛痛快快地游上一阵子，可总是失望。在解放战争中我跟随毛泽东的三年中，除了见过令人心惊胆战的黄河外，没见过什么像样的河，因此，毛泽东也没有游上一次泳。一些包括自认为对毛泽东秉性、爱好了如指掌的警卫局的领导、医师、护士、秘书，都不知道毛泽东还会游泳哩！

“这时，池上池中，我、毛泽东和其他随行人员再也憋不住了，哈哈大笑起来，那欢笑声把徐涛给窘死了。他挥开双手，使劲地往我身上打水：‘好呀，银桥，你这小子不告诉我！’

“我和毛泽东又大笑一阵。‘银桥是听我的，你别想收买他。’毛泽东在水中说。

“毕竟，徐涛窘归窘，但他还是胜利者，因为他搬动了毛泽东游泳，而且是让毛泽东进行他一生最喜欢的运动。他一个猛子扎到毛泽东身边，不好意思地说：‘主席，我向您辞职，我这个‘教练’不当了。’

“‘莫要辞！莫要辞！你的游泳水平还是相当不错的么！’毛泽东很开心地在水中摇起头。

“这一天，毛泽东极为高兴，而且回到中南海后，没几分钟便睡觉了，一睡睡了六七个小时。从那时起，我才真正知道毛泽东为什么喜欢游泳，有时他太忙拉不动时，我便故意说是让他教我们游泳。一听这，毛泽东就把手中的笔一放，说：‘行，发挥发挥我的特长，别让徐涛一个人把教练的美差独霸了！’

“毛泽东第一次到北戴河是1954年的初夏，住在一号浴场。

这个浴场是北戴河海滩中最好的地段，是每年夏天中央机关的办公地。毛泽东在这里一住下，中央的其他负责同志便相继集中到这里来。我们卫士班除了个别特殊情况外，也将全部随从。除此，还有毛泽东及中央其他领导的警卫人员、部队及公安人员。当时毛泽东住的是一号浴场的一片小叶杨树林中的一栋小平房。小平房有十几间房，毛泽东住东屋，他喜欢住东房，在中南海的菊香书屋也是，到外地巡视也不例外。"

"泽东泽东，不知与此是否有关？"我们提了个幼稚而有趣的问题，卫士长笑笑说："不得而知。"

毛泽东在北戴河除了召开中央一些重要会议外，大多数时间是写文章、看书。这个时候除了刘少奇、朱德、周恩来三人外，其他人一律不见。每年这段时间，卫士们总能感觉这是毛泽东工作精力集中、休息时间最好的日子，养心和动脑在这里能得到最佳协调。这是因为有一个特殊的东西在起作用，那就是海水。一般情况下，毛泽东每天都要游泳，有时上下午都要游，每次游一两个小时，长时也有三四个小时。

海，是个值得眷恋的美女。温顺时，轻轻地抚摸它，便会有一种令人心旷神怡的感觉，当你投入它的怀抱时，更会感到无比的柔情。然而，海又变化无常，说翻脸就翻脸，特别是在台风的助力下，更是肆无忌惮。毛泽东爱海，爱平静温顺时的大海，但他更爱发脾气时的大海，这大概与他性格有关：在遇到对手和敌人时，他总是精力非常充沛，智谋高度发挥，勇气一直冲霄汉。

北戴河是海域区，因此会经常刮台风。那台风一起，大地久积的暑气会一扫而光，太阳神给地球带来的光明同样被卷得无影无踪，取而代之的是团团黑云。此刻，你再看一看海面上，其实你根本用不着到海滩上，只要在屋里，就会听到呼号一般的狂风，咆哮的海浪把海滩拍击得仿佛大地都在颤抖，雷电交加的天公，挟着黑桃一般的暴雨点，犹如马蹄在你的屋顶奔驰。

“走，银桥，我们游海去！”这天，卫士长趴在玻璃窗上看着屋外刮个不停的风和下个不止的雨时，突然听身后一声叫嚷。

“什么？主席您说什么？”卫士长大吃一惊，好像听错了。

“下海，我们下海去游泳！”这是毛泽东的声音。此时，只见毛泽东把手中的笔往桌上一扔，奋然起身，大步走向门口。

李银桥的眼珠子一下发直了，两条腿像被什么猛地一击，“噌”地蹿到毛泽东跟前。“您……您说去游海？这……这个时候……”李银桥像有口吃似的说着。

毛泽东居然拍拍这位丢了魂似的卫士长的肩膀，轻松自如地点点头。“是啊，游海去！这时候去游海最有意思了，走，银桥，准备准备就跟我走！”

“不行，绝对不行！”不知李银桥哪来的胆量，他像一头雄狮，张开双臂，跳到毛泽东面前，大声说道：“我决不允许您去！”

——“你是卫士长，毛主席的安全，你要对党、对全国人民负责！”这是周恩来的声音。

——“就是自己死一百次，也绝不能让毛主席有半次的危险！”这是中央常委们的话。

——“一天24小时，你们一分一秒也不许离开主席。要看紧，要不惜一切代价拦住他、保护他，绝不许他下海！”这是公安部长罗瑞卿的话。

此刻，李银桥耳边响起的净是这样的声音。

毛泽东一愣，他眼睁睁地看着卫士长，看了很长时间，两人默默地对峙了数十分钟。

李银桥紧张得粗气大喘，胸脯像鼓风机一般掀着。

毛泽东双手叉腰，一副不甘示弱的样子。

只要他再上前一步，我就喊！李银桥已经想好了。但最终他没有喊——毛泽东无可奈何地将双手从腰际放了下来。

李银桥顿时两腿像散了架似的差点摔在地上。

“我是有这个权力和本事的，这是党中央、全国人民给的。对毛泽东来说，作为领袖他一生中失去了许许多多常人应有的东西。他的一言一行，常常受到节制和限制。尤其是建国后，毛泽东从某种意义上讲是丧失了行动的自由。没有警卫部门批准，他是出不了中南海的，也出不了自己的家门。只要我一声令下，卫士们便会在他面前筑起一道‘长城’，无论毛泽东怎样的焦急、烦躁，甚至发脾气、骂人，都无济于事。人民和党需要我和卫士们在这个时候必须这样做。”李银桥坚定地这样对我们说。

“这一场台风刮了整整一夜。第二天早晨终于好了许多，太阳也出来了。可是，我们全体卫士的心反倒更紧张起来。”李银桥继续回忆道，“因为海面上的风至少还有七八级。俗话说：无风三尺浪。这七八级风，大海上的浪就甭说有多凶了。还有一点我们卫士们是清楚的：毛泽东只要一见有阳光，那想游泳的情绪就更得花九牛二虎之力才能挡得住。”

李银桥和卫士们刚刚还在念叨老人家的脾气，毛泽东偏偏就来了情绪，上午十点来钟，毛泽东从案头站起身，做了个扩胸动作，对值班的卫士说：“告诉卫士长，我要游泳去了！”

值班卫士一听，吓得拔腿就往李银桥的值班室跑。“报告卫……卫士长，他又要去游……游海了！”

“走，全体跟我走！”李银桥一挥手，卫士们“呼”地来到毛泽东办公室，并且摆开了一道“长城”。

李银桥怕自己嘴笨，说服不了毛泽东，便搬来毛泽东的保健医生徐涛。

徐涛是喝过大学堂墨水的知识分子，比起卫士们自然多不少词，再说保证毛泽东身体健康也是他的职责。

“主席，这种天气游泳我也不会同意！”徐涛说。

“为什么？”在卫士面前左右踱步的毛泽东，是一向很听徐医生话的，这回他似乎一反往常，听徐涛这么一说，他马上站住了脚，转头就问。

“第一，”徐医生扳起手指讲了起来，“台风刚刮过，此时的水温比平常要降低三至四度，有时甚至更低，所以此时不适合游泳。第二，海面上呈七八级大风，其浪涛的巅谷之间落差大于两米之多，超过了人的高度，这对游泳者会造成生命危险。”

“那么第三条呢？”毛泽东有些烦躁了，因为医生讲的这两条似乎有一定科学道理，伟人无法批驳。

“第三，”徐医生继续说着——可他千不该万不该说这条，“第三，一场大风暴雨过去，海浪使沙滩堆积了许多贝壳，海滩便不平了，容易扎脚绊脚。前几天，李维汉就是因为这样绊了一跤，才摔断了腿。那天还是风平浪静的好天气呢！”

“什么什么？你说什么？”毛泽东一下把两只眼睛睁得大大的，直盯着徐涛。“李维汉！他那点水性能同我比？再说，难道他摔断了腿我也就要摔断腿了吗？你这么说，我今天是非游不可了！”

毛泽东脸色倏变，那架势是非要同大海较量不可，他那魁梧的身躯，在一双咄咄逼人的目光推动下，直向卫士们筑起的“长城”走去。“长城”慌了、颤抖了。“下去！”毛泽东的声音并不大，但“长城”立即土崩瓦解。

一旦毛泽东认真起来，事情就无法再挽回了，别无选择，李银桥朝卫士们大声下达命令：“一分钟准备，马上跟主席下海。”

卫士们像没了头的苍蝇，慌成一片。当他们一旦反应过来，又个个成了严阵以待的虎将，并迅速准备了浴衣、毛巾、救生圈，还有一瓶祛寒的白酒。

医生和其他工作人员也动了起来。

中央警卫中队也被紧急动员起来……

毛泽东似乎根本没有注意到他身后那几十人的存在，只顾独自迈着坚定有力的步伐走向海滩……

老天爷！卫士长和卫士们一来到大海，又立即后悔方才在毛泽东屋前的“长城”不应该垮掉，无论如何也不应该，而现在又是无论如何也筑不起“长城”的。你瞧那海，浅黑色的海面上，一浪高过一浪的潮头，犹如千万只猛兽在嚎叫，并且不时列成千军万马之势，并肩携手地向岸头扑来，第一次同海滩的撞击，便发出轰轰巨响，就仿佛整个世界在为之颤抖。巨浪拍岸之后，溅出的水沫水珠，飞至几十米远，而且充满着力量，打在人的身躯上，仿佛是哪个顽童扔过来的石子。

卫士们立即用自己的身躯保护着毛泽东。

毛泽东太爱大海了，尤其是有风浪的大海。他静静地凝视着海面，胸膛随着呼啸的海浪而起伏。是见到了温情脉脉的杨开慧？还是在血与火的战场上重逢了久别的贺子珍？毛泽东目光中闪烁着一种炽热，一种情恋，一种久想不得的强烈欲望。此刻的毛泽东，仿佛整个宇宙就他与大海两个。只见他双手轻轻地一分，把拥挤在身边的卫士分到两侧，独自默默地脱去衣服……

“脱！”卫士长用目光向卫士们，向所有的警卫战士、医生下达了命令，海滩上齐刷刷出现了一个与海浪决斗的雄性世界。为首的便是那个时代中国的最高统帅——伟大领袖毛泽东。

“你们——害怕吗？”毛泽东扫视了一下他身边的“赤膊队伍”，然后微笑地询问。

“不怕！”海滩上犹如三军战士在向最高统帅发誓保证。

“好！”毛泽东习惯性地将一只大手叉在腰间，另一只大手在胸前一划，他说："你们中间谁都可以跟我下海，也谁都可以不跟我下海。可以在岸上看，也可以回去。不过，这种机会千载难逢，没下海的同志以后可别后悔呀！"毛泽东打趣的话，使得本已紧张的在场卫士和警卫人员、其他工作人员轻松了许多。

"去，我们都跟主席下海！"大伙儿齐声回答。

毛泽东满意地笑笑，然后转身便向大海走去。赤身的毛泽东，比起身边的小伙子们更显得魁梧。他的腹部有点大，走起路来不怎么"雄赳赳"，然而就是这种稍显后坐的姿势，在沙滩上反倒显得格外稳扎稳打。他身边的年轻人被七八级风吹得东斜西歪的，唯独毛泽东步伐坚定，所向披靡。

这是最高统帅的无声行动！

卫士和全体警卫人员像听到冲锋的号角已响起，前呼后拥地跟着毛泽东向大海走去。前面，八名警卫队员排成"一"字形，左右是卫士。就这样，在这不平凡的一天，北戴河的沙滩上，毛泽东仿佛率领他的千军万马与前所未有的对手，摆开了决战的架势。

此刻的海水似乎也来了情绪，面对这不畏惧的队伍，先是一阵沉默，接着便来了个试探——一堵一尺多高的水墙，从海面上倏然矗起，随即以推山倒岳之势，向勇敢的挑战者们迎面扑来……水墙来得太快，没有击倒毛泽东的挑战队伍，于是又急剧退却，挟带着一层厚厚的沙土。

"啊，娃儿们，追！追上它！"毛泽东举起双臂像孩子似的在挥舞着，口中不停地高喊着。身后，几十名精壮的小伙子随着巨人的脚印一起投向大海，逐浪而去。

哪知，大海并不是真正的退却，而是诱敌上钩，积蓄力量，等挑战者们在水中尚未站稳，又呼啸着以十倍的力量，携着一阵"轰隆"的巨响，在毛泽东面前叠立起一道望不到边际的"水山"。

“我的妈呀！”卫士长李银桥惊得暗暗叫了一声。他慌神地看看毛泽东，毛泽东的神色里似乎含着一种鄙视，他的脚步仿佛正踩在一条平坦的柏油马路上。这就是毛泽东！卫士长真想向惊涛骇浪的大海高高地喊出一声，他要向肆无忌惮的对手发出警告，并让之退却，远远地退却。可还没有来得及让卫士长开口，黑压压的“水山”已经遮住苍天，并迅速勾出一个反写的“6”字形……

天黑了！

耳聋了！

几十名精壮的小伙子化做几十个“水泡”，消失在“水山”的庞大胸腹中。

懵乎乎。

昏沉沉。

四肢、筋骨成了一摊散了架的零件。

“主席！主席呢？”

“啊，主席——主席——！”卫士、警卫人员、医生们反应过来的第一个清楚的思绪是找毛泽东。

啊，毛泽东到哪儿去了？卫士长李银桥从沙窝坑里“噌”地站起来，双手稀里哗啦地扒开被泥沙蒙住的双眼。

“主席——主席您在哪里——？”卫士长的视野中是带着胜利呼啸声的海潮正以挟雷带石之势，“哈哈”大笑地回到它的母亲怀抱，除此，他什么都没看到。

“主席！主席——”卫士长已不再声嘶力竭了，那声音是颤抖的、呜咽的。

“卫士长，你是怎样保护毛主席的？啊？”这是周恩来总理的声音，罗瑞卿部长的声音，亿万万中国人民的声音！

卫士长呆呆地瘫倒在沙地上。

“银桥，你怎么啦？”啊，这声音怎么这么熟悉！好像很远很远，可明明就在耳边，是毛泽东，是毛泽东的声音！

卫士长转过头，他一下呆了，又像被电触了一下，身子一跃而起。

“主席，主席您还好吗？”

“我没事！没事！”毛泽东摸着呛满泥沙的嘴巴，笑嘻嘻地用手指着大海，告诉他的卫士长，“嘿嘿，你瞧，它还真是对手呢！”

他毫不费力地从沙地里站起身来，李银桥看见毛泽东刚才躺过的地方是个半尺深的印子，海浪的力有多大呀！还没等卫士长赞叹，海面上，又一片高接云霄的“水山”正由远而来。

毛泽东好像根本没有看到似的，摇摆着他那赤裸的魁梧身躯，信步向大海又一次走去。

“快起来跟上！”卫士长用沙哑的嗓门高喊一声，第一个蹿到毛泽东身边。

“跟上！跟上！”十个、二十个……卫士、警卫人员全都跟了上来。

“水山”依旧以万钧之力将挑战者们吞没、推倒在沙滩上。

挑战者们抖抖身上的泥沙，又从沙窝里站起来，跟着毛泽东再一次冲向大海。

大海毕竟是永恒的，它的力量也似乎是永恒的。如此反复，这些精壮的小伙子们哪经得起这无休止的搏击！耳朵聋了，眸子疼了，全身的筋骨麻木了，唯一尚能支持的精神力量也在急剧崩溃。

再也爬不起来了，赤条条的小伙子们躺在沙滩上呻吟着，打着滚，挣扎着，就是站不起来。

这时，只有一个人依然站立着，他，就是毛泽东。

毛泽东习惯性地将左手叉在腰际，看了一眼他的“队伍”，顿时皱起了眉头。他的目光落到了他一向百般信任的卫士长身上。

“银桥，起不来了？难道这点水比当年胡宗南的二十几万大军还厉害？”

卫士长的心猛地一阵紧收，身子即刻像弹簧似的从地上腾起。

“你们都不行了吗？”毛泽东抬起头，对所有的随从者开始说话了，那脸色阴沉，声音严厉：“你们谁不愿跟我走，请便，我可以另组织人马，再跟它斗十回、八回！”说完，毛泽东撇开所有的人，独自又迈步向大海走去。

“起来！跟主席走——！”李银桥大喊一声。

“起来！跟主席走——！”像冲锋陷阵的骑士，如奔腾勇进的战马，小伙子们再也没有丝毫退缩和犹豫了，当听完毛泽东的话后，他们不再觉得自己的倒下和被海浪吞没有什么值得顾虑了，跟着毛泽东！保护毛泽东！他们的心中没有半点杂念，唯有这誓死不移的信念。

毛泽东集中了他的全部魄力，今天要与这“对手”决个高低。

卫士、警卫战士作出了即使牺牲自己，也要保护好毛泽东的最后选择。

前面，警卫战士肩并肩、手挽手组成一个铁阵。卫士们则扶着毛泽东紧跟在铁阵的后面，迎着汹涌而来的海浪冲击。

大海真是被激怒了，海浪失去了戏谑的玩味，露出了狰狞的面目，一边是人声，一边是海啸，中间是风号，海滩上一片犹如战场上的厮杀拼搏声。

臂膀是铁打的，却被冲开了；身躯是铜打的，却被击裂了。待那人组成的铁阵与水铸成的海浪撞击的一瞬间，卫士们、警卫战士们的第一感觉是：老天真的来索命了！

“救生圈！救生圈！快给主席救生圈！”这是绝望的声音，这是最后的希望，也是唯一的。

“哎，娃儿们别慌神！现在是涨潮！”战士们猛然发现，毛泽东那高大的身躯在浪尖端巍巍直立着。忽地，那高大的身躯又一下跌落到深深的浪谷之底，“别怕，沉住气！只会被浪冲到岸上，不会被拖到海里去的。勇敢的同志们，真正考验你们的时候到啦——”

“哈哈哈——痛快！过瘾！”这一天，毛泽东上岸后，高兴得逢人便这样说。

李银桥如此回忆——

“海浪并不可怕，只要敢于和它斗，它就会老实得像头驯服的马，顺你驾驭。都说我们共产党人的意志坚强，就是因为我们敢于在大风大浪中磨炼、摔打！”这一天，毛泽东睡觉时没有要我给按摩。临睡时，他给我上了精辟的一课。

太阳已经落海了，我以为毛泽东这一觉会连着睡，谁知刚过吃饭时分，电铃响了，我走进毛泽东的屋子，他已经起床了。

“银桥，睡不着觉呀，弄点吃的来吧，有点饿了。”

“怎么，主席今天又有什么重要事影响您的休息？”我又有些着急。

毛泽东摆摆手：“不，是海水冲得我这里不能安静。”他笑着指指自己的脑门，并没有不轻松的样子，这我就放心了。

等我弄到吃的后，毛泽东三筷两勺地把饭菜消灭了，然后对我说：“今晚一律不见客，我要写点东西，你给磨点墨。”

大概毛泽东又要起草什么重要文件，我把墨备好后便退了出来。

这一夜，毛泽东办公室里的灯一直亮到东方黎明。怕他太累了，一清早，我就进屋准备劝他休息。还未进门口，只听毛泽东不停地吟着什么诗句。再过去一看，见毛泽东的办公桌已经堆了几张写好的东西。看到毛泽东那口中念念有词的样，我知道准有光辉诗篇要诞生了。

“银桥，睡不着觉呀，我就写了几句。你看看。”毛泽东随意拿起桌上的一张纸。

是新作，是毛泽东的新作。他那潇洒自如大气磅礴的墨迹一下吸引了我，便忍不住轻轻地读了起来：

浪淘沙

北戴河

1954 年夏

大雨落幽燕，
白浪滔天，
秦皇岛外打鱼船。
一片汪洋都不见，
知向谁边?
往事越千年，
魏武挥鞭，
东临碣石有遗篇。
萧瑟秋风今又是，
换了人间。

我虽然没有那么深的文学修养，但毛泽东写的这些，都是这两天我亲身感受到的，所以一读便懂了大半。

“主席，写得真好！真有气魄！”我不由有感而发，“主席真了不起！”

“不，是大海了不起！”毛泽东双手叉腰，面向大海，看得出他那博大胸膛中，此刻依然如同大海的浪潮一样，汹涌澎湃着。是回忆那战火纷飞、弹指一挥消灭蒋介石国民党的八百万大军，还是展望共和国正在蓬勃兴起的社会主义建设新高潮的到来?

我不想打扰人民领袖此刻对“换了人间”的遐想，便轻轻地退出了房间。

“大雨落幽燕，白浪滔天，秦皇岛外打鱼船……”毛泽东的诗词，与他革命领袖的伟大胸怀一样，充满了气势不凡的博大、宏伟的浪漫色彩，同时又渗透了革命的现实主义色彩。读后感到格外亲切，动人心魄。这首词的上半部看来是滂沱大雨、汹涌波涛占了大半篇幅，但毛泽东的全部感情却倾注在同风浪搏斗的“打鱼船”上，这是他对劳动人民改造社会、征服自然的伟大气魄的赞叹和深切关怀。读到这里，我不由想起前段时间与毛泽东一起游泳的事。

那是我们来北戴河不久的一天。这天天气不算好，毛泽东游兴也浓，一游便游得很远，都快看不到岸了。我和其他几位工作人员几次劝毛泽东上船休息，可他就是不上来，幸好，我们看到了前面有一条打鱼船，船上有一个老渔民。这位老汉全身晒得黑黝黝的，上衣的衣扣没系一个，那个锁子骨和肋骨根根凸起的胸膛，看得出是位几十年滚打在海上的勤劳渔家人。

我对毛泽东说了有渔船。他一听船上有个老汉，便立即同意上船。没等我们将他身上的水擦干，毛泽东便兴致勃勃地与老渔民聊了起来。

“老人家，在海上多少年了？”

这老渔民根本没有认出眼前这位光着身子的人是谁，于是，也无拘无束地跟毛泽东聊上了。“我说同志哪，不瞒你说，我还没有来到这个世界，我娘就带着我上这海了，不多不少63年啦！”

“啊呀，老哥呀，你的身子骨还真硬棒哪！”毛泽东高兴地拍拍老汉的肩膀。

老汉很得意：“那自然，你别看我的骨头全露在外面，俗话说：硬壳的贝鳖儿要比肉乎乎的鱼伢长寿一百年呀！”老汉见毛泽东的手搭在他的肩头，一边说着，一边也毫不含糊地伸出手拍拍毛泽东那微微凸起的肚子。

我和卫士们紧张得瞪起了大眼，毛泽东却和老汉哈哈大笑起来。

“说得对，说得对，鳖儿就比鱼伢子长寿！”毛泽东根本不在乎，“老人家，你家里好啊？一个人出来，老婆子不惦念呀？”

“好着呢，好着呢。”老汉一听毛泽东问起他老婆子的事，眼睛似乎亮了许多，“我家那个老婆子，我在海上她啥时都放心，就是我上岸不放心。”

毛泽东感到惊奇，连我们也感到惊奇。我听出，毛泽东的话分明是说老人家出海后家里人一定很担心的意思。

老汉凑到毛泽东的耳根，神秘地说：“我一辈子让她生了六个，都是怀在上岸时，你说她是不是担心上岸呀？”

“哈哈哈……”两人笑得前俯后仰，那情景，我们也被深深地感染了，毛泽东一边擦着眼泪，一边连声说：“是的么，是的么。”

“六个多了点，现在是新社会了。生娃儿可不能像打鱼那样越多越好呀！”毛泽东笑着说。

老汉听后，若有所思：“你这位同志说得还有些道理。这鱼打得越多，日子就越好过，哎，我儿子生得越多，你说说看，家里的东西怎么就越少了。前两年，两个儿子跟我分家，把我家当弄走了一半。去年，第三个儿子又提出要分家，明年，闺女出嫁也要嫁妆，这不，弄得我这把年纪还得往海上趟！”

两位老人越说越投机。大概看到我们围了毛泽东一大圈，老汉便起身说要走了。“看得出，你这位同志是大官，我不耽搁你了。”

“哦，不妨不妨，再聊一会儿。”毛泽东兴犹未尽，拉住老汉。

老汉有点不干了，指指船舱说："那不行呀，我还得上岸，赶着把这些螃蟹卖掉呢！"

"无妨无妨，再聊一会儿。"毛泽东说，"你船上的螃蟹我全买了。"

我们几个笑了，知道毛泽东多么想与这位平民百姓多聊聊。人民领袖心中装的是人民，可平日他极少有这样与群众无拘无束谈话的机会。

老汉瞪了毛泽东一眼："你别拿我开心了！"

毛泽东起身站了起来："老人家你别不相信人哪！你跟我一起行，到时我与你一手交钱、一手交货。"

看着毛泽东像是真在做买卖的样，我们几个都抿住嘴在笑。

"说准了，我这可都是活蟹呀！"

"死蟹活蟹我全要！"

"我说同志，我有话在先，眼下螃蟹可不便宜呀！"

"啥行情，你老人家还能哄我？等一会儿你开价就是了！"

老汉见这个"买蟹人"痛快干脆，于是，便高兴地往船舱板上一坐，掏出一袋水烟："行，有你这句话，我今天就陪到底了。你说，你想跟我聊啥都行！"

就这样，两位老人从共产党聊到国民党，从渔网谈到饭碗，从旧社会谈到互助组……一路谈笑风生，说笑话时又嚷又叫，高兴时手舞足蹈。

上岸后，毛泽东让我把钱给了老汉，留下了他打的十几斤螃蟹。那老汉始终未知买主是毛泽东，只是为做了一次痛快的生意而高高兴兴地走了。

毛泽东令我将螃蟹拿到伙房全蒸上。"今天我请客，都来！"毛泽东大手一挥，高兴地对大家说，然后第一个坐上我们摆好的一张长桌旁的板凳，抓起一只黄澄澄的大螃蟹就往嘴里塞。"别装什么正经了，快动手吧！”毛泽东左右环顾了一下，喊道。

于是，卫士、医生、警卫战士、伙房师傅……大官小兵、男女老少一齐“冲”了上去，展开了一场又吃又闹的“螃蟹大战”。

“侯波，别光吃，来照张相！”毛泽东擦了擦满嘴蟹油，对摄影师说。

于是，我们二十几个全穿着泳衣泳裤的人，围在毛泽东身边，我捅你、你笑我地来了个“咔嚓”……

“你们大概都很熟悉毛泽东的这首《水调歌头》吧。”

随着李银桥的回忆，我们还未从《浪淘沙》中拔出思绪，他又给我们送上一份珍藏的毛泽东诗稿。这是一首我们曾经背得滚瓜烂熟的诗词。

才饮长沙水，
又食武昌鱼。
万里长江横渡，
极目楚天舒。
不管风吹浪打，
胜似闲庭信步，
今日得宽余。
子在川上曰：
逝者如斯夫！

我们发现，我们的吟咏队伍中多了一位老战士。当年的卫士长又仿佛回到了横渡长江的毛泽东身边，心潮澎湃。

风樯动，
龟蛇静，
起宏图。

一桥飞架南北，
天堑变通途。
更立西江石壁，
截断巫山云雨，
高峡出平湖。
神女应无恙，
当惊世界殊。

“这首著名的《水调歌头》，是毛泽东当年游长江的真情实感而抒发的？”我们问。

“是的。这件事是在我跟随毛泽东十几年间留下强烈印象的事件之一。”李银桥打开了35年前的记忆大门，娓娓动听地讲起了这段毛泽东游泳的轶事——

那是1956年夏的事。毛泽东在广州巡视，住在离广州市区不远的一个小岛上。南国的夏日异常燥热，那时也不多见什么空调之类的玩意儿，这个小岛上自然就不会有了。小岛上虽然有些海风，但这里完全没有北戴河海边上的那种凉爽。这里的海风也是热的。

尽管广东省委指示有关部门想了很多办法，我们卫士也尽力替毛泽东祛暑，但他老人家仍然待不住。

毛泽东不时站在窗口，遥望大海，口中喃喃地念着“大海啊大海”。我以为毛泽东又在眷恋北戴河的那场永生难忘的“斗海战”，便说：“主席，这儿的海似乎比不上北戴河，我们是不是回到那儿去？”

“不，银桥，我们到长江边去，去游长江！”

毛泽东出人意料地说道，并又加了一句：“马上走吧！”

老天，他是怎么想的？是什么灵感触发了他看着大海却想着长江呢？

毛泽东一声令下，我们随即离开了广州，但没有马上到长江上去，而是到了长沙。我没有弄清毛泽东什么意图，在休息时，他却诡秘地笑着告诉我：先游湘江，来个“热身泳”。然后，他认真地板起脸，对我说：“哎，银桥，天机不可泄露呀！”

原来如此！我恍然大悟，冲他笑笑，但没有点头，因为搞不清是真是假。是假无所谓，是真就由不得毛泽东个人意志了，游长江这么大的事，得组织批准。都说长江是天险，我心里不由紧张起来，可这时又不敢随便对人说。

毛泽东一到长沙，情绪就大不一样。这是他的故乡，是他青少年时学习、生活和工作过的地方。这里的一草一木他都非常熟悉，无限眷恋。但是，这个季节到湘江里游泳可不是好时光，来的前几日，连续下了雨，湘江陡然涨水，江面比平时宽出五分之二。从岸边望去，只见波澜壮阔，逐浪无边涯。然而，下定了决心的毛泽东是一定要游的。

“在长沙第一师范念书的时候，我们几乎每天都到湘江里游泳，水越大越急，我们就越来游。革命需要这种意志，后来还真用上了。”

听着、看着毛泽东满怀激情的言语和斗志高昂的劲头，我们随从人员没有出面阻拦他游湘江的决心。倒是一位副省长提出了：“今天的湘江水，夹带泥沙，显得不那么清洁，似乎不适于游泳。”

毛泽东马上反驳道：“水清水浊，不是决定适不适于游泳的主要条件。你说的这一点，可以不必顾虑。”

“现在湘江水涨，水又深，游泳也许不便。”又是一位为毛泽东担忧的湖南老同学出来说话。他现在是毛泽东当年上的那个第一师范学校的校长。

"这你可说外行话了！"毛泽东抓住了对方的不充分理由，及时进行反击。我知道，平时十分注意听取不同意见的毛泽东今天是怕有人借各种理由来阻挠他游泳，因此，他的话与其说是给校长听的，倒不如说是给我们全体随从者听的。他搬出了古人，"庄子这样说过：'水之积也不厚，则其负大舟也无力。'水越深，浮力越大，游起泳来当然越要便利些，你怎么反说不便呢？是不是怕我这个六十多岁的'韶山伢子'沉下去呀？"

"不不不，岂敢岂敢！"老先生颜面失色。

"哈哈哈。"毛泽东兴奋地笑了起来。

我们是上午十点零三分随毛泽东从长沙城北七码头乘小轮船溯江而上的。久雨初晴的湘江，蔚蓝色的天空上还遮着一层薄薄的云彩，凉风掠过水面，吹到人身上，显得格外舒适，与前两天的广州小岛相比，真是不能同日而论。

毛泽东穿着白衬衫，精神极佳，不时与围坐在他身边的人谈笑风生，又不时起身伏到船边的窗口俯视湘江，他真有点迫不及待了。

小轮船驶到猴子石附近，已穿好游泳裤的毛泽东缓缓下船。我赶忙过去扶他走上已备好的木划子。毛泽东十分从容地坐在木划子的边沿上，将两足伸入水中，又用江水将全身淋湿。这当儿，我已令卫士和十几名警卫战士先跃入了江中，为毛泽东开道。

江中的毛泽东全然不像我们平时看到的那庄严、稳重的形象，而完全是一个生龙活虎的健将。只见他时而侧游，时而仰泳，显得轻松自如，并不时地将头左右看着，向我们卫士和警卫战士介绍他当年与第一师范的同学畅游湘江、欢叙橘子洲的一幕幕情景。

这次游湘江十分轻松、愉快，除了水稍有些凉外，一切都很顺当，尤其是毛泽东，情绪更好，与在广州时的他判若两人。这完全是因为游了泳的缘故，还有一个更重要的原因，大概是他认为湘江的“热身泳”已经完全铺垫好下一步他要做出的让全中国、全世界都感到吃惊的伟大壮举——横渡长江了!

“主席，上船休息一会儿再游吧?”湖南省的领导在小船上一次又一次地催着。

“不累，到对岸再说。”毛泽东几次要我这样转达。

湘江水很急，径直横渡水流冲击太大，所以只能斜着向对岸游。大约又游了三刻钟，他老人家领着我们一起在西岸的牌楼口上了岸。

毛泽东和老同学握握手，说:“游湘江已非第一次，不足为奇。”

“可您已经是六十岁以上的人了，还是这么毫不费力地把湘江游了，就是二十几岁的小伙子也难比呀!”老先生又说。

毛泽东转过头，颇有些得意地问我:“是这样吗?”

“是，主席，我们都感到有些吃力了，可主席竟一点看不出乏累。”

上岸的地方，没有马路，也没有水泥地，都是通常的农家地。毛泽东乐意选这种场地。我给他披了一件浴衣后，他便在稀泥地里走了起来。南方的泥地，只要地上溅几滴水，就会黏糊糊的，毛泽东一边走，一边身上还不停地掉着水珠，于是两只脚上尽溅了泥土，连浴衣上都是。毛泽东似乎特别兴奋，有意踩在一条又小又窄的田埂上，那高大的身形左右摇晃着，他走得十分开心，大概想起了少年时代在韶山冲踩泥路的情趣吧!

看到前面不远处有一户人家，毛泽东便说:“走，看看去。”那时很随便，毛泽东身边除了我们几个卫士和工作人员，外人看不出来像有什么大官。再说，群众大概也不会想到自己的伟大领袖会赤着脚、光着身子出现在他们的面前呀!

农舍里没有大人在家，只有几个娃娃。这户人家的屋里挂着好几张毛泽东的肖像，但小娃娃没有认出毛泽东。

“给我点支烟吸。”毛泽东站在农舍前说。我递上烟后，又让一名卫士借来一张椅子请毛泽东歇歇。

娃娃们见这个陌生的“老头儿”很有趣，便围了过来。正好有一个小娃手里拿着什么玩意儿被毛泽东看到了，他老人家便向前俯着身子，逗起那娃娃来：

“来，给爷爷看看好吗？”

小机灵鬼反逗起毛泽东来，双手把玩意儿紧紧捂着：“你猜猜看！”

“我可猜不着！”毛泽东装作十分无可奈何的样子问，“是岸上爬的，还是河里游的？”

小家伙得意了，说：“都不是，是天上飞的！”

“噢——是蜻蜓！”

“猜对了，猜对了！”娃儿们高兴得跳了起来。

如果不是湖南省委领导的到来，毛泽东说不定还会同这些娃儿玩起捉迷藏呢。心境好时，他老人家什么事都干得出。

长沙有毛泽东当年不少同窗好友，他们知道毛泽东游湘江，赶来见面的人不少。那位叫周世钊的老先生，见毛泽东游完湘江后无半点累意，不由在老同学面前赞叹不已：“润之先生，您真伟大啊！今天您这哪里是横渡湘江，而是斜渡湘江呀！斜渡比横渡的距离要多一倍！了不起！了不起！”

“噢——游湘江不算什么，不算什么！我们还……”毛泽东说到这里戛然而止，然后朝我挤挤眼，意思是提醒我“天机不可泄露”。

老天，他真的要游长江！此时的我，已经判定毛泽东十有八九真的要游长江了。

果然，上岸后，毛泽东看完了当年他学习、生活过的岳麓山、爱晚亭、白鹤泉、云麓宫等地后，就让我叫随行的罗瑞卿部长前来，告诉他马上到武汉去。

这长沙到武汉近在咫尺，乘飞机就是一顿饭的工夫。

毛泽东到汉口，情绪就更加不可遏制。为了防止“阻力”，他没有马上提出要游泳，而是让省委书记王任重安排开几个会和参观工厂等活动。看他又是开会，又是参观的，连我都以为毛泽东并不真想游了！谁知这都是他整个“计谋”中的一个前奏！

这一天，毛泽东在省委领导的陪同下，到了汉口棉纺厂。该厂离长江边不远，参观后毛泽东就提出到长江边去，一到那儿，就对我说了：“银桥，我们总算到长江了，准备一下，游！”

尽管毛泽东在广州时就早有意思，可我还是不相信这会是真的，于是，仍吃惊地反问：“主席，您真的要游长江啊？”

“我什么时候说话不算数？”他觉得我的口气有点不投机。

这么大的事情，可不是闹着玩的，我三步并做两步地跑到随同而来的罗瑞卿、汪东兴、王任重等领导那里，及时作了汇报。

“这怎么行！长江是中国第一大天险，水情极为复杂。别看江比海小，可江比海险百倍呀！不行不行，要是主席出了什么意外，我们无法向党中央和全国人民交代，决不能让他去！”几位领导的意见完全一致。

“主席，我已经把您的指示给几位领导汇报了，可他们坚决不同意您去游长江。”

“为什么？”

我便把罗瑞卿、汪东兴、王任重的话说了一遍。

“噢，好，看来阻力还不小呀！”毛泽东笑呵呵地说道，似乎觉得他们的话不值得大惊小怪。“长江是世界四大江河之一，又是中国的第一大河流，不游它，我毛泽东对不起中华民族哟！”

瞧他说的。我太了解毛泽东的脾气了：他认准了的事是很难有人拉得住、说得服的。我急得直抓头皮。正巧，毛泽东的“大警卫员”罗瑞卿来了。

“主席，我是不同意您游的！我是您的大警卫员，我要对党和人民负起责任。您去游长江我负不起这个责任哟！”罗瑞卿说。

“你可以不负这个责任么！”毛泽东回敬道。

罗瑞卿没有退缩：“那也不行，这是党和人民交给我这个‘大警卫员’的任务。”

毛泽东的脸倏然变得难看了：“什么‘大警卫员’，你去‘警’国民党好了，不要来‘禁’我游长江！”

罗瑞卿一怔，他跟随毛泽东几十年，还从没有听过一回毛泽东这样跟他说话。事关大局，罗瑞卿也丝毫不让步：“主席，这不是您个人的事情，游长江这么大的事要组织研究，组织上是不会同意的。”

“什么什么？”毛泽东烦躁地将手在胸前一划，大声说：“你们无非就是怕我死在那个地方么！你怎么知道我会淹死？”

罗瑞卿吓了一跳，连连摆头：“主席，我不是那个意思。保护您的安全是党和人民交给我的神圣使命，不允许我有半点差错。所以，我是不同意您冒这个风险，哪怕是一点风险也不许有。”

毛泽东冷笑道：“哪里一点风险没有？坐在家里，房子还有可能塌么！”

一个行伍出身的公安部长，嘴头子哪里斗得过一个伟大的思想家、理论家。罗瑞卿见毛泽东发火了，便退出毛泽东的屋子，临到门口时，他朝我使了个眼色。我知道，他要我不惜一切代价挡住毛泽东，否则拿我是问。这时，我这个卫士长是要听罗瑞卿的话而不是毛泽东的话。在某种场合，没有罗瑞卿的同意，我们卫士就得用比钢铁还要坚硬的“城堡”将毛泽东紧紧保护住，因为毛泽东的决心和个人意志常常比钢铁还要坚强。

罗瑞卿前脚走，汪东兴、王任重等后脚就到。

“你们，你，都是些屁话！蠢！”毛泽东发怒了，他不容别人随意改变他的主张。一旦问题发生到对立状态，毛泽东从不认输，一直要到赢了才罢休。今天就是这样，他发怒时，就是这样骂人的。

以罗瑞卿为首的“不让”统一战线始终不让步，包括我们这些卫士在内。

毛泽东看看罗瑞卿这个“大警卫员”，又瞅我们这些小警卫员，知道自己失去了支持。于是，他重重地盯了我们一阵子，便想出了一个高明的策略。

“既然你们都说长江不能游，那好，韩队长，你给我去实地考察一下，看看长江到底能不能游！”

老韩是中央警卫团的一中队队长，也是毛泽东的警卫中队长。他当然也是游长江的“反对派”。在沿江考察中，他询问了一些人，这些人都说不能游，因为长江的漩涡太多太多。老韩自然很高兴听到这些话，于是回来把这些群众说的话讲了一遍。

毛泽东听了脸马上沉了下来，眉头一紧，问：“你下水了没有？”

韩队长可没想到这一招，怔怔地半天说不出话：“我，我没下水。”

“没下水你怎么知道不能游？你到底干什么去了？”毛泽东怒气冲冲，仿佛他游长江的所有“阻力”都来自这韩队长的不可信情报。老韩憋红了脸想解释，毛泽东猛地一挥手，大声喝道：“你不要说了，下去，你去吧！离我远远的！”

“去，叫孙勇来！”毛泽东对一名卫士说。

孙勇是我的助手，毛泽东前卫士长，主要负责外围警卫。他身材魁梧，游泳游得好。毛泽东声严色厉地对他说：“你给我再跑一趟，看看长江到底能不能游，越快越好！”

“是。”孙勇二话没说。自然，他不再像老韩那样听别人怎么说了，一到江边他就下了水。

“报告主席，我看没问题，完全可以游！”

毛泽东高兴了，说：“这就对了么，要知道梨子的滋味，就要亲口尝一尝。”顷刻，毛泽东又把声音提高了一倍，他是故意说给那些“反对派”听的：“谁说长江不能游？孙勇不是游了吗？”

孙勇这一游，毛泽东游长江便成了一半事实，谁也无法阻拦了。这可忙坏了湖北省委的人了，又是找护泳的，又是查探水情的，折腾可不轻。

虽然毛泽东感到自己总算赢得了游长江的“战略胜利”，但心头对那么多人反对他还耿耿于怀，在游长江之前，他对我说：“这个老韩哪，不讲真话。他没有下水体验就说不能游。”

排除了“阻力”的毛泽东，兴致勃勃，跃跃欲试。那天，游之前是先登上了省委备好的一艘客轮，下水地点选在准备建武汉长江大桥的桥墩处。

我陪毛泽东在客轮的一间小屋里换游泳裤。毛泽东换好后，我自己也脱下了原来身上穿的衣裤。这个时候，我发觉毛泽东在上下打量着我，眼睛落在我的腹部便停止了。我有些紧张地自己瞧了起来。

只听毛泽东一本正经地说：“银桥啊，你已经比较伟大了，再发展下去就比我伟大了。”

我听后吓了一跳，心想：我哪敢与主席比伟大呀！决不敢，而且发誓连想都没想过。

毛泽东看我紧张的样，笑着伸出手，拍了拍我的肚皮：“你这里伟大呀，快可以跟我媲美了！”

我这才不好意思地笑了，并一个立正，赶忙收腹，可还是不理想，因为我的背也有点驼了，还真有点朝毛泽东身材方向发展哩！

毛泽东又拍拍我的肩膀："你得直起腰来，背不要驼着。看你，快随我了……"

我羞涩地摸摸后脑勺，说："岁数不知不觉就大了，可我是一辈子也作不出主席那么大的贡献呀！"

"才到而立之年就这么泄气？我老了，你还是大有前途的！"毛泽东又拍了拍我的肩膀，"走，我们到长江里比试比试！"

我们来到江上，看到湍急的长江，确实心有胆怯之感，并为毛泽东捏着一把汗。王任重同志在轮船上指指正在打桥墩的地方，对我们说，因为水流过急，大桥中间的第三个孔桥墩好几次被急流冲垮。听了这话，我们更为毛泽东担心。然而，这种担心是多余的，毛泽东以其伟大的胆略与惊人的魄力，从容地从客轮上顺着软梯开始了他 62 岁时的一次伟大征服。为了防止意外，一中队的警卫人员先已下水在等候之中。好水性的孙勇在前面领着毛泽东，我在后面紧跟着。

长江的水果然不同于北戴河的海水，也不同于湘江的湍流。我们一下到水中，就仿佛一片轻飘飘的竹叶，"呼"的一下被急流冲出十几米，毛泽东也毫不例外。转眼间，我们已漂出了几百米之远，后边的护游队伍没能赶上，急得罗瑞卿、王任重直跺脚。我侧头看了看岸头，那更是了不得，成千上万的群众，喧声之大，几里外都能听得到。那巨大的人流，随着毛泽东的游踪，也在躁动、奔跑。我见不少年轻人一边嘴里喊着什么，一边沿着江岸，平行着与我们向前奔跑着，好像要抓住那一泻几百米的长江水，或者是一旦看到毛泽东出现险情，便会用血肉筑成拦江大坝来保护自己的领袖。

我们水中的人被岸上的群众壮观的场面所激动，岸上的群众又为水中的毛泽东的伟大胆略所激动。于是，大江的岸上岸下，构成了一幅令人永生难忘的动人场面。

“走开！走！让他们都走开！”毛泽东大概也受了这种场面的感染，越游越兴奋，见附近有保护他的小木船在向他靠近，便大声下令道：“不许那些船靠近我们！”似乎那样就大煞风景。

我见小木船无可奈何地离我们远去，船头上还有一个摇摇晃晃的女同志。是的，我看清楚了，是摄影的侯波女士。算她勇敢和立了一功，毛泽东畅游长江的那张在水中的照片就是她在这只小木船上照的。

毛泽东在长江的游泳并不像我们开始想象的那样令人担忧。只见他如同平日散步一样轻松自如，并不时地和我们说说笑笑。我们卫士和警卫人员也从他的谈笑中获得了巨大的精神力量。大约游出八九里，毛泽东忽然对我说他要抽烟。你们也许不相信，但毛泽东就是这样做的。游长江，对许多人来说是想都不敢想的事，而对一般的游泳健将来说，谁也不敢粗心大意。毛泽东不同，越是在大问题面前，越是在难以想象的困境和惊心动魄的场合下，他越是镇静自若，表现出超常的惊人毅力和智谋。我赶忙招呼跟随我们的一只专供毛泽东休息用的小船，取来烟卷，燃着后，递给毛泽东。

毛泽东的游泳水平极高，就在这汹涌的长江里，依然可以平展展地躺在江面上。我们看着他吸烟，看着那江水翻滚之中一闪一闪的烟火星儿，心里充满了敬意。这一次游长江前后也就是两个小时，我们顺流而下，大概游了十六里多。游完长江的毛泽东，情绪高涨，兴奋不已。

上岸后，我们回到了东湖宾馆，毛泽东似乎感觉今天的美中有一点不足，便对我说了一句：“老韩是个好人，工作忠心耿耿、兢兢业业，就这件事办得不对。”停了一会儿他又说：“他跟罗部长站一边，立场是好的，但说假话我不喜欢。你们以后都要说实话。”

毛泽东的这句话给我印象很深。他一贯要求身边的工作人员说老实话，办老实事，做老实人。

这天，毛泽东的精力似乎特别旺盛，游完长江不仅没休息，在一楼会议室召集了王任重、柯庆施、曾希圣等部分省委书记开完会后，又飞到北京接见外宾。临要接见外宾前，毛泽东一边让我帮他整理衣冠，一边还手舞足蹈地说：“罗部长不叫我去游，我偏去，还不是去了吗？长江不也是中国的江么。我们一游就是十六里！银桥，记住，明年这个时间我还要去，把罗部长也拉下水。”说完，他兴奋地开怀大笑起来。直到他出现在外宾面前时，才恢复了领袖的那种特有的庄严神态。

“毛泽东一生爱游泳，祖国的长江、珠江、邕江、湘江、钱塘江、富春江、青岛、北戴河等大江、大海中，他都游过泳。他爱水的情趣，伴随了他一生。五六十年代，毛泽东每到一地，只要有条件的，他总要提出到江河中去过过瘾。我给你们举个例子。1959 年 6 月下旬，毛泽东回到了自己阔别了 32 年的故乡韶山。毛泽东率我们一行是 6 月 25 日傍晚到的。毛泽东非常激动，虽然表面上没有流露过多，但我们都看得出。一到韶山，他就到了自己家的‘上屋场’，细细看了一遍离别几十年的故居。这天夜里，毛泽东一夜没合眼，写出了著名的《到韶山》诗篇，第二天一早，他拜谒了父母的坟地，并参观学校，与农民座谈，听说家乡建了个水库，他便要去。一到那儿，毛泽东就说要游一阵子泳。水库水深且凉，但毛泽东穿上游泳裤后‘扑通’一下就跳到了水中，他非常高兴地对我说：在家乡的水中游泳，就好比在床头睡了一觉。确实，他这次的游泳过程中，大多数时间里是采用仰泳，他老人家稳稳当当的真像躺在床铺上一样。

“晚年，他出去的机会不多了，而在游泳池那个地方一住十几年，也足以证明尽管他后来年岁大了，可爱好游泳的习惯始终没有改。据张玉凤等人介绍，毛泽东就是在八十高龄时还坚持下水游泳。这就是我们的领袖毛泽东。水，使他兴奋，使他运动，使他得到最好的休息；同时，水又给予他欢乐与精力，以及伟大的胸怀和巨人的魄力！”李银桥这位随毛泽东游遍祖国大江大河的卫士长，不无深情地说。

第六章 “首席教授”

“我用了个时髦词儿，你们不要笑话。”李银桥拿起一支笔，潇洒地写下“首席教授”这几个字。

“对我们这些从穷人家出生的卫士来说，毛泽东确确实实不仅是我们革命和工作、生活的伟大导师，而且也是学习文化知识、掌握为人民服务本领的‘首席教授’。他是我以及其他卫士一生中最重要的老师。”李银桥深情地说，“毛泽东自己一生酷爱读书学习，而对身边工作人员的学习也是要求非常严。在我所见的那么多中外著名的教授、学者和大学问的先生中，还没有哪一个能在学问、知识、观点上胜过毛泽东的。毛泽东不仅文章写得好，诗词也是当代中国历史上屈指可数的，他的书法更是公认的……毛泽东之所以多才多艺、知识渊博过人，其重要原因就是他一生爱好学习。就是在转战陕北最艰难的岁月里，他依然在马背上、炕头边，甚至在敌人的炸弹之下，孜孜不倦地看书学习。关于这方面，足可以为毛泽东大书特书。我今天要给你们讲的是，毛泽东关心我们卫士学习文化知识、教诲我们年轻一代为适应新中国的社会主义建设努力掌握本领的许多感人至深的事。”

“一晃已是45年了，那时正是我跟随毛泽东转战陕北的路上。”李银桥凝婉的语气，又把我们带到了那个战火纷飞的年代——

那时，胡宗南部队在连遭毛泽东“运动战”“蘑菇战”的一次又一次沉重打击后，失去了向解放区进攻的淫威。有一天，毛泽东带领中央直属支队转移到了一个叫神泉堡的小村庄。这时形势对我军已渐渐有利，因此，军委决定就地休整一段时间，借着这个机会，毛泽东到黄河边的解放区搞农村土地改革的社会调查，以为日后建立新中国、搞土地革命运动积累些第一手材料。

“银桥，你跟我一起去。记住，这一次你除了当卫士外，还有一个任务，那就是帮我搞个东西出来！”临走时，毛泽东特意关照这位刚来不久的小卫士。

“主席，您准备让我搞个什么东西？”李银桥不明白。

毛泽东笑笑，顺手扔过来一个小本本：“就是它，把你的所见所闻都写在上面。”

身经百战的小卫士从来没有怕过敌人的飞机大炮，可这小本本使他退缩了，他不好意思地挠着后脑勺：“主席，这个……我才认识几百个字，怕不行。”

“噢，认识几百个字就算是个小秀才了！”毛泽东打趣道，转而，又拍了拍李银桥的肩膀，说道：“你说我们消灭蒋介石国民党军队是为了什么？”

“为了解放全中国劳苦大众，建设新中国！”小卫士回答得流利。

“是啊，建设新中国就有许许多多我们今天没有碰到的问题。因此，这就需要我们抓紧时间好好学习，要不，到时候让你回家开拖拉机你都搞不明白。”“主席，什么叫拖——鞋——机？到那时，我们连这双脚都要配拖鞋机呀？”小卫士把毛泽东湖南口音的“拖拉机”听做“拖鞋机”。

毛泽东哈哈笑了，伸了伸腿说：“那不是叫拖鞋的机器，而是耕地、收割用的机器哟！”

小卫士兴奋地瞪大了惊讶的眼睛：“那时耕地、割麦子还要用机器呀？”

“那当然么，那叫大机器生产。你看看，现在不抓紧学习，到那时能行吗？”

小卫士不好意思地收起小本本：“那我就试试吧！”

一连12天，李银桥随毛泽东走东村、串西寨，看着这位来自人民、服务于人民的领袖与老乡们一起推碾子、捏粪团、唠家常。而他呢，每到晚上睡觉前，就在毛泽东给的小本本上，将一天的所见所闻记下来。

黄河边的农村调查，对李银桥来说是一次轻松、愉快的新的旅行，那时他还小，但似乎看到了社会主义新中国的曙光：农民们家家有地种、有饭吃，过上人人平等的幸福生活。

“银桥，把你写的东西整理出来后给我看看。”调查结束后，毛泽东饶有兴趣地对自己的卫士说。

“主席，我已经整理好了，请您指示。”李银桥把小本本的材料，整理成三四页的“文章”，并且给它起了个名。他看过毛泽东写的文章，都有一个很有气魄和漂亮的名字。他想：我的文章也不能少啊。

毛泽东很高兴地拿在手里认真地看起来。当他看完卫士起的文题后，笑了：“嗯——这个题目大了点，叫《旅行记》吧，不要叫《旅游集》。‘集’可比‘记’大多了。”

“银桥，文章写得很不错嘛！够秀才水平！”毛泽东看完后，十分赞许地说，“有几个地方需要改一下，‘地主的地和他剥削得来地东西’，这‘得来地’的‘地’，应该用‘的’。农民们说‘土改好地很’中的‘地’就应该用‘得’了。中国的‘的、地、得’看起来差不多的意思，但用起来就不一样……”毛泽东像教初上学的儿童，手把手地教李银桥将文中的“的、地、得”逐个改正过来。

最后，他在卫士的这篇歪歪扭扭的《旅行记》上，大笔一挥，批道：“写得很好，大有希望！”并且认认真真地签上了“毛泽东”

三个大字。

“银桥，把你写的这个《旅行记》寄回老家去，叫你父母看看，叫他们知道你参加革命后的进步，你父母也会高兴，放心你在这里工作。”毛泽东对卫士说。

这是喜出望外的事！按理说，在毛泽东身边工作的人都不能随便告诉自己的亲人说自己是在毛泽东身边工作，但李银桥想：既然是毛泽东要求做的，肯定不会错；再说，自己的老家河北安平也已是解放区了，毛泽东让我把在陕北农村土地改革的所见所闻寄回家，除了让家人放心外，更重要的一层意思大概是让我家乡人民也学陕北解放区的人民那样干。

《旅行记》很快寄回了家。他父母不识字，请了村上识字的人念，家人非常高兴：儿子有出息，连毛泽东都表扬他了。那时，解放区的人都知道他们的救星毛泽东了。李银桥遗憾地告诉我们：“因为我父母不识字，村里人把毛泽东的批示到处传着看，最后都不知传到哪里去了。对此，我一直感到很遗憾，因为它对我来说不仅是一件珍贵的材料，更重要的是我第一次感受到了毛泽东关心和勉励我们当时年轻一代学习文化知识，将来建设社会主义新中国的殷切期望。在后来的几十年革命工作中，正是因为毛泽东的一再关心和鼓励我学文化、学知识，认清革命道理，才使我从一个不懂事不识字的穷人家孩子，成长为党的一名干部。”

“说起毛泽东关心我们卫士的学习和成长，可以毫不夸张地说，完全不亚于一般父母那种望子成龙的心肠。”回忆在毛泽东身边的日子，李银桥总是压抑不住心中的激动，“战争年代条件有限，但毛泽东手把手教身边的卫士、警卫战士写字、写文章的事不是一次两次。新中国即将成立的时候以及新中国成立后，相对有了稳定的环境，毛泽东就更关心起身边工作人员的学习了。我很愿意给你们说说。

“还在西柏坡时，根据毛泽东的指示，凡是中央机关工农干部都要参加文化学校和文化补习班，以适应新中国建设的需要。这次机关文化学校和补习班办得很好，我们卫士和警卫班的同志，轮流利用业余时间去上课，我记得除了认字外，还听过于光远同志的历史课、作战部讲的地理课。

“有一天，毛泽东问我业余学校和补习班的情况，他听完很高兴地说：‘业余学习是个好办法。我们的许多革命同志过去没上过学，到革命队伍后大多时间忙于打仗，现在形势好了，但工作自然很多，利用业余时间学习，可以一举两得，既不影响工作，又能学到文化知识。但光这样也不够，要抽出一部分同志离开工作岗位，让他们去学些专业知识，这样才能进步快些。我们身边的同志以后有机会都要去学专业知识。’

“我那时还不懂什么叫专业知识，毛泽东便形象地讲：‘譬如说给我开车的老周吧，他会开车，这就是专业知识。要学的专业可就多了，以后你离开了我，让你去当个厂长，你就得学习许多专业知识才行。’”

李银桥详细讲起当时的情景——

毛泽东说此番话后不久，果然有一天，他在散步后把警卫排长阎长林叫到身边：“你给我完成一个任务：把你们警卫排的人名给我写一份。”

阎长林问：“现在就写？”

“就写。”毛泽东说。不多不少，二十名战士。等阎长林写完后，毛泽东在名单上圈了十四个人名。“现在形势发展很快，建设新中国需要大批有专业知识的人才。我圈的十四个人，先送他们去学习，等他们回来后，再把剩下的六个人送出去。目前留下的也要边工作边学习。”毛泽东指示道。

听说去学习，警卫排的同志欣喜万分，那时大家都知道新中国快要成立了，都想在全国解放后干一番解放事业。临走那一天，毛泽东特意说要和大家照相合影。照完相后，大家跟着毛泽东来到他的办公室，桌子上正放着毛泽东为《人民日报》写的几个报名墨迹。有人提议：“主席，我们快要离开你了，给我们也写几个字吧。”

毛泽东立即答应：“可以，去拿你们的学习本子吧！”

于是，十四名同志很快回到住处，都找出了自己最满意的本子。毛泽东在每个本子上都写上了“现在努力学习，将来努力工作”十二个字，并签上了自己的名字。

午饭时，毛泽东还特意在食堂招待了去学习的全体战士。离别之时，不免有依依不舍之情。这些战士中有的是长征时就跟随毛泽东的，如今要离开了，心里很不是滋味。

毛泽东听着战士们的议论，慢慢放下饭碗，说道：“同志们的心情我理解。我心里也舍不得你们呀。这么多年来，你们对我的帮助很大，不管在平时、在战时，我走到哪儿总有房住，能休息，能办公，有饭吃，有水喝，敌人子弹、炮弹也没有打到我身上……可我总不能把你们留在身边放一辈子哨，那样不是埋没人才了吗？不是把你们耽误了吗？你们也才二十多岁，我不敢当啊！再说，我们快要建设一个新中国了，要搞社会主义，搞社会主义是全新的事业，不学习是不行的。进城后，假如让你们去管理一个城市，当一个厂长，做一名县长，你没有文化知识能行吗？”

听了毛泽东语重心长的话，大家默默地点头称是。

朝夕相处的一批同志走了，我心里痒痒的。我参加革命前，在家乡上过两年小学，1938 年 11 岁时，便跑出来参加了八路军，从1943年到1945年解放战争前夕，曾在余秋里当政委的三五八旅教导队学过一段时间文化，但前后加起来也还认不得千把字。在为毛泽东当卫士后，我自己深感文化水平低，心头渴望也能去学习，可偏偏毛泽东没有让我去。他不是曾对我说要好好抓紧时间学习吗？为什么有这样的机会时又没让我去呢？我心里一直琢磨这件事，总是找不出答案。

1950年7月，我从报上看到中直机关干部文化补习学校又要招生的启事了，便马上向毛泽东提了起来："主席，我想上学去。"

"唔？"毛泽东似乎感到有些突然，问："上哪里去上学啊？"

"中直机关干部处补习学校，他们又要招生了。"

毛泽东皱起了眉头，在屋里来回走动起来，嘴里喃喃着："我们两个很合得来哟，你要走……"他忽然停住步子，盯着我："上学是件好事，不过，你非要现在就去？"

虽然毛泽东当时的表情很复杂，可我当时并不理解他老人家一时舍不得我离开，于是就像是怕这一次又要吹了似的，赶忙说："我今年都23岁了，再不去就没有机会了。"

"噢——23，是不小了。"毛泽东又踱起步来，最后他终于像下了大决心似的，把大手一划："那好，你去吧！"

我与毛泽东朝夕相处几年，用他的话说"很合得来"，如今真要走，反倒犹豫起来了，于是说："主席，我去学习，学完后一定再回来。"

"好啊，随时欢迎你回来。"毛泽东一下子变得高兴起来。

我怀着既激动又依恋的心情，跑回家专门取出一本黑皮面的学习练习本，随后跑到毛泽东那儿请他题词留念。毛泽东抓起笔，想了想，便在练习本的扉页上写下了下面的两行字：

努力学习，学好后再做工作，为人民服务。

毛泽东　一九五〇年七月十二日

大概因为我是毛泽东的卫士，而且又是毛泽东最信任的卫士，所以我的面子极大，一听说我要去上学了，几位中央领导干部都为我题了词。

朱总司令的题词是：

提高文化是学习一切的先决条件。

朱德　一九五〇年七月十三日

刘少奇的题词是：

学好本事，做好工作，不图虚名，自有你的好处。

刘少奇　七月二十五日

周恩来的题词最长：

加紧学习，提高文化，不骄不躁，好好地学做一个人民的勤务员。

李银桥同志

周恩来　一九五〇年八月十二

后来，邓颖超大姐知道后，也给我本本上题道：

学好本领，做好工作。

李银桥同志

邓颖超　一九五〇年十月十六北京

你们一定会非常惊叹吧！是的，当时我也非常激动、兴奋，我知道中央领导这么热心为我题词有两方面原因：一是我与他们相处得好；二是他们作为无产阶级的老一辈、人民领袖，出于对我们年轻一代的关怀，希望我们成为一代既有政治觉悟，又有科学文化知识和专业技术的社会主义建设者。

带着首长们的嘱托，我满心欢喜地去补习学校上学。可是到那里一看，傻眼了：哪里是学校啊！一个空荡荡的大院，没有课堂，没有黑板。学校的学生中有老头、有年轻人，乱哄哄的，我大失所望，加之跟随毛泽东多年了，一离开他便总觉得有什么不踏实的，心里成天七上八下，于是，我硬着头皮坚持了一个星期，便回到了中南海。

毛泽东一见我，先是一愣，问清情况后，便高兴地说道："回来好啊！回来就继续工作，你瞧，这一个星期，我也不知像是缺少了什么似的，现在你回来了，我很高兴。"

我说："主席，我也一样，人在学校心里总惦念着您！"

"好啊好啊！"毛泽东喜形于色，过来拍着我的肩膀，一个劲地说："我们俩合得来，合得来。"

不久，我便被提拔为副卫士长，正卫士长是警卫处处长汪东兴兼的。从那短短的一个星期，我深切地感受到我是多么离不开毛泽东呀，而毛泽东也同样非常希望我在他的身边。从那以后到1962年，我再也没有离开毛泽东。关于1962年我离开毛泽东，如果不是有人从中作梗，也许他老人家会让我伴他度过生命中最艰难的14年。这是后话。

大概是因为我外出学习没有学成这件事触动了毛泽东，1954年的一天，毛泽东叫我与叶子龙一起到他办公室："有件重要事跟你们说。”

我和叶子龙去后，毛泽东非常慎重地告诉我们：“最近我要办一件事，就是给你们警卫战士和身边的其他工作人员办个业余学校。这个学校的开支从我的工资里出。因为学生都是我身边的人，都是为我在工作，所以不能再让国家掏钱了。”

当他把这一重要决定告诉我们后，又习惯地吮吮嘴唇，说：“没有文化、没有知识建设不好社会主义。我身边的同志都是些好同志，但文化程度都太低，不学习不行。教育不普及，文化不提高，国家就永远也富不起来。”

毛泽东的这几句话，深深地印在我的心坎上。他老人家对我们这些普通战士、年轻一代多么关心，并且用自己省吃俭用节余下来的钱为我们办学校，我们还有什么理由不好好学习！

警卫中队的战士、我们卫士班的同志，听到这个消息后，个个激动万分。

毛泽东让我们从他工资中拿出钱后，请了管理员张国兴同志为我们七十多名学生每人买了课本和笔墨、字典、地图、作业本等学习材料与用具。毛泽东又以个人名义，请来了王近山、朱进礼、周启才等五位老师，给我们教授语文、数学、地理、政治、自然等课程。

业余学校的课堂设在一溜小平房里。每天除值班人员外，大家都去上课，一般上下午各上一堂课，每堂上两小时。

毛泽东十分关心这个业余学校，有空就来转转，特别是对我们几个卫士的学习情况，他更是关心，经常要检查我们的作业本。

在卫士中间，封耀松的文化基础差些，故他的学习情况更受毛泽东的重视。有一天，封耀松从业余学校上课回到毛泽东身边，便忙把作业本交到毛泽东手上——小封今天得了一个大大的“5”。

“好么，有进步！”毛泽东知道小封开始几次吃过“0”蛋，现在能得5分了，自然喜形于色。

谁知毛泽东看着看着，脸上的笑容渐渐消失了，说：“你的那个老师也是个马大哈呀！”

小封紧张地凑过来，踮起脚尖瞅着作业本。那上面是这一天的作业，老师让默写白居易的名篇《卖炭翁》。

毛泽东用手指着其中的一行：“你看看，这句怎么念？”

“心忧炭贱愿天寒。”

“你写的是‘忧’吗？哪里伸出来一只手？你写的是‘扰’，扰乱的扰。怪不得炭贱卖不出价钱，原来是你给扰乱了么。”毛泽东说得幽默，小封直抓头皮窘笑，脸早已红了。

“再念念这句。”

“晓驾炭车辗冰辙。”

“这是‘辙’吗？到处插手，炭还没卖就大撤退、逃跑主义，这是撤退的‘撤’。”毛泽东抓起他的笔，一边帮小封改正作业，一边喃喃道：“虚有5分，名不副实。”

于是，小封的作业由5分变成了3分。

“怎么样，服不服？”

“服。”

毛泽东笑了，说：“学习就得认真，我们中国的字不像洋文，一笔一画都有讲究，可不能随便少了多了。这次错不能全怪你，老师没看出来也说明警惕性不高，不过，你自己以后要提高警惕呀！”

小封赶忙点头，表示一定记住。

业余学校的同志们称毛泽东是“校长”“第六位老师”，对此毛泽东当之无愧，因为那五位老师每人只教我们一门功课，可毛泽东哪门功课都教我们。从查字典、四则运算，到地理、历史、时事，他老人家都要为我们上课。别的不说，就那个“的、地、得”的用法，毛泽东不知给大家讲过多少遍。

业余学校从1954年开办到1957年结束，老师教得认真，大家学得努力，七十多名警卫战士和毛泽东身边的另外一些工作人员，都达到了初中毕业的文化程度，在那时，可算是“知识分子”了。

学习能如此圆满，毛泽东很高兴。他说：“课堂上的知识是有限的，你们还要学专业知识，学社会知识。一句话，什么时候都不能忘了学习。学习使人进步，骄傲使人落后。”

我们全体同志都把他的谆谆教诲牢记在心。

1957年10月2日，毛泽东给秘书林克写了一封信，信中说：

“……钻到看书看报看刊物中去，广收博览，于你我都有益。”平时，毛泽东自己就博览群书，每天除开会、看文件外，就是看书看报，连吃饭、上厕所的点滴时间也不放过。

现在中南海对外开放的毛泽东故居——丰泽园的菊香书屋，你们去过了吧？对，毛泽东进京后，直至“文化大革命前”，一直住在这里。这也是我跟随他老人家待的时间最长的一个地方。

菊香书屋是一个正四合院，东西南北四面皆有五间房。北房即正房的正中一间，是毛泽东的小会客室，靠墙摆满了书架，东面两间是毛泽东的卧室，靠北墙和东墙两面也是一排书架。这两处放的书，是我最熟悉的，因为这些都是毛泽东使用率最高，经常翻阅或查找的书籍，也有些是正在阅读的书。你们也许不相信，这中间有几部光在我背上就放过好几个月呢。那是在转战陕北时，中央机关撤出延安，当时，能丢的都丢了，可毛泽东唯独舍不得丢他的书。于是，他的书一部分埋了起来，一部分让一个家在陕北的警卫战士用马驮到家里去保存，他那几部常用的《辞海》《辞源》《资治通鉴》，便随身带着。我当时就承担了这个挑书任务。

北房的西头两大间屋、西房的北头三间屋、南房的西头两间屋后来全都成为毛泽东专门藏书的屋子。古人说“家藏万卷书”，毛泽东的藏书何止万卷！据我估计少说也有六七万册。你们现在去参观看到的仅是一部分，在其他几个他生前住过和工作过的地方，还有大量的藏书。

毛泽东刚进北京时，大约只有十来个书柜。后来，书慢慢积累起来，并且有了专门的图书管理员。在丰泽园的书屋，大部分是我和毛泽东的图书管理员——曾任中央文献研究室主任的逄先知及卫士们，还有田家英秘书等同志，经过几年努力，慢慢建设起来的。

毛泽东曾打开书屋的门，对我说 :“这里有不少课堂上学不到的书籍，你们有空可以自由出入翻阅、学习，但必须给放回原位上，如果要拿走就得打个招呼。”我知道，这是毛泽东的习惯，他不许随便有人动他的书，可为了我们卫士的学习，他居然作出了如此的宽谅。这使得我们卫士有了一个良好的学习环境和优越的条件。毛泽东一生爱书，爱读书，50 年代出版了《毛泽东选集》一至四卷，使他有了近百万元人民币的稿费，但毛泽东并不把它当做私有财产，除了买书和资助别人外，都交中央办公厅特别会计室保存，并且从不随便作他用。

在毛泽东的关心和言传身教的影响下，我们卫士班的同志也养成了自觉的学习习惯和良好风气。

解放后，毛泽东身边的卫士换过几次。凡每次新来卫士，毛泽东总是很关心这些虽然参加工作，但年龄还都在“孩子”行列的小卫士们。

有名卫士平时毛泽东很喜欢他，这位卫士也铁了心在毛泽东身边做事。可是老人家舍不得耽误他，便提出要送这位卫士去上学，偏偏这个卫士借理由不想走，毛泽东半是爱抚、半是责备地说 :“你呀，就是没志气。跟我在一起，我当然不反对，可我不能耽误你呀！总不能让你一辈子跟着我呀！好吧，我们订个协议，等你什么时候想上学了，我一定再送你去。但是，在你不想走之前，你得完成我给你定下的学习计划。”就这样，毛泽东专门为这位卫士定了个学习计划，并且经常督促检查其学习情况。后来，这个卫士年龄也大了，要结婚了——除我这个卫士长以外，一般来说，卫士一结婚就要从事其他工作了。这位卫士要离开毛泽东之前，他老人家说：“几年前我们有约，现在机会到了，我还得送你上学校学习。”就这样，在毛泽东的亲自关怀下，这位卫士和他的新婚妻子，两人一并被送到了人民大学去学习。

“你们哪，都得向张宝金学习！他就是有志气有出息，在大学里学习好，很有上进心。”

张宝金曾是毛泽东的卫士，工作一般，在香山时，因为劈木柴吵醒了毛泽东，受到了毛泽东的批评。但这个同志爱学文化，这一点他在我们卫士中很突出，毛泽东非常喜欢。后来毛泽东送他上了大学，成绩不错，张宝金在上学期间，逢节放假都回来看望毛泽东，毛泽东每次必见，再忙也跟他聊上一会儿。因此，毛泽东总是在我们卫士面前提起这位好学习、好上进的同志，并一再要求我们向他学习。

“我十几年在毛泽东身边，看到来他身边工作后来又离开他的卫士和警卫战士一茬又一茬。毛泽东从来没有对这些同志日后的工作安排或者职务问题有过半点照顾，或向有关部门暗示过什么，倒是一再强调‘你们要夹着尾巴做人’‘不要一张嘴就是我是毛泽东什么什么人’‘我是历来反对在我身边工作的人做大官’之类的话，但唯独在学习问题上，他老人家不论对谁都关心备至。后来离开毛泽东的卫士封耀松、田云玉、李连成等，毛泽东都把他们送到大学去读书了。就连在他家当阿姨，后来成为我爱人的小韩，也是毛泽东亲自过问上了人民大学。这就是毛泽东对我们年轻一代所用的一片苦心。”卫士长这样说。

第七章　去社会风浪中摔打

中南海，是中国共产党中央和中华人民共和国国务院的办公所在地，也是中国人民向往的地方。

这个主宰中国命运的地方，对许多人来说充满了神秘感。“中南海”实际上并非是一个“海”，而仅仅是两块水面，一块叫中海，另一块叫南海，中海的北面与现在公众谁都可以去游览的北海公园水面相连。站在北海桥西往南看去，便可以领略中南海水面的大部分。中海、南海与北海在整体上是融为皇家公园的一体，但它们之间又有差别，中海、南海周围的建筑连成了一个大院落，因此很适合作为高级机关的办公地址，而北海则自成一体，且古迹名胜风景处处可见，所以更适合做旅游场所，在清朝时，这里便按现在的格局分开了，大概就是出于这个道理。

毛泽东的住处菊香书屋及整个丰泽园院子，在南海的北岸。丰泽园大门临南海，而菊香书屋的北面临中海。

李银桥回忆道——

这是我们搬进中南海不久的一天。我陪毛泽东在南海散步，走到勤政殿门口时，毛泽东挥挥手说：“就要在勤政殿里开会了，咱们进去看看吧！”

因要开新政治协商会议，勤政殿被修缮一新。这个勤政殿原来是皇帝休息和处理朝政的地方。

在陪毛泽东来之前，我已去勤政殿参观过，所以煞有介事地给他介绍：“这个古建筑非常雄伟壮观，听说是袁世凯当皇帝的地方。”

“不对。”毛泽东一听便否定说，“袁世凯当皇帝是在中南海的居仁堂，不是这里。”

我们一起走进了勤政殿。这是个很壮观的皇宫厅殿。进大门后，过一个小院才到过厅。厅后有长约五十米、宽十来米的木板地，中间铺着红地毯，两边摆满了许多名贵的鲜花、古文物和工艺美术品。勤政殿的正厅有两三层楼高，原是中南海院内最高的建筑物。站在北海公园和景山公园的一些高处，都可以看见这些大厅的上半部分。

站在勤政殿大厅的殿匾前，毛泽东止步，用了很长时间凝视“勤政殿”三个金光闪闪的大字，然后感慨道：“过去皇帝建这个勤政殿是摆摆门面，但也足见他们这些骑在人民头上作威作福的人都知道勤政治国的道理，今天我们是共产党人，就要真正做到勤政治国了，否则也会被人从这个勤政殿，从中南海赶出去的。”

毛泽东作为新中国的缔造者、开创者，他在勤政方面也是堪称典范。随着人们对他的崇仰之心越来越倾向于神化和狂热，中央对他直接到群众中去的纪律规定越来越严了，由于“黄鹤楼”和“正阳春”的风波，使得他不再有更多的“自由”了，然而，高高的中南海红墙都无法隔开毛泽东与人民群众的心。

为了准确和直接地了解到人民的疾苦与要求，毛泽东开始动员他的卫士和身边的工作人员，到基层一线去作实地调查。

毛泽东的卫士们年龄比较小，一般到下面受不到外面的干扰，他们下去后很随便，在工厂和农村，普通群众与干部以为他们不就是上面派来的“学生娃娃”么，所以也就有话便向他们说，无拘无束，正因为这样，他们调查得来的材料，深得毛泽东的赞赏。另一方面，卫士们大多文化水平不高，不像知识分子写个文章、弄个材料什么的总要加些个人见解，卫士们的调查一是一、二是二，实打实。一次毛泽东拿着卫士写给他的材料，在中央政治局会议上说："对下面来的情况，就应该像我的卫士们写的那样，是啥就写啥，这样我们才能了解真情，了解了真情，才能制定出行之有效的方针政策。"

20 世纪 50 年代初期，新中国刚成立不久，旧社会反动派遗留下一个烂摊子，如何解决好人民群众的吃饭问题，这是毛泽东和党中央极为操心的事。那时，几亿人中还有将近一半的人吃饭都成问题，毛泽东和党中央是十分焦虑的。为了迅速改变这种情况，中央作出了土改、成立合作社等一系列重大决策，而这些重大决策到底做得怎样，对人民群众有没有好处，这是毛泽东时时刻刻想知道的事。为此，毛泽东除了每天要看各个部门送来的材料，自己也多次亲自下去巡视了解，此外，他把身边的卫士都派到各地去调查、摸情况。

不久，毛泽东又指示中央警卫局、办公厅，给他专门成立了一个警卫中队，这个中队成员都是从各地派来的，并且具有一定的文化水平，约有一百多人，各个省市都有，中队成立时毛泽东亲自去讲话。

"……我以为，你们应该有三项任务：一、要搞好保卫工作；二、要努力学习文化知识；三、要做群众工作，要学会搞调查研究。第一项任务，是党和人民交给你们的，要完成好。第二项任务，是你们自己对自己的要求，也要完成好。第三项任务，是我要你们完成的。"毛泽东伸出左手，用右手一只一只地扳着手指对警卫战士们说着，"我是一国主席，要治理这么大的一个国家，光靠我一个人是不行的。你们来了，可以帮我了解一些情况。以后，你们每年到下面去一两次，还可以利用你们的探亲、出差机会搞社会调查，写成书面报告，拿来给我看。这样至少有两个好处：一是提高你们的文化知识水平，锻炼工作能力；二是使我了解全国的真实情况，并且使我从你们那里学到一些知识。”

从那时起，毛泽东身边的这些卫士和警卫战士出于一种责任和习惯，主动承担起了替他作社会调查的任务。

有的战士文化程度低，错别字连篇，毛泽东总要提笔一一改正。一个叫王文礼的战士一连写了六遍才把一篇调查报告写完，毛泽东一边看一边给他改错字，完成后，他对小王说：“你写这篇东西是费了些劲，可你看，我帮你改错字使你提高了文化知识，我呢，从你那儿的材料中掌握和了解了群众的一些情况，我们这叫取长补短的合作，咱们订个协议，长期下去怎么样？”

小王不好意思地点点头，说：“我怕主席亏了。”

毛泽东睁大了眼睛：“嗯——”

“我……错字那么多，会占你许多时间。”

“哈哈哈……”毛泽东听完小王的话，高兴地笑了，“改几个错字是死的，可你给提供的材料是活的，要说占便宜的还是我么。”

小王被毛泽东的幽默逗乐了。

卫士高碧岭到农村后，写了一位合作社干部拖着重病的身体，带领群众搞生产，事迹很感人。毛泽东看后，把卫士和警卫战士找来，说：“小高同志的这篇材料写得好，我看后很受鼓舞和教育。大家都应该向小高学习，写出这样的好材料。小高，你代我写信问候这个干部同志，问问他的病好了没有？下次回家你再去看看他。”事后，毛泽东特意在这个战士的材料上写了一句批语：“此份报告写得不错，有分析，有例证。”

这份材料，如今仍保存在中国人民革命军事博物馆。

“银桥，你们几个卫士也要下去。下去后不要搞特殊，我身边的人，什么时候都不能搞特殊。”一天，毛泽东找来李银桥，对他说。

根据毛泽东的指示，李银桥及时向中央警卫局领导作了汇报，并对卫士作了安排，便分批分头先到了他们各自的家乡作社会调查，时间长短不一。

据李银桥介绍，在这以后，他和其他卫士先后多次专程或利用探亲假，到各地专门为毛泽东进行社会调查。每次临走时，毛泽东总要嘱咐一番，但从不出题，他要求卫士用自己的目光去看待问题，分析问题，记录社会的真实情况。

1955 年 2 月，卫士长李银桥回到了他的家乡河北安平县，这时正值全国各地掀起农业合作化大高潮。

“走，都去开会啦！”这天上午，李银桥老家的村上男男女女、老老少少在一片锣鼓声中来到了打谷场上，这里热闹非凡，但人们的脸上却显得异常紧张。“大伙儿都听着，咱们村上的合作动员已经动员了好几次，可就是有那么一些人对新中国、对共产党没有感情，几次三番地动员，可就是不报名入社。”一名村干部站在一个土墩上，扯着沙哑的嗓门在说着，一会儿只见他拿出两张标语，一张写着“跟共产党走”，一张写着“跟老蒋走”。

“现在，我把这两张标语贴在墙上，谁愿意入社的就是跟共产党走，就排在‘跟共产党走’的标语下面，谁不愿入社的就说明他不是跟共产党一个心眼，那么就排在‘跟老蒋走’的标语下，现在开始排队——”

顿时，打谷场上一片喧闹。“跟共产党走”的标语下面迅速有一大批人站着，而“跟老蒋走”的标语下没有一个人。李银桥感到很高兴，可他转头见也有不少人哪里都没站，耷拉着脑袋闷闷不乐地回家了。

“银桥，你看往后我们这儿搞入社的工作就不用再去喊破嗓门动员了。两张标语这么一贴，谁入谁不入，谁的思想觉悟高，谁的思想觉悟低，不用我点名大伙儿心里都有数了！怎么样，这个办法好吧？”会后，村干部很得意地对李银桥说。

入社就这么简单吗？李银桥的双眉紧锁起来，问："咱们这里是不是全这么搞的？"

"我们是从前村学来的，他们那是入社先进村，我们的后村也跟着前村学呢！"

"农民对这种做法反映怎样？"

"唉！农民呀农民，他们手里一有了田，自私自利的心就膨胀起来，你不给他来个快刀斩乱麻，就是到他家磨破了嘴皮子，他也不会答应你入社的。这两条标语一贴，想往哪儿站，路线分明。省事又明了！"

村干部十分得意地说着自己动员农民入社的"工作经验"。

"请问一下，眼下村上有几户是两个标语前都不站的人？"李银桥问。

"少，极少，占不了四五家。"村干部说。

"那么'跟共产党走'的农民们，他们的生产积极性怎么样？"

"这个事我不管，我眼下考虑的是有多少户入了社。至于他们入社后干得怎么样，得让他们自己说。我们总不能像地主似的用鞭子逼着他们好好劳动生产呀，如今都已解放了，不兴这一套了。"

"那么你们又靠什么来调动入社农民的积极性呢？还有，那些不站队的又怎么办呢？"

"这个……我也说不上来。"

与村干部的一番对话，引起了李银桥的深思。带着一连串的问题，李银桥回到北京，向毛泽东作了汇报，同时为一个反映这样入社简单化问题的群众给毛泽东带了一封信。

毛泽东听了卫士长的汇报，又看完信后，来回地在办公室走动起来，他显得很激动地说："这怎么行，不能这么搞么！入社不能这么简单么！"

"银桥，我马上给林铁写封信，让他注意这种情况，并迅速改正，否则会影响农民们的生产劳动积极性。中国的农民们很苦，过去在地主的剥削压迫下没有地，新中国分给了他们地，现在一下子要让他们交出土地走合作化的道路，思想很可能一下子转不过弯来。我们做工作的同志不能那么简单地让大家一排队就了事！天下的事情哪这么简单！”毛泽东一边说，一边拿起信笺，“唰唰唰”地挥起了大笔：

林铁同志：

此事请你予以处理。这是我的卫士回他的家乡安平县从那里带回来的一封信，这种情况恐怕不止安平县一个乡里有，很值得注意。

毛泽东

三月五日

林铁是当时的河北省委书记兼省长。由于卫士长的一次调查汇报，此类入社简单化的问题在河北省及其他地方迅速按照毛泽东的指示，及时得到了纠正。

在社会主义建设高潮时期，毛泽东是愿意看到翻身了的广大农民和工人的积极性的，从感情上也愿意听到那些鼓舞人心的消息，但是，对卫士的要求却不同，他要求他们多向他汇报调查来的“忧”事。

1957 年底，卫士马维同志回家，回京时带来了一个窝头，又黑又硬，掺杂大量粗糙的糠皮。马维说：“乡亲们就是吃这个东西。主席，我讲的是实话。”

那天，李银桥和几个卫士都在场。只见毛泽东接过窝头，看了又看，一双眉毛一下子拧紧了。他的手在发抖，费了很大劲才掰开一块，然后放到嘴里，才嚼了几口，他的眼圈就红了，泪水一下子从眼眶中涌了出来，真像决堤似的一泻而不止……

“吃，你们都吃，都要吃一吃。”毛泽东一边流泪一边掰着窝头，一块块地分给卫士们。那窝头上沾满了他的眼泪。

毛泽东哭出了声，整个肩膀子不停地耸动着。“吃啊，这是农民的口粮，是种粮的人吃的粮食……”他的声音很大，哽哽咽咽。

卫士们一口一口地跟着毛泽东嚼着，全都溢出了泪水。那天保健医生也在场，泪水涌溢的毛泽东特意地看了看他，举着窝头朝他晃了晃。卫士和保健医生都明白毛泽东这个动作的意思：我平时吃红糙米和小米，你们就劝我别吃了，说这不好，可我说全国农民如果都能吃上我这样的饭，我就心满意足了，你们不信，现在你们该明白了吧！

是的，这一天卫士们和其他工作人员似乎比任何时候都明白了毛泽东的心为啥总是牵挂着他的亿万人民群众！

一天，卫士长李银桥陪毛泽东在雪地里散步，毛泽东凝视片刻枝丫上洁白的雪，忽然问：“银桥，你贪污了没有？”

李银桥打了个冷战，怎么毛泽东问这个问题？“没有，从来没有。”他坦率地回答道。

“你能保证现在不贪污，以后也永远不贪污？”

“我保证，保证永远不贪污。”

毛泽东满意地点点头：“那就好。”他指指松枝上的积雪，说：“你来的时候就像这些雪，以后也要保持啊。最近，我看了一些材料，我们的人民现在连饭都吃不上，可有些地方干部竟然还要贪污，贪污国家拨给群众的救济粮食、钱物。这哪是共产党的干部！哪有一点起码的良心！他们连这都不如！”毛泽东双脚狠踩了几下一摊化雪处的淤泥，仰天长叹，心潮起伏……

许久，毛泽东缓缓收回目光，扫视了眼前的一片雪地，意味深长地说道：“看来，国民党反动派虽然打倒了，‘三座大山’推翻了，可是革命的任务还很艰巨。我们一定要反腐蚀，啥时候都不要被要命的糖衣炮弹打中啊！过去蒋介石的炮弹要我们的命，现在，要是我们不注意，资产阶级的糖衣炮弹还是会要我们命的。银桥啊，你们这一代年轻人可一定要记住，千万不要被糖衣炮弹打垮了。不但你要记住，你们全体卫士都要记住。”

“是，主席。”当时李银桥虽还并不十分能掂量出毛泽东说这话的分量，但他从毛泽东深沉的表情上懂得了防止糖衣炮弹的重要性。

毛泽东爱雪，每次下雪，情绪总是特别兴奋，然而这一次却不然，他的双脚在雪地里迈得异常的缓慢和沉重。那洁白的雪地上烙下的一串深深的脚印，在李银桥的脑海里留下了永不忘却的记忆。

“银桥，记着给我办几件事。”突然，毛泽东收住脚步，“第一，从今天起，我吃的菜中取消肉类；第二，通知办公厅，把我的工资减去200元；第三，从今天起，我的衣着不准添购新的……”

“主席，您这是为什么？”李银桥十分不解，因为他知道毛泽东本来的衣食住行就是极为简朴的了，为何还要如此跟自己过不去呢？

毛泽东长叹一声：“全国人民有许许多多人还在吃糠菜窝头。我心里不安哪！”

卫士长见毛泽东眼睛里闪着泪花，再也没有说什么。第二天，他把毛泽东的三条意见转告了有关部门和工作人员。

这是新中国成立后最困难的1960年。毛泽东从来都是说话算数的，他一连几个月没吃一口肉，常常是一盘马齿苋（一种野菜）便充一餐饭；一盘辣子炒菠菜支持着工作十几个小时。

“主席，您得吃点肉补补了，再不能这样下去了。”卫士们一个个向卫士长汇报毛泽东已开始全身浮肿，回头又都来恳劝毛泽东。

“莫要紧莫要紧，你们看，我的脚连鞋都穿不进去了，还要补哪？！”毛泽东抬抬脚，幽默地对他的卫士们说。

“主席，这是浮肿，你看，手指按一下，你的肌肤上就有一个坑。”卫士们就差没哭出声地说着。

周恩来知道了，赶忙过来一次又一次地劝说：“主席，吃口猪肉吧，为全党全国人民吃一口吧！”

毛泽东摇摇头：“你不是也不吃吗？大家都不吃么。”

远在上海的宋庆龄知道此事后，特地赶到北京，提来一大兜螃蟹。“主席，您是属于全国人民的，您的身体比什么都重要，无论如何您要保重好身体。这是我的一点心意，请您千万调理好自己的伙食。”

“谢谢，谢谢您，宋庆龄同志。”毛泽东对这位国母历来保持着特殊的敬意，所以很客气地收下了螃蟹。可是，宋庆龄刚一走，毛泽东就按响了电铃。

“主席，什么事？”卫士小田进来了。

“你把这些螃蟹拿到警卫中队的食堂。”毛泽东指指网兜说。

小田很不情愿地说：“我不去，这是宋庆龄同志送给您吃的。刚才卫士长还高兴地对我们说，这下主席可以吃一顿荤了。”

毛泽东摇摇头：“这个荤我还是不能开。人民群众没有丢掉糠菜窝头，我是决不开荤的。”

无奈，小田只好把螃蟹提走了。

“天灾人祸哪！”一阵寒风过早地从西伯利亚吹来了，穿过北京城，渗进中南海高高的红墙，刮进丰泽园的菊香书屋。毛泽东刚刚放下案头堆积如山的文件，迈出门槛，不由打了个冷战。他仰起脖子，遥望苍天，然后发出一声长叹。

站在一旁的卫士长感到今天特别的冷，不知是听了毛泽东的长叹而起的心理作用还是什么其他原因，反正他感到这一年的冬天将比任何时候都冷。

“主席，外面很冷，进来吧。”

毛泽东没有出声，只是轻轻地摇了摇头。

“银桥，外面这个灯用不着，明天把它摘了。”忽然，毛泽东指指一盏挂在走廊内的电灯说道。

卫士长看了看灯，疑惑了：“主席，院里就这么一个灯，是为了照明用的，怕您晚上走路不方便才安上的呀！”

“我现在的眼力还可以，把它摘了吧。少一盏灯会省一点电么！”毛泽东说着，心情显得很沉重。他默默地站在院中央的空地上，抬头又一次凝视着苍穹中的点点繁星。那秋日的夜空天际，星星似乎显得比平时遥远了许多，没有了月亮的星座，似乎也比平常更显寒意。毛泽东一动不动地长久站着。

卫士长不愿打扰，只是踅身取来一件棉大衣给毛泽东披在肩头。

明天就是新中国成立十一周年大庆的日子。这一夜，毛泽东吃了两次安眠药，仍然未能入睡。他起来了，坐在沙发里，一杯接一杯地喝茶，又一支接一支地抽烟……

此时，红墙外的北京市民们正为明天的建国十一周年大庆而忙着张灯结彩呢，他们哪里知道，他们的共和国主席此刻心情却异常的沉重、忧闷。从安徽、山东、河南、甘肃等省地发来的关于近期饿死人的绝密电一份又一份地积在了他的案头，这些材料只有政治局常委才能看到；在案头的另一角，是中央军委、总参谋部、公安部送来的有关中印、中苏边境及东南沿海的敌情通报，还有苏联从中国撤出专家的绝密通知……

一边是敌人霍霍的磨刀声，一边是人民挨饿的呼叫声，毛泽东的心犹如泰山压顶。

白天，又有两名警卫战士从老家探亲回来，给毛泽东带来了两个用树皮和野菜团成的窝头。“俺们村里，这样的窝头，每人每天也只能分到两个。”

毛泽东怔怔地看着窝头，半晌才把它接过来，又默默地把它掰开，然后塞进嘴里……卫士们都在场，还有医生、警卫人员，他们看着他一口一口地嚼着，又一滴一滴地从眼眶里掉出大颗大颗泪珠来……那是无声的哭泣，那是一位叱咤世界的巨人的哭泣。卫士们和医生、警卫人员的心跟着在颤抖。

夜深了，卫士长扶着毛泽东回到房间。他还是睡不着，卫士长拿来一把梳子，说：“主席，我再给您梳梳头。”

“好吧。”毛泽东半坐在躺椅里，心不在焉地说了一句。

卫士长像以往一样，拿起梳子，当他抬手正准备梳时，突然手臂在空中停住了：“哎哟，主席，有情况！”

毛泽东一惊：“什么事？”

卫士长轻轻地用两根手指分开毛泽东头上的两缕头发，然后小心翼翼地抓住一根特别醒目的头发，说：“您又有白发了！”

毛泽东的身体顿时松弛下来，许久，才说了一句：“老了，老了。”

卫士长的双手在发抖，他怎么也拿不住那根白发，这是他多么不想看到的啊。跟随毛泽东十多年间，他不知为毛泽东梳过多少次头。这是一个伟大的头颅，一个充满活力、满头乌发的头颅，多少年来一直如此，而如今……卫士长的眼睛模糊了。

“主席，我把它拔下来吧。”他实在不想看到这个伟大的头颅上出现这白色的头发。

“拔吧。”岁月就是这样无情。这位曾一声令下，在不到半年的时间内消灭蒋介石八百万大军的巨人，当年几乎没费什么吹灰之力就定了中华民族的乾坤，而十年后的今天，为了解决他的人民百姓吃饭的问题却愁出了白发。

新中国进入了一个最寒冷的冬天。这一天，毛泽东还是睡不着，于是，他便坐起身子，靠在垫子上批起文件来。可是，没看几页，他又若有所思地把文件往桌上一搁，吩咐卫士封耀松："小封，我起来吧。"

正在一边收拾屋子的小封赶忙递过衣服，帮着毛泽东穿衣下床。由于营养不良而造成了体质明显下降，毛泽东不再像过去那样考虑问题时在屋里走来走去了，而是喜欢坐着思考。

"主席，有什么事要我办的吗？"小封理好床铺后，回头瞥了一眼毛泽东，发现他心思沉重地看着自己，便以为毛泽东找他有什么事。"我给您煮点麦片粥吧？"

毛泽东摇摇头，没说话，只是用手指了指办公桌上的烟盒。小封便过去帮他取出一支，并给他点上。这回卫士给他点的是一支整烟，而平时为了让毛泽东减少吸烟，卫士长李银桥想出了个办法：给毛泽东的烟都折成两半来吸。

"小封，你去把子龙、银桥、高智、敬先、林克还有汪东兴同志叫来。今天你和他们一起到我这里吃饭。"毛泽东长长地吐出一口青烟，然后对卫士这样说。

于是，下午大约三四点钟时，叶子龙、李银桥、高智、王敬先、林克、汪东兴和封耀松这七个负责毛泽东警卫和生活工作的同志一起来到毛泽东卧室，围在一张小桌旁。他们不知毛泽东今天为何请他们吃饭。

几个毛泽东平时吃的菜端了上来，没有肉，更没有酒，只是量多了几倍而已。毛泽东什么话都没说，脸色忧郁，这使得这几位工作人员面面相觑，更加紧张。

"吃吧。"毛泽东见他们一个个毕恭毕敬地坐在桌边，便只好带头拿起筷子夹起菜来。那筷子刚刚触到盘里，又缓缓地放下了。

他再也憋不住心里的话了："今天请你们来是有件重要的事想跟你们说。"毛泽东索性把手中的碗筷放下，环视着桌边的每一个人。

"现在老百姓遭了灾，日子到底过得怎么个样，我心里不踏实。本来想下去看看，可年纪大了，再说我下去他们也不会让我看到真实情况的。唉，我想了，还是请你们帮我完成这件事吧。你们都下去搞些调查研究。到底下面有些什么问题？把情况反映上来，我想知道。"毛泽东语气沉重缓慢，使得这七位同志仿佛听到巨人的那颗心脏在为受难中的人民而"怦怦"地跳动、颤抖着。

"人民公社，大办食堂，到底好不好？群众有些啥意见？你们都要把这些情况给我反映上来，啊？"

众人纷纷点头。

"子龙、银桥，你们下去，到山东去，要广泛调查研究。"毛泽东开始点将了。

"是，主席。"叶子龙、李银桥小声而又坚定地答道。

"小封，你去不去呀？"

封耀松赶忙站起来："主席，我去！"

"那好，那好。"

最后，毛泽东又一次环顾了桌边上的七个人，目光突然变得严肃犀利："你们下去要了解真实情况，回来要讲真话，不许说假话，不许隐瞒欺骗，听明白了吗？"

"明白了！"七个人齐声回答。

"好吧，今天没准备什么招待你们。到下面去可能会饿肚子，我会帮助你们的。"毛泽东抬了抬眼皮，对李银桥说："银桥，这次你们下去是我叫你们去的，路费不能让国家掏，你通知秘书让他从我稿费里开支这笔费用。”

“是，主席。”李银桥答道。

“吃吧，你们吃吧！”吩咐完后，毛泽东对大家说，而自己却没吃两口就放下了碗筷。看得出，他是吃不下去的。

这是一顿最艰难的饭，这几位有的在长征时就跟随毛泽东同志，此刻同毛泽东的心情一样，百感交集，而且他们还多了一层担忧，担忧他们日夜守护的毛泽东这些日子里日渐衰老的征兆。

这一天，是毛泽东 67 岁的诞辰，不知是咋的，连平日里最摸得着毛泽东喜怒哀乐的卫士长李银桥也没能记住这个日子。也许是百姓吃窝头挖野菜啃树皮的事过多地困扰了毛泽东的心，而毛泽东的心又牵动着这些卫士们日夜不安的神经，致使大家竟然谁也没记起来。

晚上，封耀松继续值班。因为饭桌上毛泽东没吃什么，小封便用电炉子给他煮了一缸麦片粥。“主席，您无论如何得吃一点。这几天您总睡不好吃不好，那样会顶不住的。”看着毛泽东数日数月食不香宿不眠，卫士心头比谁都难受。小封手端麦片粥，整个心都在为毛泽东焦急。

“吃不下呀，小封。”毛泽东又是摆摆手，然后示意卫士在他床边坐下。

小封机灵地上前为毛泽东按摩起来。

毛泽东感激地伸直双腿，并抬起一只手，抚在卫士的后背上。“小封呀，我不放心哪。他们许多事都瞒着我，我出去无论到哪里，他们都能做准备，所以我只好派你们下去。你们下去能看到真实情况，回来一定要告诉我真实情况，说真话……”

“主席，您放心，我一定照您的话办。”小封抹着眼泪，点头道。

毛泽东缓缓地合上双眼，像是要安睡片刻，可又像突然想起什么似的，下床走到办公桌那儿，拿起一支铅笔，在一张宣纸上写了起来。“小封，明天把这封信给你们七个人传阅一遍。”

小封从毛泽东手中接过信纸，见是一封写给他和另外六个同志的信。信上的字写得很大，字体也显得草，总共用了三张纸。小封看着看着，不禁泪湿胸襟……

林克、高智、子龙、李银桥、王敬先、小封、汪东兴七同志认真一阅：

除汪东兴外，你们六人都下去，不去山东，改去信阳专区，那里开始好转，又有救济粮吃，对你们身体会好些。我给你们每人备一份药包，让我的护士长给你们讲一讲如何用药。淮河流域气候暖些，比山东好。一月二日去北京训练班上课两星期，使你们有充分的精神准备。请汪东兴同志做准备。你们如果很饥饿，我给你们送牛羊肉去。

毛泽东

十二月二十六日，我的生辰

明年我就有六十七岁了，老了，你们大有可为。

“看看，主席是怕我们下去挨饿，想得这么周到。”第二天，卫士长李银桥和其他几个卫士及秘书读着这封信，没有一个不掉泪的。他们既为毛泽东慈父般的关怀而感动，同时又为自己没能记起毛泽东生辰，为他哪怕是说几句话、唱一首歌而感到无比内疚。

出发前，毛泽东特意叫来摄影师侯波为李银桥他们送行。

就这样，叶子龙、李银桥等一行六人打起背包，到了河南信阳，他们在那儿以一名普通的国家干部身份，同当地的农民同吃同住同劳动，了解农民的生产、生活及他们想说出的一切。半年后，六人回到了北京，向毛泽东作了如实汇报。

“照你们说，大办食堂是不怎么好啊！”毛泽东听完卫士们的汇报，心情十分沉重地说道。“这样吧，你们再到江西待半年，把那儿的情况也摸清楚。记住，我这样要求你们，是希望我们每一个共产党人，啥时都不要忘了人民群众，尤其是不要忘了人民群众的疾苦。我们建设新中国，搞社会主义，就是为了让人民过上好日子。如果他们过不上好日子，我们待在中南海是待不住的呢！”

遵照毛泽东的指示，卫士们又来到了江西，待他们到江西时，毛泽东和党中央已经向全党发出了文件：彻底解散大食堂。

卫士们得知后，好不高兴。他们一则为毛泽东和党中央能及时发现问题纠正错误高兴，二则为自己能为毛泽东的英明决策提供了准确、真实的情况而骄傲。

第八章　下不了的黄鹤楼，走不出的红围墙

作为中华民族历史上的一名伟人，毛泽东在人民心目中的形象和他所一手开创的业绩，是中国几千年文明史上，少有哪一位帝王和君主所能相比的。不管是他在世时，还是在他已经去世几十年后的今天，没有谁能否定这一点。

毛泽东伟大的一生和人民对他的敬仰，使他从一个普通的人，渐渐成了亿万人敬重、崇仰的心中“圣人”和民族的形象、国家的主心骨。所有这一切，毛泽东是当之无愧的，不管昨天和今天我们是否曾经反对过“个人迷信”，人民对自己的领袖所表现出的来自心灵深处的这份感情，始终是真诚和可以理解的。

但是，也许是由于人民对毛泽东的这份感情，使毛泽东本人不得不在新中国成立后的几十年间，付出了沉重的代价。因为毛泽东本人历来反对他同人民群众的隔绝，而作为担负他警卫工作的那些卫士及公安部门，又必须这样做。

毛泽东是个极富感情的人。除了工作外，他是非常喜欢能同人随随便便地聊天、谈话，甚至开玩笑的。尤其是随着他在人民心目中的形象越来越走向“神化”时，他的这种心愿就更加强烈，有时到了渴望的程度。我们这些每天为了挤公共汽车，为了排队买一件紧俏商品而整天诅咒大街上的人太多的平民百姓，是无法想象作为一国之主，高高在上的毛泽东的这一心愿的。虽然毛泽东被神化的年代离我们越来越远了，而且在今天我们有些人在议论毛泽东晚年因被神化了所出现的一幕幕悲剧时，总是不加以客观地分析，而是慷慨激昂地批评这位伟人这个不是那个不是的，但倘若我们冷静地

想一想，并且再加入几个假如的话，大概我们对毛泽东晚年所犯的错误就会有一种重新的认识。是的，假如毛泽东能不受卫兵，不受中央的有关规定的限制，经常接触群众，了解来自真实生活中的真实情况；假如毛泽东能像一名基层的普通领导干部一样，经常到农村、到工厂、到社会的最基层，亲自听一听干部、群众对党的政策，对自己所制定的路线、方针的意见，而不是靠那些专爱唱赞歌、报喜不报忧的人所送上的“报告”“材料”来了解情况的话，中国历史上的十年“文化大革命”也许不会出现，也许，中国的现代化和人民生活的小康在今天就已经实现了。也许，毛泽东本人就是一个空前绝后的伟人。

人，没有缺点和错误是不可能的，毛泽东也同样。然而，当我们从卫士那里了解到，作为亿万人民的领袖的毛泽东，平时却不能随随便便到一个农舍吃上一顿红烧肉，随随便便到一趟工厂去听一听那里的工业建设是否搞得对头，我们对毛泽东晚年所犯错误的根源，便有了新的认识。

下面是我们从毛泽东卫士口中听到的故事，虽然它们永远不可能出现在正式的历史文献和许多党史教材中，但却从另一个角度使我们对毛泽东，对导致毛泽东晚年犯错误的原因，有了更深刻和全面的了解。

“我是‘文革’前离开毛泽东的，对他晚年所犯的错误并不十分了解。但有一点我是清楚的，那就是随着毛泽东在人们心目中的形象越来越高，中央出于安全的考虑，对他的行动也就越来越限制。如果我说一句毛泽东越到晚年他的人身自由就越少这样的话，许多人也许会不相信，可事实上就是这样。这种现象从毛泽东进北京城到以后的几十年间越来越严重。”卫士长李银桥回忆说。

他是这样说的——

在延安、在西柏坡时，只要毛泽东愿意，他就可以带着身边的一个卫士，或者一个秘书，想到哪儿就到哪儿。那时，社会环境正像歌里唱的那样——“解放区的天是明朗的天”，虽然我们当时面临的是蒋介石的几百万猖狂的反动军队，但毛泽东的安全却十分保险。那时，人民和毛泽东之间无任何距离，毛泽东可以穿着布鞋，挽起袖子，同老农一起捏粪团、掏泥块，乡亲们也可以提起篮子给毛泽东送红枣和小米，亲热得很哪。可是，当毛泽东在天安门城楼上一声“中华人民共和国中央人民政府成立了”，他的双脚迈进中南海那高高的红围墙后，情况就不一样了。这里需要说明的是，毛泽东本人从来没有提出并有所表示过任何的加强他行动安全的建议，所有后来对他实行的警卫规定都是中央定的。为绝对保证人民领袖毛泽东主席的安全，中央作出的那一系列安全措施，也没有错。

我们可以从几件事来说明。

第一件事是 1949 年 5 月 1 日那一天。这天，天气特别晴朗，北京的春意正浓。

下午约二时许，我在值班室听到电铃响了，便知毛泽东睡觉已醒，便直奔他的卧室。

“银桥，我们到颐和园去。”一听毛泽东这样说，我非常高兴，心想：主席该休息休息，换换脑子了。上个月人民解放军渡江成功，南京解放，中央上下都十分鼓舞，毛泽东这段时间情绪亦极佳，时常唱几句京戏。只是为了筹备新政治协商会议和新中国成立的一大堆事，他没日没夜地会见各界民主人士和起草各种文件，依然不能很好地休息。而今天，他能主动提出来去颐和园，我们这些工作人员自然欣喜万分，再说，我们几个年轻人也想好好玩玩颐和园这一闻名中外的皇家公园。那时，在毛泽东身边的工作人员，包括那些参加过长征的老同志，过去除了钻山沟、住窑洞外，谁也没有享受过逛公园的福气呢！大概是毛泽东他老人家知道我们的心思，在临出发时对我说："叫上其他同志，能去的都去。"于是，我们卫士班的同志差不多全体出动，真是沾他老人家的光了。

车，很快到了颐和园东门。刚下车，毛泽东就撇开我们，径直走向一辆比我们先到停在一旁的汽车。噢，原来他是有约会！此时，我们这些随行者才恍然大悟。

打从西柏坡"赶考"进京后，毛泽东几乎每天都要接见民主人士，或在书房畅谈，或在会场小议，或亲自大驾光临某君家舍，而又有不少次与著名人士相约在戏院、公园，这一次又是了。我心里不由感慨道：毛泽东啊毛泽东，他的头脑里除了工作还有什么呢？

"主席，您好啊！"这次约见的是位银髯飘荡、长衫拖鞋跟的老先生。他就是著名爱国民主人士柳亚子先生。我们进京城的那一天，在西郊机场举行了入城仪式，检阅三军时，柳亚子先生当时作为各界欢迎代表也在场。柳亚子先生是毛泽东的老朋友，当年毛泽东在广州农民运动讲习所时，就与柳亚子先生相识，并从此成了至交。党的七届二中全会上，中央决定在新中国成立之前召开第一届中国人民政治协商会议。那是 1949 年 3 月的事，毛泽东特意让人以他个人的名义给正在香港的柳亚子先生打电报，邀他到京参加政协会议。

柳先生身材虽小，骨头却很硬，是个不屈不挠的民主人士。老先生是这年 3 月 18 日到京的，我们是随毛泽东在 3 月 25 日到北京的。当时正值我人民解放军渡江南下前夕，毛泽东工作异常忙碌，并赶着写一篇题为《评白皮书》的文章，因此，政协会议要拖到 9 月份才能召开。柳亚子对此很不满，写了一首题为《感事呈毛主席》的诗，诗中自比前汉的"五鹿"，大发不得重用的牢骚，并扬言怀才不遇，想离开政界，回乡隐居。

那天，正逢我值班，毛泽东看柳亚子此诗时，我在场，听毛泽东读完柳先生的诗后，声音很大地说道："好家伙，竟对我如此大动肝火！"

我一听，忙问："主席，谁敢跟您大动肝火呀？"

他笑了，摆摆手，说："没事没事，是位几十年的老朋友了！"

"谁呀？"我好奇地问。

"柳亚子，他是中国的一个大才子，了不起的大才子，清朝末年时就组织过进步文学社，是个反帝反封建、反蒋介石的硬骨头哩！"从毛泽东充满赞誉的话中，我对这位"柳长胡子"从此有了一些认识。

末了，毛泽东捏着柳亚子的诗文，沉思片刻，自言自语道："待我有闲时，要找他谈谈，谈谈就好了么。"

这一天，我们来游颐和园是5月1日。当时我并不知道，毛泽东就在前两天，4月29日，特意为柳亚子写的《感事呈毛主席》一诗写下了一首回诗，那诗便是《七律·和柳亚子先生》。毛泽东针对柳亚子的不满情绪和资产阶级的世界观及严重的个人主义，用"牢骚太盛防肠断，风物长宜放眼量"的诗句，委婉批评和规劝柳亚子应从革命大局出发，不可拘泥于个人主义的小圈子。

柳亚子得到毛泽东这首诗后，触及灵魂，既自愧，又鼓舞，因此，相邀毛泽东"聆听教诲"。就这样，毛泽东和他便在这天相逢在颐和园。

这一天，江青带着李讷也去了。

"好么，亚子兄，你近来可好？"毛泽东双手扶着老朋友的两只胳膊，端详着。

"好好，托毛主席的福啊！"柳亚子连连称好。

“嗳——我说亚子兄，别老‘主席主席’的，老朋友之间，你这样叫，我可不自由了。”毛泽东站住脚步，很是认真地说。

柳亚子一愣，继而捋着胡须，开怀大笑道：“好好，我还是叫你润之兄，润之兄。”

“这就好么！”毛泽东也高兴了。

看得出，柳亚子的满腹牢骚大概此时此刻也烟消云散了。两人边交谈，边朝颐和园里头走。

看过大戏楼，游了谐趣园，又爬坡到了益寿堂。

茶室里，毛泽东和柳亚子品茶论诗，谈笑风生，一派诗人学究的气氛。约一个来小时，毛泽东站起身，提议道：“走，趁今天我们都很高兴，到公园去好好游一游。”

“好，如今茶饱牢骚消，游园——痛快，痛快！”柳亚子拍了拍肚子，欣然答应。

从益寿堂下来，便直接进入了长廊。

诗人气的柳亚子眼观面前的这一历史建筑物，感叹道：“慈禧太后腐败无能，屈服于帝国主义的压力，签订了许多不平等的条约，给中国人民带来了极大的痛苦和灾难。她把中国人民的血汗搜刮起来，奉献给帝国主义，建造她的乐园，真是可耻至极。”

老先生一激动，就会把一双拳头放在半空中挥舞起来。

毛泽东则完全是一副哲人的大家气度。他接过柳老的话说：“不过，事物总是辩证的。她慈禧当初用建海军的钱建了这个颐和园，这在当时是犯罪的，但现在看来，当时即便建立了海军，也还是要送给帝国主义的。建了颐和园，帝国主义拿不走，今天人民也可以来享受，总比被她和朝廷里的王爷们挥霍掉要好么。”

柳亚子对毛泽东的妙论，佩服得五体投地。“中国出了个毛泽东！主席，您真是伟大啊！”他的大拇指直挺挺地竖在毛泽东眼前。

“哎哎，你又来了，亚子兄，这样不好么！”

经毛泽东这样一说，柳亚子不好意思起来。不过，他还是固执地说道：“伟大，润之——毛泽东是伟大的。”

然后，我们几个卫士扶毛泽东和柳亚子到了小火轮、石舫处，两人又是一番议论。途中，遇见林彪和叶群，彼此握手，互道珍重后即别。

这时候，毛泽东提议：“我们登船游湖吧。”

柳亚子欣然答应。

我和一名卫士随他们两人坐在一只游艇上，其余的人坐在另一只游艇上。

借春风荡漾湖水，毛泽东和柳亚子兴致甚高，湖面上不时泛起阵阵欢声笑语，船到湖心时，柳亚子又挑起了话题。他说：今天胜利了，这是我们盼望已久的；共产党胜利，这是肯定的，因为共产党的路线和政策正确、合乎民意，人民拥护支持，这就是胜利的基础；但是，我们没有想到这么快，人民解放军很快渡江成功，并且占领了南方，我们不知道毛主席用的是什么妙计。

毛泽东笑了，操着一腔浓重的湖南方言，说道：“打仗没有什么妙计，如果说有妙计的话，那就是知己知彼，根据实际情况，作出正确的决策。还有，就是老先生说的，人民的支持是最大的妙计。一百万军队要渡江，又没有兵舰、轮船，如果没有人民的大力支持，是不能成功的，靠人民用土办法造木船、木排划子，在漫长的江面上，几万只木船一齐出动，直奔对岸，加上我们有很多大炮掩护，很快就过去了三十万军队。你能说这是妙计吗？这是一般的常识。但是，像这样一个普通的常识，蒋介石是不知道的……他想的是长江天险，是美帝国主义的援助。那些都是天鹅肉，好看吃不着，他能不失败吗？”

“哈哈哈……对对。”柳亚子频频称是。

游船绕过湖心岛，又穿过美丽壮观的十七孔桥，准备在东岸泊船。

这天正值“五一”国际劳动节假日期间，游园的人很多，那时，虽然对毛泽东的警卫工作也是抓得相对紧的，但绝不会采用“净园”那样的做法。可是，毛泽东到颐和园游园的消息不胫而走。当看到岸头围着的人山人海时，我不免紧张起来，因为那时北京刚解放，城里暗藏的反动分子、敌特分子的地下活动十分猖獗，如果有坏人躲在群众中要什么阴谋，情况就复杂了。

“毛主席，是毛主席！”

“毛主席万岁！”“毛主席万岁——！”

岸头，群众已经看得清我们船上的人了，于是高呼口号，人头攒动，那场面是自发性的，所以既热烈无比，又显得乱哄哄的。

怕出意外，我问毛主席：“主席，是不是改地方上岸？”

“哎，不要改，不要改，都是群众么，有什么怕的！”此时的毛泽东已经有点被岸头的群众场面所感染了，他不同意我的意见。一般情况下，只要碰到的是群众，毛泽东是从不愿意采取不予理睬的态度或索性走开的，今天当然也会这样做。

这就使我更加紧张，因为我知道今天的警卫力量是十分不足的，除了我们几个卫士及几个外围警卫人员外，几乎没有什么警力。十几个人要应付面前成百上千的人是很难的，警卫毛泽东是万不能有半点漏洞的呀！

我赶快招呼卫士前前后后贴紧毛泽东，还要兼顾柳亚子，同时，又得指挥几个警卫人员尽可能地维持秩序。

可是，当毛泽东一上岸，任凭我和几个警卫干部喊破嗓子、使出全身劲也招架不住汹涌的人浪。

那时离新中国成立还有几个月时间，可北京城里的人民对毛泽东的敬仰之心早已遍及。能在公园里亲眼目睹毛泽东的风采，谁都不想错过机会。围观的人越来越多，并且拼命地往毛泽东身边拥，有的人还抢着伸出手要和毛泽东握手。这种场面我们几个卫士还是第一次见，所以都有点束手无策，紧张得心都吊在嗓子眼。小伙子们手握着手，一个个都用魁梧的身躯护卫着毛泽东，并且随时准备用生命来保卫毛泽东。

好不容易到了公园的大门口，可是，这里的情况更糟。

大门口外的人要比公园里围观的人不知多几倍！当时我真有点傻眼了。一旦出了事，我这个卫士长怎么向中央，向全国人民交代呀？新中国的成立，还等着毛泽东在天安门城楼上宣布呢！怎么办？怎么办？

什么办法也没有呀！成千上万的群众则更不顾一切地涌过来。我当时只有一个能选择的做法，就是用自己的生命来保卫毛泽东，可我一个人无论如何也挡不住来自左右前后的各种可能突然发生的意外。于是，我命令卫士们都这样做，然而，这并不能解决什么问题，除了我们不可能像铜墙铁壁似的把毛泽东围起来外，毛泽东的身材也比我们卫士都高，用警卫术语说，是“目标太暴露”了。

一切听天由命吧！

抹着汗水，我瞥了一眼毛泽东，只见他脸上无半点笑容，只是那双眼睛闪着明澈的光芒。他在激动！动情的时候他都是这样的表情。他的情绪与群众完全融到了一起。我真想对他说一句规劝的话，请他不要停步，马上离开这儿，可我知道，这时是不会奏效的。

一切都在顺其自然地发展着。

“嘀——嘀嘀嘀——”就在这时，只听一阵紧促的哨声。啊，我看到救星了：两队公安人员和解放军队伍开了进来！

我心中的石头一下子掉了下来。

毛泽东和柳亚子总算挤出了人群，登上了汽车。

“我的老天爷，今天可太险了。”回程路上，我边脱着湿透的军装，边说着。

毛泽东却满不在乎地说：“用不着那么紧张，那么多群众，即使有坏人夹在中间，他也不敢掏枪打的。他的手会发颤的，你们不用那么紧张么。”

他说得轻松，可回到香山的双清别墅后好久，我的心却还在颤呢！

这是第一次。第二次是 1953 年 2 月在武汉的那一次。

这一年春节，毛泽东是在武汉过的。

刚安顿好，他便要我和秘书通知中南局和武汉市委的领导同志，要他们来汇报情况。当时，我们一行去了不少人，公安部长罗瑞卿、中央办公厅主任杨尚昆等同志都在内。毛泽东对武汉很有感情，他告诉我，早在第一次国内革命战争时期，他就来过武昌、汉口，就是没去过汉阳，这次来很想过江到汉阳那边看看。

中南局和湖北省委、武汉市委对毛泽东的到来高度重视，主要领导同志几乎天天要来到毛泽东下榻的地方汇报工作、听取指示。那时武汉市委书记是王任重同志，当时的王任重同志很年轻，也显得十分精干，毛泽东似乎对这位年轻的市委书记很赏识，多次找王谈话，并且发表了他老人家的重要意见。他说：“我们成立的新中国，是社会主义的新中国。因此，我是赞成进步，反对保守和落后的。我不想看到这个世界上有个落后的中国。”

在招待当地党政领导和少数部门负责同志的午饭后，毛泽东拉着当时兼任武汉公私合营民生轮船公司总经理的刘惠农的手，说：“刘惠农同志啊，武汉三大块，我只到过武昌、汉口两个地方，就是没去过汉阳，我想去看一下，怎么样呀？”

“主席，这事……”当时，刘惠农显得很为难，因为在这之前，罗瑞卿部长等人出于对毛泽东的安全考虑，已经向当地的同志打过招呼，希望大家配合劝阻毛泽东不要上汉阳去——一则那时还没有建大桥，二则也没有渡江的轮船，三则汉阳那边社会治安秩序还不稳定。

“怎么，有困难？”毛泽东又问。

刘惠农不能不表态了：“主席最好不去。”

“为什么？”

刘惠农便搬出了上面三个理由，哪知，毛泽东想做的事，别人是很难挡驾的。他反问刘说：“你刘惠农去过汉阳没有？还有你，王任重——市委第一书记去过汉阳没有？”

王任重和刘惠农回答：“当然去过。”

毛泽东双手叉着腰笑了，又问：“那你们是怎么去的呢？”

“坐划子。”

“好啊。你们坐划子去，我也坐划子去。”

看来此行必成了。我看罗瑞卿部长也只好在一旁搓搓后脑勺。

第二天约十时左右，长航局派了一条船，我见刘惠农来了，便叫出毛泽东，于是一行几人便一起上了船。

按照毛泽东的意思，船一直开到叫做“舵落口”的地方才回航。船在江水中乘风破浪，毛泽东站在甲板上，兴致勃勃地巡视着汉江两岸，边看边问，船到汉阳高公街，便靠了岸。“清代的汉阳兵工厂是在这一带吧？”路上毛泽东问。

刘惠农用手指着巍峨屹立的龟山山麓一带，说就在那里。不过，抗日战争初期，国民党就把工厂设备迁到了四川，原有的厂房被日寇炸得所剩无几。1950年下半年，武汉市人民政府在那里建了个棉纺织厂。

毛泽东若有所思地点点头，说道："当年张之洞都知道要建立自己国家的军事工业，不过，他是为了巩固他们的反动封建王朝。如今，我们也要建厂，那是为了人民的幸福、国家的富强。"

返回的途中，毛泽东站在甲板上，关切地问王任重和刘惠农："老百姓如今想到汉阳是不是都得坐划子？"当得到肯定回答后，毛泽东说："武昌与汉口之间的长江大桥中央政府和湖北省已着手启动了，汉水上也应该有座大桥，这就可以把武汉三镇连成一片，那对群众就方便了，武汉市的建设会有个飞跃。"

王任重听后欣喜地保证一定要按毛泽东的指示，加快武汉三镇的水上交通建设。

仅两三天时间，我就从毛泽东与湖北省和武汉市领导的谈话中，渐渐领会到了毛泽东对中南重镇武汉市的战略建设是何等关切。他像指挥三大战役似的，给诞生不久的当地人民政府的工作给予了决策性的指示。我不由心里暗暗敬佩毛泽东的伟大：他不仅是战场上的一个伟大战略家，而且也是建设事业的一个伟大设计师。

作为一名毛泽东的警卫员，我没有想到在后来的日子里发生了一件让我着实出了一身冷汗的事情。

那是 2 月 18 日这一天，正好是正月初五。前两天毛泽东睡眠一直很好，每天能在清晨三四点便可躺下睡上几个小时。因为要在白天听汇报，参观工厂、城市，所以他也学会了占用白天的时间工作。18 日这一天，毛泽东起床后，便对我说："银桥，今天是初五了吧？嗯，俗话说：初三初四吃足喝饱，初五初六，灯笼庙会。现在正是外面热闹的日子，我们也出去走走。"

"哎呀不行呀，罗部长他们不会同意的。"我一着急，脱口而出。罗瑞卿部长已吩咐过，为了防止意外，中央是不允许毛泽东随便到民间走动的。

"不让他罗长子知道，我们自己去么！"毛泽东朝我挤挤眼，像个淘气的小孩子。说实话，当时我真想答应他，因为我了解高高在上的毛泽东太想像一个普普通通的人那样上街逛马路，去小摊上吃一碗豆腐脑，跟老爷子开心地聊上那么一会儿。

可我绝对不能那么做。

于是，我还是报告了罗瑞卿部长——对这，我必须服从罗瑞卿，而不是毛泽东本人。

拦是拦不住的。罗部长他们提出：可以出去走走，但必须戴上口罩。

于是，罗瑞卿、杨尚昆、李先念、王任重、刘惠农、杨奇清等领导同志加上我和几名卫士，陪着戴口罩的毛泽东，拾级登上了龟山、蛇山。

新中国成立后的第四个春节，游公园的人非常多。我们这一群一二十个人，无论怎样把毛泽东拥簇在中间，毕竟异常显眼。在登上黄鹤楼后，正当毛泽东扶栏回顾，兴致无限地俯视江城美景时，从我腋下溜过几位小学生。俗话说"人小眼尖"，这几个小学生在离身材魁梧的毛泽东几米远处，用好奇和疑惑的目光看着这位戴口罩的大个子。恰巧，毛泽东的目光移到了小学生处。

"毛主席？！"有个小朋友惊奇地叫了一声。

这一叫不要紧，偏偏毛泽东又朝小朋友们点点头。这下可热闹了，几个小学生像沸油锅里溅进的几滴水，一下咋呼起来："毛主席！""毛主席来了！"

"毛主席来啦——！"

霎时，这喜讯犹如长了翅膀，传遍黄鹤楼四周，传遍江城三镇的大街小巷，成千上万的学生和市民，像潮水一样源源不断地向黄鹤楼涌来。

"毛主席万岁！""毛主席万岁！"口号声、欢呼声使整个江城两岸沸腾了。我站在黄鹤楼往下走的石级上，抬头举目，脸马上变了颜色：这一次的人可比昆明湖的人不知多多少倍！再说，这里又不比北京，是在毛泽东外巡期间，作为一个曾经是国民党政权盘踞过的江城，其敌情、社情、地形交通我们都极为陌生，一旦发生意外可是干瞪眼啊！

我不由把目光投向“大警卫员”——公安部长罗瑞卿，真是不看不要紧，一看吓一跳——久经沙场的罗瑞卿部长此时的脸色紧张得丝毫不亚于我。

“快，快把主席围住！”他朝我大声吼道。

于是，我们几名卫士和当地的警卫人员迅速挽臂将毛泽东围住。

可是，我们几个人哪顶得住像泰山压顶般拥来的人潮呀！

“来来，我们再围一圈！”一看不对劲，杨尚昆、李先念、罗瑞卿、王任重、杨奇清等几位领导也顾不得自己的形象了，学着我们的样子，手拉着手，背靠着人群，双脚死劲地蹬着地，在我们的圈子外面又拉了一圈。他们喊着，叫着，用自己的职务劝说、命令群众不要拥、不要挤，可群众像根本听不到似的，或者说根本没把他们放在眼里。他们要看毛泽东，想跟大救星握握手，说句话。

“这样不行，得想法跟市里联系，派部队，派公安局的同志来帮助呀！”

“可怎么出得去呀？”

我听罗瑞卿、李先念、王任重急促地商讨着。是啊，谁能出得去呢？李先念、王任重都是当地省、市的领导，此时想从省里、市里调人也没法子。那时要像现在有个对讲机什么的就好了。可真要是部队和公安人员来了，面对这种场面又能怎样呢？

别无办法，只能顺其自然吧！

虽然当时只能如此，但我们想的依然是尽快让毛泽东安全脱离这前不着村、后不着店的黄鹤楼，因为这里目标太大，四周开阔地又宽，不出一小时，会有十几万、上百万人拥来，那时情况就会更复杂了。围观的群众想的是看一眼毛泽东，而不太会注意毛泽东的安全问题。前面能看得到毛泽东的人希望能跟自己的大救星多待些时间，而后面没能目睹领袖风采的人更着急，会拼命朝里拥，谁能保证不出事?

“卫士长，不行……不行啦！”卫士赵鹤桐气喘吁吁地对我说。

我想问他怎么啦，可嗓子干得说不出话。我只好晃晃拳头，示意他坚持。

“水……铁壳水瓶都挤扁了！”小赵告诉我。

“就是人……挤扁了，也要……保卫好毛主席！”我拉着冒火的嗓门，终于朝他及其他卫士喊了一声。

不知挤出了多少汗，我只觉得再过一会儿自己的脑壳就要炸了！

怎么办呢?“罗部长，我们想法向江边动，这儿距江边最近。”我请示罗瑞卿，他连连点头。

于是，我们全体护卫毛泽东的人，一边喊着一边一步步地向江边挪动。

人实在是太多了，任凭我们使多大劲，也动弹不了几步路。眼看我们全要垮了，罗瑞卿、杨尚昆、李先念、王任重等领导急眼了，铁青着脸朝群众大声喊了起来 :“不要再挤了，不要再挤了！”“我们要为毛主席的安全考虑！”

“大家自觉地让出一条路来，让毛主席走好不好?”罗瑞卿这样喊着。

不知怎的，你挤我拥的群众突然像明白了什么似的，竟然自觉地从针插不进的人海之中闪出一条路来。

毛泽东就这样从从容容、丝毫没受什么挤压地离开了黄鹤楼，走到江边，上到船上！

我哭了，卫士和警卫战士都哭了。想不到群众是这样自觉地行动！我真想跪下双膝向他们磕几个头。

毛泽东一登上船，便摘去了脸上的口罩，回身向群众招手致意。

很长时间，岸头的群众如大海一般起伏，掌声、欢呼声直冲九天云霄。我看到许多人又喊又叫又跳，那种狂喜之态简直无法形容。

我们的船开了，岸头的人潮就随着我们的船一起流动，站在江中观看这壮丽的场面，没有不被感动的。

毛泽东终于安全到达了住处，可负责保卫的罗瑞卿部长、杨奇清同志坐不住了，深感不安地来向毛泽东作检查，说自己失职，没有把保卫工作做好。事后还郑重其事地向中央政治局作检查。

毛泽东呢？他对此毫不介意，在罗、杨检查时还仿佛沉醉在黄鹤楼的情景中，乐呵个不停，丝毫没有责怪他的“大警卫员”，只是幽默地说了一句话：“真是下不了的黄鹤楼呀！”

这颐和园和黄鹤楼的一惊一乍不要紧，毛泽东却从此再也没有自己的“自由”了。为了确保毛泽东的绝对安全，中央政治局专门开会研究，增加了对他安全保卫的几条新措施。

开会回来，毛泽东对我说：“罗长子又在我的脚上绑了一根绳子。这样不好么，让我跟群众隔开不好么。”看得出，他是不高兴这种做法的，可又无可奈何，因为黄鹤楼一事给他的印象也是很深的。

我听后倒是很高兴。能让毛泽东安全，是我这个卫士长最最重要的一件事。

可后来我发现自己高兴得太早了些。毛泽东是个很好动的人，而且他的思维异常活跃，除了他工作、开会之外，他随时随地想到的是到下面去，到群众中了解情况。虽然在他身边有好几个秘书、上百个警卫人员，中央每天有专人给他送来来自各地、各部门的文件、材料和一些群众来信，可用毛泽东的话说，这些都是“第二手材料”。他是个十分重视第一手材料的领袖，他教导别人“要知道梨子的味道，就应该亲口尝一尝”，自己首先是这样做的人。他是人民的领袖，他时时刻刻关心着人民大众的生活和疾苦；他是党主席、国家主席，基层的党员情况，工厂、农村的工作到底啥样，他都想知道。中央办公厅的同志知道他这个脾气，便不断地给他送来材料，可这些材料送得越多，毛泽东便越想亲自到下面去看一看、听一听，然而，他没有“自由”，他不能随便走，就是出中南海，也必须经中央批准。他渐渐开始不满，甚至有些气愤。

“他们是想让我当关在皇宫里的皇帝爷么，我不干，我不要他们把我的手脚捆住，不到下面亲自走一走、听一听，我怎么能知道下面到底是个啥样！”

“材料？光靠材料能了解情况、解决问题吗？”

“如今会送材料的人多着呢！他们给你送的材料，专报好的，坏的是不报的！”

毛泽东经常当着我们的面，发泄着心中的不满。

可在这一点上，中央并不怎么让步，而且理由十分充足：毛泽东主席的安全，不仅仅是他个人的事，是全党以及整个国家的大事。

作为卫士长，我非常理解中央的精神，但同时我又非常同情毛泽东。

跟他时间久了，对他想说想做的事基本上能摸个八九不离十。我了解毛泽东，他来自韶山冲的农民家庭，所以他时刻把群众的冷暖疾苦放在心头。在新民主主义革命时期，他的精力全部倾注在民族解放事业上，对打仗，对同蒋介石斗争，他是那样地运筹帷幄，那样地稳操胜券。可搞社会主义，搞工农业生产，我看得出这不仅对中国共产党是个全新课题，对毛泽东而言同样也是个全新的课题。毛泽东是人民领袖，因此，越是处于这样的地位，他越想了解自己制定的方针政策到底有多少是符合广大人民群众利益的，有多少是还没有考虑到或是偏离的，人民群众对他所制定的方针政策有多少是满意的，又有多少是不满意的，他统统想知道。

"我是人民选的主席，办好人民的事，我心里才踏实。"毛泽东不止一次对我这样申述他的心头话。

从黄鹤楼出现意外后，毛泽东想"动一动"就不是那么随心所欲了。下去是可以的，但必须先要报中央批准——当然一般都是能批准的，但这种情况就不那么自然和客观了。

先说对毛泽东的保护吧，每次出去，都必须先由公安部门通知沿途各单位进行严格的一丝不漏的检查，然后便是精心的布置，譬如估计毛泽东要同什么人谈话，或者聊几句，于是就百里挑一地事先"培养"好几个。如果时间允许，有关部门还要求"彩排"，以保证绝无差错。有关部门知道毛泽东随意性很大，于是就得事先安排好几种方案，以应付需要。

于是，毛泽东每一次到基层的巡视、考察、参观、座谈……便成为有关部门"导演"的一出出戏了。真真假假，假假真真，毛泽东下基层了解第一手情况的本意就在这样的精心安排下，很大程度上都变了样、走了调。

现在我想，人们议论毛泽东晚年所犯的错误，难道与这些情况和做法没有一点关系吗？

在警卫方面自然更是要求万无一失了。前面警车开道，后面重兵保驾，四周还有便衣警戒，卫士和警卫前呼后拥……那时还不像现在有那么多先进的警备器械、漂亮的防暴防弹轿车，所以只好多派出些人了。于是，毛泽东每到一处，要真正见的群众、干部倒没有几个人，而警卫、安全人员却是一卡车一卡车的。

这种情况，毛泽东不是察觉不到，而是没有办法。久而久之，他慢慢也习惯了，这毕竟比待在中南海要好多了。

小人物有小人物的可悲之处，大人物也有大人物的可悲之处。毛泽东的一生有许多不尽如人意的地方，在我看来，他不能像普通人那样活得自由自在，便是他的一大可悲之处。

虽说我是他的卫士长，在权力上无法与毛泽东相提并论，但平时，我有比他多得多的自由权利。我随毛泽东进中南海后，家与毛泽东的住处丰泽园仅前后院之隔。平时，毛泽东是不能出这丰泽园的后墙的，而我却不一样。走进红墙我是毛泽东的卫士长，站得有站相，坐得有坐相，可出了丰泽园，回到自己的家，我就是一个自由自在的人了，爱到大街上遛个弯，爱到小摊喝碗棒子粥，啥都可以，而这一切，毛泽东是无法与我相比的。他什么都不能，也什么都不会得到。

有一个星期一，我到毛泽东房间。他见到我后，便放下手中的文件，很随便地问我星期天都回家干些什么？我说带着小韩——我的爱人一起去看地坛庙会。

毛泽东一听两眼顿时露出十分羡慕的目光，说："那可一定是很热闹的呀，什么放风筝、卖糖葫芦、耍把戏的，要是我去，一定尝一碗大碗茶，北京的大碗茶很有名哩！我第一次喝它还是李大钊先生告诉我的：要到前门才能喝得到正经大碗茶。"

"唉——时间过得真快呀，一晃就是二三十年。"毛泽东半躺在椅子上，长叹一声，不无遗憾地说："要是还像当年那样，口袋里揣上几个铜板，一个人哼着小调，去店铺喝上一碗大碗茶该有多好么！"

听了毛泽东的感慨，我心头好一阵激动。我真想说："主席，我带您去前门喝大碗茶。"可我始终没有说出口，铁的纪律不允许我这样做。

我不能自已地为领袖连随随便便上街遛一趟，喝一碗大碗茶的自由都得不到而深深感到遗憾……我不知道怎样用言词来宽慰毛泽东。

"银桥，你还记得那次在黄河边我们一起到农村搞调查的事吗？"许久，毛泽东缓缓地问我。

"记得，主席。那次您带我转了十几个村子，走了十几天时间，收获很大。"这样的事，我怎么会不记得呢？那是在转战陕北的时候，也就是毛泽东第一次让我单独跟着他到农村调查，回来后让我写《旅行记》的那次。

"收获是很大呀，那时我出去可以随随便便地到老乡家，跟他们一起住窑洞，上炕头，在地里撒粪土……那时有多好哇。"

是啊，那时确实值得我永远地回忆。

那时胡宗南部队在毛泽东指挥的我军沉重打击下，已开始无力向我们发淫威了。部队到达黄河边的神泉堡后，借战事间隙，毛泽东跟周恩来、任弼时、彭德怀打过招呼后，便带着我及一个警卫班开始了一次农村社会调查。那是一次十分愉快和轻松的社会调查，毛泽东想到哪儿，就到哪儿，完全不像以后外出时那种前呼后拥的样子。在陕北解放区，有不少人是亲眼见过毛泽东的，而大多数人则是从画像上见过他。解放区的治安也十分好，群众觉悟也高，我们给毛泽东当警卫也就用不着那么紧张了。

毛泽东走东村、跑西寨，就像小时候在韶山冲的田埂上走一样，非常随便，他每到一处，就跟老乡一起推碾子、唠家常。

一次，毛泽东与老乡在一起，在一个粪堆旁，用手捏着粪肥。毛泽东问老乡："你们往常都给地里施些什么肥呀？"

一个老乡说："主要是上粪肥，有时，也上些草肥。"

毛泽东又问："够不够庄稼生长呢？"

老乡说不怎么够。于是，毛泽东便转身指指窑洞，说："我住过好几个窑洞，墙上的土皮都熏得黑油油的，这可是很好的肥料，为什么没人用呢？"

老乡们憨厚地笑了起来，七嘴八舌地议论着。有的说："窑洞的黑土是灶老爷的衣裳，撒在地里是使不得的。"有的说："祖辈人没有这么用过，所以，我们也没人用。"

毛泽东听后笑了，说："我们现在种地，就是要跟先人有点不一样，要不然就提高不了产量，今后要科学种地，科学种地就像我们跟胡宗南打仗一样，得讲究点道道哩！"

老乡们连连点头。

毛泽东接着又说："要说窑洞里的黑土动不得，我看这就不太对头了。天上的老天爷最讲究干净的，我想，这灶老爷也总不是觉得越脏越好吧？你给它刮去黑皮，时常穿上新衣裳，它不是会更高兴么！"

"哈哈哈……"毛泽东把深刻的道理渗进幽默的比喻中，老乡们听了无不赞同，田间一片欢声笑语。

几个与毛泽东年龄差不多的老乡，一边笑着一边还拍着毛泽东的肩膀，连声说道："有你的，真有你的！"当时我站在一旁，目睹这情景，心里感到好舒服。人民领袖与人民真如鱼水一般的交融！

当时，是陕北行政区实行土改后的第一个秋收，农民们都喜气洋洋，像过年一般。在毛泽东搞调查的这一路上，不时有中央和陕北临时人民政府的领导及当地干部向他汇报各方面的情况，每次毛泽东都要求他们详细地把农民生活和土改中出现的问题讲给他听，而更多的是毛泽东他自己直接与农民们一起劳动，在交谈中了解情况。

那几天，毛泽东跟农民一样高兴，他帮老乡们打谷子、刨山药，就像帮自己家的人干活一样。我怕他累了，便劝他休息。毛泽东摆摆手，说："跟着老乡们搞秋收，干得越多，我心里越高兴，高兴了就不累了么！"

打谷场角上有一群娃娃在掰玉米。娃娃们认得毛泽东，便叽叽喳喳地围着"毛爷爷"要他讲打仗的故事。

毛泽东挤挤眼，打趣地对娃娃们说："你们先回答我一个问题，如果回答出来，我就给你们讲打刘戡的故事。怎么样？"

于是，娃娃们"嗷嗷"地叫起来，瞅着毛泽东出问题。

"你们谁是地主呀？"突然，毛泽东两手叉腰，一本正经地放开粗嗓门，说道。

娃娃们你看看我，我看看你，认真地分辩说："地主都给我们斗倒了，谁也不是地主。"

毛泽东便又压低粗嗓子逗孩子道："不是地主，怎么会有这么多粮食呢？"

娃娃们一听是这个问题，便勇敢地抢着说道："土改了，我们有了地，这是好几家的粮食呢！"

毛泽东笑了，装作刚明白的样子："哈，原来是大家的！"

娃娃们立刻又叫又跳地拥向毛泽东，有的抱着他的腿，有的往他肩膀上爬："你逗我们呢！你逗我们呢！……"

毛泽东开怀大笑起来，边笑边举着双手："好好好，我投降，我投降。"

一天，我跟着他离开南河底村后，便来到了白云山一带。那个山上有座白云寺庙，很大。毛泽东突然问我："银桥，你到过寺庙吗？"

我说："小时候跟我妈去小庙烧过香，大庙没见过。"

毛泽东乐了，说："看来你又跟我一样了。我小时候也是跟母亲到小庙烧过香，还磕过头呢！不过，我比你强一点，我见过大庙哩！那是在长沙读书时，我与一个同学曾一次徒步五个县搞社会调查，我们身上一文不名，有一次到了沩山寺，讨得一顿斋。那寺庙好大哟，方丈是个很有学问的人……"

片刻，毛泽东转头问我："想不想去看庙？"

我犹豫了："这……不都是些迷信吗？"

"片面片面，那是文化，懂吗？寺庙是中国传统的名胜古迹，它是宗教文化的集中地，是一种了不起的文化。"

我摇摇头，心想：我只知道书本上的东西才是文化呢！

"明天我们上山，一定去看看庙。"毛泽东兴致很高。

第二天早晨，天气晴朗。毛泽东手持柳木棍，带着我，顺盘山的松林荫道向山上走去。当地的县长闻讯后也从县城赶了来，陪我们一起上山。

到了山顶，毛泽东俯瞰大地，脸上露出了惊喜的神色，那博大的胸膛深深地吸了一口新鲜空气，对我说："银桥，你看要是再有点云，今天我们可真成了腾云驾雾的神仙了！"

可不是，我高兴地笑了，问："主席，世上真有神仙吗？"

"有啊。"毛泽东一本正经地睁大两眼对我说，"能改变这个世界，能呼风唤雨的就是神仙。这个神仙就是我们的人民，我们的党，我们的军队哇！"

我和县长听他这么一说，都笑了。是啊，难道不是这样吗？我们的人民用双手能在地上种出粮，造出田；我们的党领导人民从黑暗中走出，建立起自己的光明社会；我们的军队能以一当十，在短短时间内，打得胡宗南部队落花流水，难道这不是神仙吗？可这一切，难道不都是您毛泽东领导的结果吗？啊，毛泽东，您才是神仙呢！

我真想把自己的心里话告诉毛泽东。我刚想说，却见茂密的柏树丛里钻出一个老和尚。

老和尚非常有礼貌，看见毛泽东是县长陪着的，料定是个大人物，于是便合掌施礼。

毛泽东很高兴地上前与他握手，说："老师父，我们来参观参观你的这个大寺庙。"

老和尚忙弯腰说："欢迎欢迎，首长请。"

毛泽东笑了："你们过去是称'施主'么，怎么改口了？可别破坏了佛门的规矩。"

老和尚一听，肃然起敬地重新打量了一下毛泽东，我见他的眼里闪着光芒。

进了寺庙，后入至方丈。屋子里显然是日久无人打扫过，桌椅上蒙了不少灰尘。老和尚又吹又掸的，毛泽东忙说："不要费事了，我们随便坐下来聊聊么。"

老和尚还是很客气地给毛泽东沏上一碗香茶，而后才坐下。

"你们现在生活怎么样？"毛泽东问。

老和尚敬畏地望了一眼县长后，含糊地答道："好，好着哩！"

毛泽东笑着一摆手，说："出家人是不打诳语的，你们是讲究超脱的，要讲实话。"

老和尚听后很是感动，于是也就不看县长，只管与毛泽东聊道："不瞒施主，以前这儿信佛的多，出家人也多，布施的人多，收入也多，我们生活得很好。后来成了解放区，信佛的人就少了，出家的人也少了，来布施的人更少，所以我们的生活便有时显得困难。"

“嗯，很好，这才是实话。”毛泽东频频点头，又问：“有什么困难你都说说。”

老和尚受了鼓励，于是便放开了胆子：“施主您是明白的，布施的人少，即便遇到庙会也收不了几个钱，我们吃穿就都有困难了。现在庙里的人已经走了不少。后来人民政府叫我们自力更生，种点地，搞些生产，开头不习惯，干干就手脚灵活了，倒也能劳动。”

“好，这可是一大进步。”毛泽东十分赞许道，“你说说，现在生活到底怎样呢？”

“出家人不打诳语。现在我们自己打的粮食够吃，其他什么穿衣、治病、修理寺院，一概都由政府包下来，再加上收些布施香火，生活倒也蛮好的了。”老和尚说。

毛泽东听到这里，脸上终于露出宽慰的微笑。“老师父，你看这样安排还妥当吗？”

老和尚连忙拱起双手，做鞠躬状：“托毛主席的福，安排很周到。如今我们出家人也得随着社会一起进步啊！”

“讲得好！讲得好！”毛泽东好不高兴，说：“社会变了，人也要变。过去和尚一不生产人口，二不生产粮食，现在要随社会变一变，不生产人口可以，不劳动可不行。我们共产党人是保护宗教信仰的，将来全国解放后也要这样做。不过，和尚还有尼姑们，得参加一些能养活自己的劳动，参加劳动一可以解决吃饭问题，二可以增强体质。老师父，今天我来到你这儿真是‘取经’了。”

老和尚高兴得连连点头：“不敢不敢。”

毛泽东接着又问了有关寺庙的情况，完后便在老和尚的领路下，参观了整个寺庙。

这座白云寺庙很大，有五十余座殿、堂、庭、阁。毛泽东对那些雕刻、塑像、石碑、牌匾之类尤感兴趣，一块一块地看，一字一字地读，并不时感叹地说："这些东西，都是我们中华民族的历史文化遗产，一定要保护好，不要把它毁坏了。"转头，他对县长说："县长同志，请县里再拨一些经费，这寺庙有些地方已失修多年了，得给它重新修一下了。"县长马上掏出小本本记上。

要告别了，老和尚依依不舍地送我们出了寺庙，临别时说："明天是九月九，这里有庙会，还有大戏，欢迎施主光临。"

"噢？明天就是庙会呀！"毛泽东很高兴地接受了邀请，"好，明天我们就来看大戏。"

下山时，我见毛泽东的脚步似乎轻松了许多。看得出，他的心头又去了一桩心事——这大概就是他平时难有闲暇顾及的而又十分注意的我党的宗教政策落实情况。白云寺庙这一趟，使他得到了满意的答案。

说实在的，当时我也很高兴，为毛泽东高兴，也为明天能同毛泽东再来看大戏而高兴。

第二天一早，大路上就已经是热热闹闹的了，老乡们三三两两地喧嚷着上山赶庙会去了。

毛泽东的兴致并不亚于老乡们，他拉着我的手就往山上走："快，咱们也去赶庙会，看大戏。"

不过，我倒是一时犹豫了："主席，我们别去了吧？"

"为什么？"毛泽东感到突然。

我说："人这么多，乱糟糟的，怕不安全。"

"哎哟，有什么怕的么。"毛泽东满不在乎地说，"要知道，赶庙会就是赶热闹，人少了还有什么意思？再说，赶庙会的人都是去求菩萨保佑、平安无事，谁还敢生是非呀？"

经他这么一说，我也就没坚持了。

一路上，毛泽东又滔滔不绝地给我讲开了："看庙看文化，看戏看民情。不懂文化不解民情，革命是搞不好的。老百姓赶庙会是去行善做买卖，我们去可以学到很多知识，了解这一带民情和风俗，这对我们接近群众好处大着呢！”

他总是有一套目的的。在以后我跟他在一起的那些日子里，我渐渐了解到毛泽东为了同群众接触，了解到下面的真实情况，只要有可能，他是什么事、什么形式都愿意去做的。

九月初九是重阳节，又是庙会正日，山上的人多极了。庙里庙外香烟缭绕，木鱼声、念经声，加上庙场上的戏台锣鼓声，可谓好不热闹。

毛泽东没有进殿，只身来到了戏场。那天开场戏是山西梆子。看戏的人很多，开始人们并不知道毛泽东也来了，于是毛泽东就挤在群众后面伸长了脖子朝台上看。他平时对京剧感兴趣，现在有山西梆子，也能对付。

看了一会儿，突然有人发现了毛泽东，于是，戏场里就骚动起来。“毛主席来了！”“毛主席来了！”老乡们兴奋得连戏都不看了，转身都向毛泽东拥来，还有人给他搬来凳子请他坐。毛泽东连连摆手：“不要不要，大家都站着看，我一个人坐着，不是太孤立了吗？”说着便朝人群里挤。

这当儿，台上的戏也演不成了，演员们也挤出后幕来看毛泽东。台上台下，热烈流淌着群众对自己领袖的一种崇敬的心潮。

毛泽东有点待不住了，悄声招呼群众：“老乡们，看戏吧，今天我们是来看戏的，可不是来看我的。”然后又招呼台上的演员：“你们赶快演吧，我和老乡们是来看你们演戏的呀！”这才又重新演戏了。

那十几天时间里，毛泽东是那样的轻松愉快、自由自在，而且吃得好、睡得好，要不是后来周恩来派人送信来，说中央机关要搬地方，我想毛泽东还会带着我多走几个村寨呢！

毛泽东是那么渴望能到他的群众中去。什么叫鱼水关系？我觉得毛泽东与人民群众之间的关系，才是最好最好的体现。他渴望到群众中去，像鱼儿渴望到水中去一样，离开了群众，他就会心慌、烦躁、坐立不安；一旦到了群众中去，下了基层，他就是那样的兴奋、快活、谈笑风生。

那时，中国还没有全部解放，可如今，全国都解放了，整个天下都是他和人民的了，他竟不能想到哪儿就到哪儿，这怎能不使毛泽东焦躁、发怒？可面对高高的红墙，他又能怎样呢？

他不能轻易地迈出这座红墙，别说是高高的红墙，就是要从我这个卫士长身边走出，也不是件容易的事。

我时常为毛泽东难过，而更多的是同情他。

于是，我也总想在尽可能的情况下，利用我的权力，给予毛泽东一点“自由”，但这机会毕竟太少，而且我实在不敢斗胆做出这种也许会酿成比天还要大的严重后果的事。然而，我依然想，这种机会总是有可能的。因为我太了解毛泽东了，一旦他离开了人民群众，时间稍稍一久听不到来自底层的声音，他就会发闷发慌，坐立不安。他是人民的领袖啊！

可是，现实却是无情的。解放初期，逃到台湾的蒋介石等国民党分子依然不甘心失败，明知“反攻大陆”无望，便在情报部门的帮助下，一次又一次地计划陷害毛泽东。像派飞机轰炸上海、袭击南宁的事，都是毛泽东正在那里考察之时，显然敌人是知道毛泽东的大概行踪的。因此，中央对毛泽东的安全措施越加严密，发展到后来，连飞机也不许毛泽东乘坐了。因为中央认为，飞机一旦失事更无半点余地可言，所以作出了如此的决定。

后来毛泽东便有了专列，他的专列有单独的停车场，车上的工作人员是经严格政审和考查过的，而且一般不允许经常换人，以保持相对稳定，这也是从安全保密方面考虑的。

国家领导人的专列分“大列”和“单包”。“大列”有十几个车厢，表面上看去，像一列普通客运火车似的。“大列”分高级专列和一般专列，高级专列的服务对象主要是国宾和当时中央的五大书记，一般专列的服务对象主要是友好国家来访的各种团体及集体活动的国内领导同志，比如某个友好国家来个经济、文化大型团体或国内的人大代表、政协代表到某地参观什么的，就都要乘坐一般专列。

“单包”又是一种。它一般只是一节车厢，挂在其他普通列车后面。当时我们国家的副总理及中央各部部长一级领导都是坐单包，至于中央副部长及各省、市政府副职干部，便只能享受普通软卧的一个包厢。据说现在我们党和国家的领导人，除了几个主要的领导外，一般领导人享受的乘坐待遇可能更低一些，不过，现在坐飞机的多了，大概用专列的相对少了。

毛泽东受到特殊限制，所以他到外边巡视，就是坐专列。毛泽东的专列自他逝世后一直没有动过，一直放在京郊的一处车库里。据说，后来因为要拍电影《大决战》的一个镜头，才把毛泽东的专列特意开了一次。

毛泽东的专列除了一节软包车厢是德国进口的外，其他的都是国产车厢。他老人家一般被安排在软包车厢。车厢的内部结构是这样的：一个客厅，厅内有沙发、桌椅，毛泽东在沿途与省、市领导谈话一般都在这个客厅里，有时在专列上开会也在客厅内。客厅旁边就是主房间，这是毛泽东的卧室兼办公室，内有浴池和厕所。主房间里有一个小房间，是我这个卫士长住的地方，因为毛泽东一旦有事，我好随时处理。旁边还有两个小房间，是上下铺，分别由卫士和其他工作人员住。还有个公共厕所，是我们一帮随行人员共用的，毛泽东有时也用。1956年以后，软包车厢改成了国产的，里面要比原来的大。专列的客厅和主房间一般是不允许进的，只有我们卫士和毛泽东身边带的秘书、医生才可随便出入。

毛泽东睡的包厢里，本来是张弹簧软垫床，可他命令撤掉。他说："我只要睡硬板床。"这是他在长期革命战争的艰苦环境中养成的习惯，改不了。他的枕头也是硬邦邦的，就像列宁到卫士瓦西里家睡觉一样，用几本书往头下一垫就睡了。天热时，毛泽东随手抓张报纸往头下面一塞便闭眼了。

生活中的毛泽东是随便的，但不乏严谨。虽然他睡觉时有赤身的习惯，但在别人面前，从来是长衣长裤长袜。无论天多热，也不曾穿短袖衫，更不会袒胸露怀。特别是有女同志在场时，他连偶尔挽的衣袖也会下意识地放下来。

没有了随随便便的"自由"，于是毛泽东便利用各种可能的条件，与一般群众接触。在专列上，本来他吃的饭都是我们替他从餐车提来的，可他坚持要到餐车去吃。而在中南海时，毛泽东从来没有说过到食堂吃一类的话，也没有像模像样地坐到餐桌上吃饭的那种讲究。我心里知道，他是想借吃饭机会，争取点"自由"，以便能同专列上的司机、乘务员聊聊天。因为专列相对安全，所以他的这点"自由"获得准许。对此，毛泽东很高兴。于是，毛泽东在专列上又开始了他的"交朋友"和了解民情的工作。

在专列上工作过的普通司机、乘务员，后来都成了毛泽东的"老熟人"，他跟这些普普通通的同志混得可熟呢！大伙儿都愿意把心里话掏给他听，而毛泽东从他们那里不仅了解到了这些人的情况，而且了解到了他们以外的世界。

许多人开始时都把毛泽东看得极为神秘，几次接触后便觉得他同普通人一样，和蔼可亲，并且十分幽默有趣。

有个专列上的女医务人员，叫小姚，当时年龄比我还小，与我们卫士班的几名同志差不多年龄，跟毛泽东和我们卫士们很熟。她在毛泽东面前也非常随便。

有一次专列路过天津之前，毛泽东见到小姚，便问："天津有什么特产？你是天津人，应该知道。"

小姚说："有大麻花。"

毛泽东便说："天津的狗不理包子更有名。狗不理……怎么叫狗不理呢？"

小姚说得很有趣："听人说，发明这种包子的老板是个很精的人，因为他看到当时做包子的店铺很多，到他店铺里买的人却不多，于是他就给自己的包子起了个名叫'狗不理'，谁要是不买他的包子，不就自己承认是狗么！"

毛泽东听完哈哈大笑起来，高着嗓门对我们一群卫士说："我们可不要挨骂。喂喂，今天小姚请客，请我们吃狗不理包子，好不好？！"

卫士们一听可就全哄起来了："好好，小姚请客，小姚请客喽！"

小姚被逗得脸通红。毛泽东打趣地问："哎，愿不愿意请啊？我的卫士可都是些饿狼呀！"

小姚笑了："请就请。"

"我们的人可不少啊。"毛泽东用手一划，意思是全体人哪！接着，他笑着说："谁让你是天津人呢。哎，你的工资是多少啊？"

小姚说："工资不多，可请一次客还是够的。"说完，小姚红着脸，开始掏起腰包来了。

毛泽东一见便拦住了。"钱么，还是我来掏，这叫吃大户。"毛泽东说完，转头吩咐负责生活的张管理员："这件事情你办一下。"

来到天津，果然有人送来一笼狗不理包子。毛泽东问张管理员："交钱了没有？"

张管理员说交了，并把发票给毛泽东过目。

毛泽东这才招呼大家："好，大家统统到餐车，今天是小姚请客吃狗不理包子。"接着顿了顿，又诙谐地点点头："我掏钱！"

我手下的那些"饿狼"和专列上的部分同志哄然大笑，接着便在餐车展开了一次"不吃就会挨骂的'战斗'"。

掏钱的"大户"毛泽东看着我们嘻嘻哈哈、吵吵嚷嚷地抢着吃包子，心头和脸上一样高兴得乐开了花。

专列按照毛泽东的意图，奔驰在祖国的大江南北。我经常碰到一些同志议论起毛泽东的外出巡视行踪，总觉得很神秘，也很神速，今天说在南京，明天也许就到了杭州，这时有人会猜他后天可能要到上海，可毛泽东偏偏又回到了北京。

毛泽东的行踪是绝密的，专列更如一座密不见缝的秘密城堡。毛泽东外巡时，有时到目的地后白天在当地同有关人士谈话，而一到晚上就回到专列上。为了他的安全，他的许多活动安排被限制在专列上，毛泽东在专列上面找人谈话、开会、写文章、批文件，几天几夜吃睡在专列上。有人称毛泽东的专列是"走动的中南海"，确实是这样。20世纪五六十年代，毛泽东的许多重大决策就是在专列上作出的。在准备与自称是他的"亲密战友"的林彪动手时，毛泽东不是也在专列上向有关省市党政军领导"吹风"的吗?

尽管专列可以开到毛泽东想去的任何地方，但它却无法满足毛泽东想在毫无外界干涉的情况下，亲自到群众中了解民情的愿望。

毛泽东不止一次地为此烦躁、愤怒。一次专列行驶在山东境内，我走进他的卧室给他换茶和整理床铺，只见毛泽东久久地站在车窗口，望着一闪而过的田野、村寨和山川出神。突然，他转身对我说："银桥，通知专列停车！"

我感到很突兀，因为他事先说这一天是要返往北京的，于是，便问他："主席，有重要事？"

"我想下去到老乡家里吃一碗红烧肉。"

"什么，吃红烧肉？"我以为自己听错了，吃碗红烧肉干吗一定要停车？一定要到老乡家里？我便不明就里地轻声问道："主席，红烧肉专列上也有，您……"

毛泽东转过身，显得有些不耐烦地朝我一挥手："这个我知道。去吧，通知停车。"

无奈，这是毛泽东的命令，我赶忙通知其他随行领导和列车长，同时又赶忙用专线电话通知所在地方，告诉他们毛泽东主席要到他们那儿去，要吃碗红烧肉。

"什么，要吃红烧肉？"对方觉得毛泽东应该是到他那儿作指示、巡视的，怎么只说吃红烧肉，于是很惊异地反问。

"对，就照这个意思办！"我干脆答道。

于是，当毛泽东下到专列停靠地附近的一个村庄时，一位早已把院子里外打扫得干干净净，炕头铺上也换了样的农舍主人，在省、县、村干部的带领下，出来请毛泽东到他家做客，然后又忙端出香喷喷的两碗红烧肉请毛泽东吃。

毛泽东对主人的款待很自然很客气地说了两声谢谢，但他没有马上端起那桌上的红烧肉，而是把老乡拉到身边，亲切地问："你家也能吃得上红烧肉？"

还用问？老乡把早已准备好的话端了出来："能吃到，一个月全家能吃上几回红烧肉。"

一切都是那样的自然，毫无半点破绽。虽然毛泽东起初的目光里带有几分怀疑，但尽管他明察秋毫，却始终找不到能让他怀疑的证据。

红烧肉吃到了，但却不见毛泽东以往那吃完红烧肉后的兴奋情绪。

回到专列上，他什么话也不说，只是一根一根地抽着烟。

我知道此刻他的胸膛里心潮起伏，汹涌澎湃。毛泽东分明硬是在克制自己的情绪。

我深深地了解他。他是一个对事物极为敏感的人，对老乡家的红烧肉，对老乡回答他的话，他心中与我们一样清楚到底是怎么一回事，只是他不愿当着群众的面让当地的干部下不了台。再者，他明白群众对党，对他毛泽东所怀有的无限深情，正是这种深情使人民群众在自己的领袖面前不愿把自己本有的困苦和不满情绪流露出来。然而他们哪里知道毛泽东的心思呢？他是多么想了解真实的民情、真实的社会、真实的中国啊！当年，他用几万人的兵力打败国民党的几十万军队，用小米加步枪打败了美式装备的蒋家王朝，靠的是什么决策？那就是知己知彼，从骨子里了解敌人的一切情况。现在要建设新中国，迅速让全国人民吃饱饭、穿暖衣服，中国又是人多底子薄的大国家，他多么希望运用自己的智慧和思想，来尽快地帮助他那亿万万中国人民从贫困中走出，过上幸福美满的生活。他要决策，决策的时间刻不容缓，可他不了解，或者说是半了解半不了解民情，而这样又怎么能作好正确的决策呢？

毛泽东焦虑、着急，并且终于发怒了。

“银桥，告诉他们，我要出去走走！”这一年在北戴河的一天，毛泽东起床后，便把我叫去这样说道。

坏了，他又想到他的农民朋友了！我当时心中马上暗暗着起急来了。他的“出去走走”的含意我们全清楚。再说，这段时间里他说过几次要“出去走走”，可均被各种理由给拦了回来，我明显看出他老人家心里有火，只是没有发作而已。

现在，他又提出要“出去走走”，这分明是挑战性的。我不敢吭声，因为不知道说“是”还是“不”。于是只好退出屋，立即向罗瑞卿、汪东兴等领导汇报。

看得出，这又是让罗瑞卿伤脑筋的事。放吧，出了事他担当不起；不放吧，惹火了毛泽东，后果也是不堪设想的。最后经研究，还是同意毛泽东的意见，再给他一次机会——这也是怕他老人家气坏了身子。

“出去可以，但必须戴上墨镜，戴上口罩。”在这时，罗瑞卿的权力至高无上，毛泽东得听他的。

“好么，你罗部长让怎么做我怎么做就是喽！”“获释”的毛泽东此刻自然很顺气。于是，我便给他乔装打扮了一番：戴上墨镜，戴上口罩，头上还装模作样地套上一顶帽子。

“这不就像电影里的那个特务了吗？”毛泽东对着镜子，打趣道，“不过，我这个‘特务’样子七八岁的娃娃也会举起红缨枪朝我喊‘缴枪不杀’的呀。”

“哈哈哈……”我们全都笑了。确实，现在想起来，当时我们给毛泽东的那种乔装打扮实在有点“此地无银三百两”的味道。

身材魁梧、乔装打扮后的毛泽东，在我们这些卫士、医生、秘书、公安部长……一大群人的簇拥下，走到田间，来到社员跟前想聊聊天，这实在是有点天方夜谭。社员们本来专心致志地正在农作，见了这么一位前后簇拥一大群人的“不速之客”，一个个眼睛瞪得老大，好奇、滑稽，使得他们全部放下了手中的活，眼睁睁地打量着眼前的这群神秘人物，特别是把脸和头蒙得严严实实的毛泽东。

“老乡们好啊。”毛泽东说话了，并且向社员伸出了手，可是社员们胆怯地一个个往后缩，而且把手藏到了身后。

毛泽东火了，愤怒地用双手将口罩、墨镜、帽子稀里哗啦地摘下扔到了一边。“我说不要么，不要么！”

“啊！是毛主席！”

“毛主席！毛主席万岁——！”

这一下可不得了了，社员们像条件反射一样地蹦了起来。那宽广的田野里到处是正在农作的农民兄弟，一听毛泽东主席就在他们的田头，纷纷丢下手中的锄头和耕牛，立刻蜂拥而来，不一会儿就聚集了几百人。

为了安全，我们卫士和警卫人员便不容分说，架起毛泽东，迅速走出了“包围圈”。

“你们让我留下，让我留下么！”毛泽东气呼呼地嚷着，可没有人听他的，我们的任务是让他越快离开现场越好。

又一次什么目的都没有达到，反倒招来了一肚子的气。就这样，毛泽东一次一次地想突破“封锁线”，可最后总是一次又一次以失败而告终，日久天长，毛泽东变得无可奈何。

“银桥，你是最了解我的，老不让我接触群众，是不行的么！”有时，他只能在我面前发几句牢骚，希望得到我这个卫士长的一点同情。每逢这时，我便站在一旁一声不吭地听他诉说，也不去打断他的话。我只有一个想法：让他出出心头气，这样也许会好受些。虽然我内心极为理解和同情他，可我行动上必须站在中央的纪律一边，因为我是卫士长，我的第一位最最重要的任务是保护好毛泽东。

“主席，请坐下，我给您梳梳头。”这是我唯一能做的事情。梳头能平静一个人的情绪。

多么可怜的毛泽东啊，我梳着梳着，不止一次地滴下了眼泪。

“银桥，你怎么啦？”

"主席，我要是能替您分担点儿事该有多好啊！"一次，我说着竟"哇"地哭出了声。

毛泽东一把将我搂到他的怀抱，不停地拍着我的后背，两眼溢满泪花，什么话都没说……

说实话，毛泽东革命一生，有过许多并肩战斗的老战友，也有江青这样的妻子，但真正了解毛泽东内心世界的人极少。平常，毛泽东与他那些并肩战斗的领导同志是从不谈他个人的内心痛苦与忧郁的。本来江青是可以作为妻子去分担一份丈夫有时不便对外人掏出来的忧郁和痛苦的，可江青从来没有，反倒经常给毛泽东找来麻烦，所以，毛泽东也基本不在江青面前亮出他的内心世界。我是他的卫士长，又朝夕相处在一起，加上他老人家总把我们当成自己的孩子一般，所以平时有什么心里话爱跟我唠叨。虽然作为一个普通人，我无法替一个伟人去解脱什么，但却愿静静地聆听他老人家发泄心中的各种情绪。

在我跟随他的十几年间，这种情况很多。毛泽东跟我谈他心情的时候，很随便，什么时候都有，或在我为他按摩时，或在他散步时，也有他老人家专门把我叫来"聊一聊"的时候。久而久之，我们一老一少达成了很深的默契。

"银桥，我和我家里的事瞒天瞒地瞒不了你……我活着的时候你不要写我，我死了以后可以写，要如实写。"我在《走向神坛的毛泽东》和《走下神坛的毛泽东》两本书中，曾经记述过这样的话。这是毛泽东的原话，一点不假。我的理解是，在毛泽东自己看来，有许多别人或外界并不了解的事情，我李银桥了解，因此，他希望我向他的人民，向这个世界真实地、全面地介绍毛泽东到底是个什么样的人，而不是像许多人那样，或把他当作神一样去宣传，或把他当作"魔鬼"一般去咒骂。

毛泽东在活着的时候，有些事他自己也是难以辩解的，包括他在农业合作社、“反右”“大跃进”“文化大革命”中所犯的错误。他是党和国家主席，对一些重大决策问题无疑有不可推卸的领导责任，但许多事除了领导责任外，还有许多其他因素，恰恰是造成我们党、国家、人民遭灾的根由，而对这些，胸怀博大的毛泽东又能说什么呢？不了解事实真相和内情的人又总是把这种错误或悲剧都归咎于我们的最高领袖。我非常赞同邓小平同志在评论毛泽东犯的错误时曾说过的话：毛泽东的一些错误，也有包括我们在内的其他领导人的责任，因为有些政策、决议，政治局是集体举手通过的，出了问题，能说只是毛泽东一个人的责任吗？事实就是这样，作为历史的见证人之一，我可以列出几件这样的事件，此处暂且不论。

随着时间的推移，毛泽东在全中国人民心目中的地位越来越高，于是中央对他老人家规定的行动纪律也便越来越秘密和严格。这是毛泽东一生许多痛苦事中令人烦恼的一件。

为了尽可能地帮助他减少一点痛苦，作为卫士长的我，总是希望在不违反中央纪律的前提下，能创造一点“自由”给毛泽东。

只要心思到，机会总会有。

1956年，苏加诺总统来华访问，结束回国时，毛泽东亲自到机场送行。但飞机起飞后，毛泽东忽然对我说：“银桥，咱们找个饭馆吃饭吧！”俗话说：“将在外，君命有所不受。”当然我不能这样做，在请示有关部门并征得同意后，我便向毛泽东提议：“咱们吃羊肉泡馍吧，我在那个饭馆吃过，很有味道。”

毛泽东听后即说：“行，听你的！”

因为是早晨，饭馆还没有到营业时间，所以从安全角度考虑也比较保险，我便这样“胆大妄为”了。即便这样，我还是吩咐把毛泽东坐的车和其他车辆停得相对远些，怕引人注目。饭馆门口设了两个便衣哨兵，进饭馆的就毛泽东和我们身边的四五个同志。

“怎么这么早呀，同志？”老板客气地与我打招呼。

我说，好久没来了，馋得慌，所以同几位“朋友”一早就来了。老板一听，很高兴地给我们张罗起来。

座位上的毛泽东不易被人注意，再说店主又忙着手中的活，饭馆内又没有其他顾客，所以我心中踏实了许多。我转身瞥了毛泽东一眼，见他脸上很快活地左右环顾着小饭馆的一切。

热气腾腾的羊肉泡馍端上来了，毛泽东并不怎么爱吃羊肉，没几口便放下了筷子，剩下的时间便又开始打量这家平民开的小饭馆。我知道他吃饭是假，出来看一看是真，所以心里也会很高兴的。

前前后后也就个把小时，可这一天毛泽东一整天都很愉快。“银桥，以前我最不爱吃羊肉之类的东西，嫌它有味。不过，今天的羊肉泡馍，还是很有味道。你说他们怎么做的？”

我笑笑，没有正面回答，却说：“下次有机会，我们再去。”

毛泽东高高兴兴地点点头，说：“对，下次再去。不过，得换个地方，看看什么的也行，不一定要吃饭。”

当时我想，毛泽东也就说说而已，他那么忙，是很少有时间的。

可我想错了。

一天，吃过晚饭，毛泽东突然对我说：“银桥，你忘了我们说好的事？”

我一愣，没能想起什么事来，便问：“主席，我们说好的什么事啊？”

毛泽东冲我诡秘地笑笑：“出去吃羊肉泡馍呀！”

坏了，他又想要溜出红墙了！当时我心头“咯噔”一下，希望能阻拦他，于是便打起了退堂鼓：“主席，现在都关门了，恐怕吃不上了。”

“哎，不一定非得吃羊肉泡馍么，只要出去走走，找个老乡聊聊也就可以么。”看来他是一定要出去了。无奈，我只好向有关部门请示了。

也不知咋的，“上头”竟破天荒地同意毛泽东作一次“微服私访”。

过程非常简单：我陪他到北京市区的一个叫丁家花园的地方，到一个普通平民家看他们养的菊花。主人姓丁，是个上了年纪的老同志。因为毛泽东是乔装打扮的，再加上主人可能眼花，另一方面他也绝对不会想到中南海里的“伟大领袖”竟然会跑到他的花房来跟他聊起养花之道，所以他始终没认出毛泽东。

虽然这次“微服私访”的时间是短暂的，毛泽东却感到莫大的享受，回中南海的途中，我一直听他老人家哼着京戏。

没有比到人民群众中与普通人进行无拘无束的聊天、谈话更能使毛泽东开心和快乐的了。久居红墙内的他，多么渴望热热闹闹甚至是骂骂咧咧的平民生活。

在我的印象中，毛泽东从来没有把自己当作至高无上的“神”，恰恰他是一个充满生活味和感情味的人。他不情愿过那种三百六十五天都是“深宫”式的孤独生活，他向往炽热的生活，向往充满生机的环境。他的这种心情强烈无比，以致一次又一次地惹到了“麻烦”。“麻烦”越多，中央有关部门对他的纪律就越严格，最后终于使得他自己也慢慢失去了“走走”的信心了。

那是又一次“下不了黄鹤楼”的事件。事情发生在1958年8月13日这一天，当时，毛泽东上午参观南开大学和天津大学后，正逢午饭时，他坚持要到饭馆吃顿饭，而不是到由天津市委安排好的地方去吃饭。

谁都犟不过他，于是只好就近选了一家饭馆。那便是长春道的正阳春饭馆。本来，天津市公安局对饭馆作了布置，到处都是便衣哨兵，一般是不会有外人进得来的。偏偏吃饭时，毛泽东大概感到憋得慌，便凑近窗口朝街头瞅了一眼。事情就这么巧，偏偏这几秒钟的时间，恰巧被饭馆对面楼上的一位正在晒衣服的妇女发现了。

“毛主席？！啊，是毛主席！毛主席万岁！”那妇女先是惊喜，继而便放开嗓子高呼起来。这一呼不要紧，正阳春饭馆四周的人全都惊动了，听说毛泽东就在饭馆里，那兴奋劲就甭提了。

不一会儿，大街上，小巷里，男男女女，老老少少，边喊口号边朝饭馆拥来。虽然他们没有亲眼看到毛泽东，但那种对领袖的狂热崇拜和热爱之心，使得他们像潮水一般地从四面八方涌过来。刹那间，正阳春饭馆四周被挤得水泄不通，沸腾的人群高呼着口号，恨不得把饭馆都给掀翻了。

我和卫士们以及随从的有关同志知道今天又要遇到麻烦了，因为这是繁华的城市街头，撤都难撤。交通早已瘫痪，警察们也跟着群众一起往饭馆拥来，他们也想争着看一眼毛泽东。

“快点想办法，这样会出事的！”我着急地朝天津市有关领导说道。

毛泽东却在一旁乐呵呵地说：“不用担心，让我跟群众说一声就什么问题都没有了。”

“不行不行，您一露面，一说话，会把整个天津市的几百万人全引到这里来的！”我们几个断然不答应。毛泽东想了想，也就没有再说要出去了。

有人提议，请市委的领导出去跟群众作解释，劝导大家离开现场，好让毛泽东安全离开。可根本不顶用，群众是非要见一见毛泽东不可的，无论我们怎样地解释、劝导，甚至乞求，群众就是不走。

无奈，从中午一点左右一直到下午六点多，我们整整被围困了五个多小时。后来，天津警备区想了一个办法：派一个排的兵力，硬是把一辆“华沙”小轿车挤进人群，挤到正阳春饭馆门口。一群剽悍精壮的战士连同我们几个卫士好不容易将毛泽东连拉带扶地保护上了汽车。毛泽东身材魁梧，平时坐“华沙”是坐不进去的，那天竟然被战士们硬塞了进去。

上了车，却依然寸步难行。战士们就分成前面开道，后面推车的两股力量，费了九牛二虎之力，终于冲出了重重的“包围圈”。

事后，一位天津公安局的同志告诉我，他们在收拾现场时，光捡到的鞋帽、钢笔和手表就达七筐半！

那年在北戴河，毛泽东因为群众喊万岁，聊不成天而发脾气。今天面对天津市民的热烈欢呼，看到如痴如狂的紧紧追随他几里远的群众，他老人家的脸上露出了陶醉的笑容。

“又是一次黄鹤楼。”事后，他又只说了一句话。

从这时起，毛泽东只要再露出“随便走走”的意思时，有关部门就会立即搬出黄鹤楼和正阳春的例子，使毛泽东不得不打消原本的主意。他伟大的一生，却在“黄鹤楼”和“正阳春”面前不得不止步。久而久之，他老人家也慢慢习惯了深居简出的生活，也不像过去那样，因为长时间见不到群众而发脾气了。

然而，他的心却依然时刻想着他的人民，想着他的党和国家……

第九章 紧握手中枪

“作为毛泽东的卫士、卫士长，在你们跟随毛泽东的日子里，毛泽东有没有遇到过有生命危险的时刻？”

“怎么没有？有啊！”卫士长李银桥对我们提出的问题直率地回答道，“我们知道的就有过几次，其中最惊险的就是后来在‘文化大革命’中江青一伙人把它当作诬蔑聂荣臻元帅蓄意陷害毛主席罪行的‘城南庄事件’。”

“说起来话长。”李银桥开始给我们讲起了那次惊心动魄的事件。

这是在毛泽东、周恩来、任弼时等带领中央机关，撤离陕北，向西柏坡的中央工委会合的途中。

在中央工委所在地西柏坡的东北方向，有个叫城南庄的小村庄，这是以聂荣臻为司令员的晋察冀军区所在地。毛泽东等是4月中旬到这儿的。因为是军区所在地，毛泽东便在这里住下了，并且在这里开了一次重要的军事会议，当时参加会议的有毛泽东、朱德、周恩来、任弼时、陈毅、粟裕、李先念、张际春等同志。会议开了十天。会议结束后，毛泽东很兴奋，没有休息，便给在大别山革命根据地的刘伯承、邓小平拟了一份长长的电报稿，又起草了召开全国政治协商会议的通知。待等天蒙蒙亮了以后，毛泽东才对当时是卫士组长的李银桥说：“银桥，我休息吧！”

毛泽东住的是原来聂荣臻的房间，是他来后聂司令员让出来的。

清早，李银桥刚给毛泽东按摩完并让其合上了眼，然后便站在门外警卫。就在这时，庄子的北边山顶上，我军防空警报突然响了起来。

李银桥的心头“咯噔”一下，万分地紧张，连呼吸都快停止了。他太明白眼前一旦出现险情将会造成的后果。因为这里不比延安，延安是住窑洞，而且是石头做的，敌人就是火炮、飞机一块儿轰炸，也不怕，可这里不行，这里净是平房，且不怎么厚实。在延安时，敌机一进陕甘宁边区，电话马上就会打到延安，延安地区便会及时警报防空，而城南庄则做不到这一点，再加上这里距北平（今北京）和敌占区保定都很近，飞机用不了多长时间就飞到了，而部队只能等在山头上发现了敌机才能拉警报。这一切都是一眨眼的工夫，因此，住在城南庄里的人听到警报后稍有迟缓就会有极大的危险。

李银桥心里好着急，他想进屋叫醒毛泽东，让他赶紧起床进防空洞，可他感到为难：毛泽东刚刚躺下，这段时间老人家累了几天了，睡上一觉不容易。卫士不忍心叫醒他。

警卫排长阎长林踮着脚跑过来了，火急火燎地压着嗓子问李银桥：“怎么办？怎么办？叫不叫醒老头儿？”

两人正拿不定主意时，三架敌机已经飞到了他们的头顶。“我的妈呀！”两位负责毛泽东安全的一线负责人此刻被眼前突如其来的情况给弄得束手无策，站在原地呆若木鸡，不知干什么好。

老天保佑，原来这是些侦察机，在毛泽东的房顶上空转了两圈便“轰轰”地飞走了。

“不行，敌人的轰炸机马上会来，咱们得赶快采取措施。”富有战斗经验的李银桥着急地说。

“我马上去向聂司令员请示，看他怎么指示。”阎长林说完就走了。

这是刻不容缓的事。正在这时，江青从屋里走出来了，李银桥赶忙请示道：“江青同志，敌机马上会来轰炸的，是不是叫醒主席让他到防空洞去？”

江青感到为难：“他刚睡，我也不知道该不该叫醒他。”

这时，阎长林和聂荣臻的秘书范济生来了，李银桥和他俩商量后决定按照聂荣臻的指示办：先不惊扰毛泽东，派警卫人员守在门口，并备好担架，一旦再拉警报，便说明敌人的轰炸机来了，那就马上抬毛泽东往防空洞撤。

早饭时间到了，可卫士们和警卫排的同志谁都没去吃饭，一个个严阵以待地等着敌人的突然袭击。

吃饭的时间刚过，北山的防空警报又拉响了。警报就是命令，再不能有半点犹豫了。阎长林喊了一声：“快，照聂老总说的办！”

说时迟，那时快，李银桥带着卫士破门而入。

“主席，主席！有情况！”他冲到毛泽东的床头就喊。

“哪个？”毛泽东被惊醒了，蒙眬着两眼望着屋里的卫士们和警卫战士。

阎长林已经等不及了，上前就把毛泽东扶起来，嘴里大声报告道：“主席，敌机要来轰炸了。刚才已经来过了侦察机，现在防空警报又响了，肯定是来轰炸机了，请主席赶快到防空洞去。”

聂荣臻也进来了：“主席，快走吧！”

毛泽东似乎这才明白了眼前发生的事，可他并不像在场的人那样惊慌万分，而是若无其事地说：“来飞机好啊，无非是投下一点钢铁，正好打几把锄头开荒。银桥，给我拿烟来。”

“哎呀，主席，来不及了！”正在帮毛泽东穿衣服的李银桥忍不住跺着脚，大声叫道。

“慌什么，来，先给我点支烟。”毛泽东坚持道。

“快快快！不得了啦，飞机下来啦！”这时，江青出现在门口，只见她上气不接下气地喊了一声，便闪身朝防空洞奔去。

“还愣什么！扶主席走啊！”聂荣臻也着急了，大声命令卫士和警卫战士。

不管毛泽东是同意还是不同意，七八个精壮的小伙子架起毛泽东，连担架也不要就飞步出了屋。

“快呀！快呀！飞机要扔炸弹了！”聂荣臻大声催喊着。

就在李银桥他们搀扶着毛泽东出门没几步，他们的头顶一阵尖啸，一个个本能地将脖子一缩往后倒步。大家还未弄清是怎么回事，只觉脚下的黄土地猛地一颤。

“啊——！”正在防空洞口的江青望着毛泽东这边，发出一声绝望的尖叫。

李银桥等人定睛一看：天哪，就在他们的脚跟前，一束三颗捆成捆的炸弹插在了房前的地上。

“快跑！”李银桥大叫一声，和阎长林两人不管三七二十一，拉起毛泽东便朝防空洞冲去。

“放开，我不要跑！我不要跑么！”毛泽东大概从没有这样被人拉着跑过，而且还一个劲地嚷着要快跑。可是，卫士们根本不听他的，只管朝前冲。就在他们刚刚接近防空洞时，只听身后一声惊天动地的爆炸声，原来敌人第二次扔下的炸弹在院子里爆炸了！黑烟滚滚，弥漫了半个天空。

已经站在防空洞口的毛泽东对眼前的情景似乎觉得十分新奇，一个劲地伸长脖子往外看。

“主席，快到里边去，这儿危险。”被方才千钧一发的险情弄得紧张的心跳个不停的李银桥，拉拉毛泽东的衣边，劝道。

“不要紧么，他们是轰炸房子么，我们离开了房子就安全了，莫慌莫慌。”毛泽东说着，伸出手来：“给我点支烟吸，我还没吸烟呢！”

瞧，他还在为方才起床后没能吸上烟而遗憾呢！李银桥按住“怦怦”跳的心，苦笑了一下，给他点上一支烟。

敌机走后，大家都跑到毛泽东住的那个军区大院子，瞅着那三颗捆在一起的未爆炸的炸弹，一个个倒抽冷气：它就落在毛泽东门前，如果当时三颗炸弹炸响，刚出屋门的毛泽东和几个警卫战士的后果定是不堪设想。

“毛泽东真伟大，敌人的炸弹在他面前也不敢响！”

“老天爷保佑，毛主席命大福大啊！”

在场的官兵们心惊肉跳地议论着。

“我也去看看么！”见大家都围在炸弹旁观看，毛泽东坚持也要去看看。

“不行不行，危险还没有排除呢！”聂荣臻司令员和几个卫士都坚决不让他上前，因为哑弹也是十分危险的。战争中，当时没有炸开的哑弹待了若干时间后重新炸响的事常常发生。

看完三颗哑弹，大家又转到毛泽东的房子里，发现里面弹痕累累，桌椅上、床上到处都是尘土和瓦片，在场的人谁也没有说话，但心里都在庆幸：好在及时把毛泽东拉出屋，否则……

“一定是内部坏人向敌人告密了！”聂荣臻司令员神情严峻地对军区保卫部许部长说，“你们要抓紧破这个案，不得有误！”

当晚，毛泽东在卫士和警卫部队的保护下，按聂荣臻司令员等军区领导的安排转移到了附近一个比较安全的村寨。

“城南庄事件”确实系暗藏在我军内部的坏人告密所致。我军解放保定后，从敌人的档案里查获此事是两个暗藏在军区机关的特务干的。这两个特务分别是华北军区后勤部所属大丰烟厂的副经理孟建德和军区司令部小伙房司务长刘从文。孟是个有劣迹的特务，刘从文是他拉入特务组织的蜕化变质分子。在毛泽东来到城南庄后，他们曾密谋在毛泽东、聂荣臻吃的饭菜里放毒药，可由于保安措施严密，投毒阴谋没得逞，他们便把毛泽东的住处报告了驻保定的国民党反动军队，于是就有了这场险情。

"'城南庄事件'完全是国民党特务干的坏事，但在文化大革命中，江青一伙人硬将毛泽东的这次遇险说成是聂荣臻等同志蓄意谋害，那完全是栽赃和诬陷。其实这件事毛泽东清楚，聂荣臻清楚，我们这些目击者清楚，当时在现场的江青本人也清楚。"事过四十年后的今天，李银桥十分肯定地说。

"毛泽东一生有过几次遇险，城南庄那次是最危险的。听人说，毛泽东在秋收起义时和二万五千里长征途中，也有过几次很危险的情况。战争年代是在敌人的枪弹底下过日子，难免不碰上险情。解放后，毛泽东也有过几次遇险，但毛泽东总是在惊心动魄之时泰然处之，表现出了伟大革命家的气概。"回想当年，卫士长总是感慨万分。

1952 年，毛泽东到上海视察，不知怎么搞的，遭到了国民党从台湾飞来的飞机轰炸。那次毛泽东似乎有什么预感一般，竟在南京多住了两天，结果这一次没有遇到任何危险。公安部门根据城南庄的教训，怀疑是特务向台湾送了情报，结果查来查去，搞出了一个"潘杨事件"。当时任上海市副市长的潘汉年，在解放前的地下工作中，曾打入敌人内部，为了迷惑敌人，也向国民党特务机关送过一些经组织同意的、在敌人看来是有用的情报。这次毛泽东要到上海视察却遭国民党飞机轰炸，查不出什么其他可疑的线索，结果身为副市长的潘汉年反倒蒙冤入狱，并且最终死于软禁中。毛泽东逝世后，有人曾把造成"潘杨事件"的过失归在毛泽东身上，但据卫士们回忆，当时毛泽东并不清楚"潘杨事件"是怎么回事。那是 1956 年，毛泽东再次到上海巡视，在一次游泳时，遇见了已经离开毛泽东一段时间的卫士李连成，便问小李现在干什么？李连成说正在参加"潘杨事件"的工作。毛泽东听后奇怪地问：什么叫"潘杨事件"？这证明他老人家没有示意或者至少没有具体过问过这件事。

解放后毛泽东第二次遇到敌人直接危险的是1958年1月8日这一天。

当时毛泽东在南宁视察工作，白天冬泳了邕江，夜里便继续办公。约凌晨一点来钟，空军雷达部队发现了国民党飞机向南宁方向飞来。是不是台湾的国民党特务机关又从哪里获得了毛泽东正在南宁召开中央工作会议的情报？

“卫士长，你迅速采取措施，保护好毛主席的安全。”随同毛泽东在南宁的空军副参谋长何廷一十分紧张，一面指示毛泽东的卫士长李银桥做好保护准备，一面赶紧与柳州空军营地联系，因为当时南宁没有军用机场和战斗机，必须靠柳州空军来支援。

“第一步是把市内的灯火迅速实行管制，从现在起全部关闭电路，让敌机找不到目标；第二步是派空军组织战斗机，分三批起飞，无论如何要将国民党飞机拦截住！”何廷一副参谋长和广西省委的领导紧急碰头，制定了作战防御方案。

这边，毛泽东的卫士和警卫队则在李银桥的带领下，拥进了毛泽东的卧室。

“主席，请您到防空洞去，这里不安全。”李银桥说。

毛主席从来不把危险的事看在眼里，所以他把手一挥，说：“我不去，要去你们去！”

“主席，我们要对您的安全负责呀！”一位警卫干部焦急地说。

毛泽东不耐烦地直起身来，操着浓重的湖南口音，大声说道：“当年蒋介石要我去重庆我都去了，后来怎么样？我还不是好好地回来了，他能拿我怎么样？现在比那时还危险吗？”对任何事情，他从来有自己独特的见解，谁也难以改变他的看法。

“你去，把蜡烛给我点着。”毛泽东指着卫士长。

李银桥感到为难，因为刚才何廷一副参谋长等告诉他万不能在毛泽东卧室出现灯火，那样太危险。全城实行了灯火管制，唯独一处有灯火，这不是明摆着让敌机发现吗？“不行，主席，还是防备万一为好……”

“快去！把蜡烛给我点上。”毛泽东又来他的一通高论了：“国民党的炸弹扔在我脚底下都不敢响，我什么时候怕过他们？”说得卫士和警卫人员再也无话可言。

卫士长只好给他点上蜡烛，毛泽东旁若无人地拿起《楚辞》，津津有味地独自看了起来。

有什么办法呢？卫士长等只得耸耸双肩，无可奈何地退出了屋。

“在这一点上，我要说两句。”李银桥饶有兴致地对坐在他面前的我们说道，“毛泽东一生遇到的危险不算少，但他那临危不惧的气概给我们留下了深刻的印象。我跟了他十几年，每次他老人家遇险时，我这个当卫士长的总是紧张得难以形容，可结果呢，总是像毛泽东说的那样，就是扔在他脚底下的炸弹也不敢响！你们说神不神？信不信？还有一件事，我离开毛泽东几年后，林彪不是也组织了‘联合舰队’要用飞机撞火车炸毛泽东吗？那可比蒋介石派飞机炸毛泽东不知危险多少倍，可毛泽东不也神机妙算，啥事也没有吗？你们再想想，是神，还是不神？”

神，解释不清的神！

关于平时对毛泽东的警卫工作，我们请卫士长作了介绍。

他说，过去对这个一直是严格保密的，现在老人家已经去世多年了，所以也无所谓了。在战争年代，属于军委主席毛泽东的个人警卫力量有三部分，最贴身的便是由卫士长带领的卫士班，这些人员平时不带枪，但个个都必须是射击、搏击、防卫能手。卫士长配有短枪，一般情况下枪不离身。李银桥有过两支非常精致、放在手掌里不怎么显眼的短枪，一支是警卫部门配备的，一支是毛泽东给的。毛泽东给的那支是外国友人赠物，这支枪后来被汪东兴要走了。李银桥对它感情很深，因为它贴身佩在李银桥腰间，为警卫毛泽东人身安全作出过重要贡献。卫士一般每年有不少于两个月课时的军事技能和警卫特别训练，教员都是国内一流专家。毛泽东的第二层警卫是他的警卫排，这部分人负责平时毛泽东住处和工作环境的站岗、放哨等勤务，他们一般不能接近毛泽东，只有毛泽东要接近他们时才有机会接近。警卫排配有一色短枪，他们的警卫专业本领要超过卫士，除了执勤外，其余大部分时间就是进行军事与警卫技能训练。他们是警卫毛泽东的骨干力量。毛泽东的第三层警卫力量是他的对外称之为教导队的警卫营。这支队伍一般情况下是处在机动勤务中，一旦毛泽东要外出或参加什么活动时，这支队伍便成了外围警卫的骨干队伍。他们使用的兵器相对就广些，长短、轻重型的都有，因地而用，因宜而备。由于毛泽东的警卫安全关涉重大，故做这些警卫工作的官兵时刻处在百倍警惕之中，他们知道，只有时刻紧握手中枪，才能不出一丝差错地警卫好自己的统帅、人民的领袖。

第十章 家庭成员

在 1993 年，当六十五岁的李银桥回忆起当年他和其他几名卫士在毛泽东身边度过的那漫长的春秋时，总是万千感慨，他说：“我们这些跟随毛泽东几年、十几年的卫士，每天都与毛泽东一家生活在一起。毛泽东一直把我们当作自己家里的成员看待，我们也始终感受到了慈父般的爱抚与家庭的温暖。毛泽东曾问过我一句话：‘你看我跟儿子亲还是跟你们卫士亲？’我毫不犹豫地回答：‘跟我们卫士亲。’毛泽东承认是这样。他说：‘我两个女儿、两个儿子是活着的。李敏，一直跟着贺子珍，李讷，还有两个儿子岸英、岸青，也是几年难得见一面。就是到了一起，一年也难见几面，见了面也最多说上一阵子话、吃一顿饭而已。我却是和你们朝夕相处，形影不离。我和我家里的这点事，瞒天瞒地瞒不了你们，而且一家子的吃、住、用都是你们在张罗，你们算得上是我家庭中的一员，名副其实的。’”

“毛泽东一家的生活到底怎样？广大群众，特别是当代青少年，是非常感兴趣的。前两年你和权延赤合著的《走向神坛的毛泽东》和《走下神坛的毛泽东》等书中已有些记述，大家看了后反映还是好的。不过，有些小青年似乎还持怀疑态度，在他们眼里，作为中国的‘第一家庭’，不可能日子过得那么寒酸艰苦，因为他们说，现在当官的，别说省长、部长级大官，就是一个小局长、小处长，都家里要啥有啥，住得宽敞，桌上顿顿有鱼肉，子女花钱如流水，难道毛泽东的家里就那么困难，那么可怜？您能用自己的亲身见闻给我们说说吗？”

对我们提出的问题和要求，李银桥一口答应，并且表露出一些愤慨："你们提出的问题我也多多少少地听到些。我要申明的是，过去我所写的书或是文章中说的有关毛泽东一家过日子的事毫无半点掺假，作为掌管毛泽东一家日常生活的经济当事人，我可以为历史做证人。是的，现在社会上一些人官职不大，但生活的现代化程度和水平之高确实令人惊叹，我不清楚这些人的钱是哪儿弄来的，但有一点我倒明白，他们是很会用手中的权。毛泽东作为党的主席、中国的最高领导人，有着至高无上的权力，在他活着的时候，虽然国家比不上现在富，但作为一国之主，如果想得到什么，获得什么的话，恐怕只是一句话的事，有时甚至是一个小小的暗示便绰绰有余了，然而毛泽东却从来没有，而且他最反对在家庭生活问题上搞特殊。他一生在家庭与个人生活上表现出严以律己、勤俭节约、大公无私、助人为乐、从不滥用权力的伟大品德，是我们共产党人特别是现在的领导干部、包括青少年在内的广大群众都应当学习和崇拜的！"

李银桥说得很激动，我们请他慢慢说。

"好吧，我给你们再说说，这样也可以校正前几年有个别作者滥写毛泽东生活方面的书中的不实之处。

"战争年代都是军队生活，我就不讲了。解放后，生活稳定了，毛泽东个人的家庭生活也算像点意思了。我们就从这里开始讲吧——"

根据中央有关部门的指示要求，毛泽东的卫士班主要是负责照顾毛泽东及其家庭的生活、工作、起居以及安全等。毛泽东家除李讷有时还能回家外，基本上就是他和江青两人，但毛泽东的家族和江青的娘家人以及几个子女加起来，也算得上是个大家庭了。毛泽东从来不沾钱，他不止一次地说过，他平生最讨厌钱，而江青又是个属于享受型的人，所以，我这个卫士长除了负责领导好整个卫士班的工作外，实际上还兼当了毛泽东一家的“管家”。因此，毛泽东的家庭，我是最清楚的了。

20世纪50年代初期，毛泽东一家的生活实行的是经济包干制，因为当时还没有实行薪水制。国家给毛泽东每月200元左右，江青为100多元，钱统一由我掌管。当时我是每月50多元。为了计划好这笔钱，我根据毛泽东的意见，列了伙食、衣服、杂费及结余这么几项。我给毛泽东一家定的每天伙食标准是三元钱，毛泽东看过后，说伙食费是不是定得高了点？我解释这包括招待客人的钱，于是毛泽东便提笔写了“照办”两个字。从此以后，便严格照此计划执行了。

先说说“吃”吧！

现在，常听一些人议论，说电视上、报纸上每天见中央的大干部不是出席招待会，便是又有宴会了，这一天到晚净吃山珍海味，大概自己家里从来不起灶吧！对现在的这个问题我说不好，但对毛泽东时代的一些事情我是了解的，特别是毛泽东本人。接待外宾，出席一些重要宴会，需要吃几顿饭、喝几杯酒，这对从事外交和政府有关部门工作来说是必要的，也是无可指责的。毛泽东作为党的主席，50年代还兼任国家主席，也有时出席些招待酒会、外宾宴会等，但一般情况下，毛泽东是不太愿意一天到晚忙碌于这些酒肉之间的，除了不得已的情况，他一生最喜欢清静。当国家主席那阵子，外国与我国建立外交关系后，驻华大使先生就要送来国书，国家主席便得在一定仪式上一本正经地去接国书，毛泽东很不愿意搞这一套，开始还去，后来干脆交权了。他属于不善于应酬之列，基本不喝酒，吃东西又极为简单，有几天毛泽东连续出席了几个宴会，回来后嘀咕着对我说：“以后我不去了，那种场面看桌面上一道又一道菜，好看不好吃，还是我的辣子加酱豆腐合胃。”

毛泽东就是这样一个人。

说起他平时吃的东西，你们也许不相信，他的简单程度有时我们都觉得有点太那个了。

辣椒，是他一生的主菜，除此，便是黑豆、霉豆腐等。主食中，毛泽东喜欢麦片粥、烤芋头、红糙米。也许是幼年在农村养成的生活习惯，也许是长期战争年代的紧张生活所致，毛泽东在吃的问题上，实在太粗、太单一，江青为此一直同毛泽东吃不到一起，我们做卫士的有时也觉得主席过得太苦。

毛泽东正经吃饭，一般是四菜一汤，其中少不了一碟干辣子、一碟霉豆腐。这汤有时就是涮盘子的水，最多加几根素菜或野菜——他馋野菜。

凡是毛泽东的家人、亲戚，或者毛泽东留下的客人吃饭，一律都是算在毛泽东个人的伙食费中，饭菜与他平时吃的没什么两样。毛泽东私人请客从没有像现在有些人猜测的那样是“国家拨款”。

吃得简单粗糙还是第二回事，第一回事是毛泽东这粗茶淡饭能保持也就算是好的了，可他特殊的工作方式，使得他的饮食又无法正规起来。他工作不分钟点，吃饭也没有钟点，只以感觉饿了为“标准”。一天吃两顿的为多，也有吃一顿的，有时连续工作几昼夜，也就可能吃五六顿饭。像我们现在一家人吃饭时正正经经炒好几个菜，围在桌子旁像模像样地用餐，毛泽东几乎难得有。毛泽东有专门的厨师，但厨师大半时间是处于“失业”状态，于是，我们卫士便兼任这个任务。什么？你们说我们这几个毛头小伙子能为主席做饭？那当然，很简单。在我们卫士值班室，有个电炉子，有个大搪瓷缸子。毛泽东饿了，我们便用它给主席煮一碗挂面，或做一缸麦片粥，或是烤上几个芋头。你们现在年轻人招待我吃一顿就是十几个菜，那时毛泽东一个月也吃不了这么好这么多的菜。我跟随他 15 年，他吃饭始终是随随便便，一把炒黄豆、几个烤芋头，或是一缸子麦片粥，便算作一顿饭了。

50 年代毛泽东经常外出巡视，到一个地方，当地负责同志免不了要为毛泽东接风洗尘，设宴摆酒。毛泽东最烦这个，几次让几位省委干部下不了台。他冲着桌上各种各样的菜，对这些领导干部发脾气道："你们就光想着我毛泽东，不看看人民群众、老百姓的饭碗里装的是什么东西！能让人民群众、老百姓的饭碗也装得这么多，我比啥都满意。"时间一长，各地领导都知道他老人家吃饭的习惯和脾气了，便老老实实随意去弄几样毛泽东喜欢的粗茶淡饭，还经常事先请教我们这些卫士们。

对于荤菜，毛泽东是比较喜欢吃红烧肉和一些鱼的，可是他并不让我们多弄。记得在转战延安，跟胡宗南部队打那几场恶战时，连续打了三个大胜仗，一天，毛泽东很有情绪地对我说："银桥，想想办法，帮我搞碗红烧肉好不好？要肥点的！"

我说："打了这么大的胜仗，吃碗红烧肉还不应该？我马上去。"

毛泽东听完我的话，连忙摆摆手："我说的不是那个意思，这段时间用脑太多，吃点红烧肉会对脑子有好处的。"

他就是这种指导思想，平时也只有在他认为用脑太多的时候提出吃肉。其实毛泽东什么时候不是用脑太多？因此，我们就有意让厨房尽量多搞点红烧肉给他补补脑。

为了吃红烧肉的事，毛泽东还跟江青闹了一场，结果两人从此分开吃了。

那是抗美援朝战争结束的那阵子。有一次，毛泽东连续工作了几十个小时，我一再提醒："主席，您已经两三天没吃一顿正经饭了。"

"是吗？"一头埋在文件堆里的毛泽东似乎有些惊异地反问我。

当他的眼睛离开文件时，大概他也一下子感到肚子饿了，便说："真有些饿了，好吧，我吃一顿饭吧！"

我说："徐医生早定好食谱了，就是没有机会做……"

毛泽东一听便摆摆手："他的什么食谱，我不要。你给我搞一碗红烧肉来就行，这几天用脑累了。"

我正要到厨房去交代，江青从她屋里出来，她小声说："主席要吃饭了吧？"

我点点头："他要红烧肉。"

"又是红烧肉！"江青很不满意，"吃什么东西不比红烧肉好？几天了，主席没正顿吃饭，昨天吃的什么？"

"麦片粥。"

"前天呢？"

"小张说煮了碗挂面。"

"看看，你们就是不会办事！看我什么时候把你们那个电炉子和茶缸扔到外边去！"江青生气了。平心而论，那时的江青还是比较关心毛泽东生活的，她说这些，也是希望毛泽东能改改饮食习惯，多吃些有营养的饭菜。问题是，她不该独断和说那么多的话。她冲着我说："不要再啰嗦了，照我说的办！红烧肉不要弄，什么好东西？土包子，就是改不了的农民习气！"她是说毛泽东。

就这样，按照江青的意思，给毛泽东弄了碗鱼块。吃饭时，我心怯怯地站在一边，等毛泽东吃饭。

毛泽东吃饭总是离不开手中的书或报纸。他手里抓着筷子，眼睛却仍然盯在一张报上。江青夹了块鱼放进丈夫的碗里，毛泽东发现不对头，便转头瞥了一眼桌上。

"嗯，红烧肉呢？"毛泽东眉头一皱。

我的心"怦"地跳了起来。我是知道毛泽东的脾气的，他一贯主张"交代了的事就要办"，我这明摆着不办，那是非挨剋不可的。可我心里企望着江青会帮我说话。

“红烧肉呢？”毛泽东的目光转向了我，声音也提高了。

我咽了几口唾沫，想等江青解释，可她没说话，于是我只好回答说没弄。

“为什么没搞？”毛泽东生气了，大声问，“交代过的事为什么不办？”

一片沉默，我的心提到了嗓子眼。

“说话，交代的事为什么不办？”毛泽东怒了，“我只要求一碗红烧肉，过分了吗？”

主席啊，您哪里过分啊！您为中国革命，为亿万万老百姓操劳几十年，就是天天吃红烧肉也不过分呀，我们卫士也愿意天天给您做，可这次是江青不让做的。我心里这样说，嘴里却一个字也说不出来，因为我知道，我一说，事情就闹大了。毛泽东本来跟江青就过不到一起，这个时候我一说，毛泽东非得跟江青吵上一场不可，可江青你自己应该出来解释呀！我感到委屈，又不能说，泪水簌簌地流了下来。

毛泽东是看不得人哭的，一见我哭，便又不安了：“算了算了，以后注意么，交代了的事就要办。你不要哭了呀，我还要吃饭呢。”

大概他也看出其中有些名堂，于是在我服侍他睡觉时，他小声地让我告诉他到底是怎么回事。我不敢说，可他偏要我说。偏偏这个时候江青进屋了，毛泽东朝她白了一眼，江青立刻喊了起来：“你们谈，你们谈，我走！”

我知道事情又坏了，江青肯定以为我在毛泽东面前告她状了。无奈，我必须回答毛泽东的提问。当我把事情经过讲了一遍之后，毛泽东沉下了脸，气呼呼地说：“她没说错，我是土包子，我是农民的儿子，改不了农民的生活习惯。她是洋包子，吃不到一块儿就分开。银桥你记住：今后我住的房子、穿的衣服、吃的菜按我的习惯办，江青住的房子，穿什么衣服、吃什么饭菜由她自己定。我的事不要她管！”

就这样，毛泽东一家仅有的两人的吃饭问题也变成了“两条战线”。

在吃的问题上，毛泽东不仅自己从不高要求，对子女也一样。李敏和李讷从小就跟随我们一起吃大食堂，记得有一次我那个给毛泽东家庭当阿姨的爱人对毛泽东提出要求：“李敏跟她妈在苏联吃过难以想象的苦，李讷这娃娃六七岁就跟我们一起行军、露宿，在敌人的子弹和炸弹下打滚了好几年，没过上一天好日子，让她们跟你们一起吃饭吧！”毛泽东断然否决：“不要跟我们，你带她们吃大食堂去！”她们上大学后，吃住都在学校，同所有的普通人家孩子一样，睡集体宿舍，吃清淡伙食，穿的也是一身旧蓝布衣，与同学一起下乡劳动，一起走路，挤公共汽车，旁人谁都不知道她们是毛泽东的女儿。

李讷是我看着长大的。她上大学后，每周六才回家，学校在市郊，遇上有个课外活动，总是天抹黑才回到家，一个女孩子家总是少些安全，我便瞒着主席悄悄接了她几次，毛泽东知道后严厉地批评了我。

1960 年，国家经济发生困难，加上苏联逼债，这时已实行薪金制的毛泽东，第一个要求是将自己 500 元左右的工资减掉了 200 元，并且指示我：“三年之内不吃肉。”自然，他用来补补脑子的红烧肉也毫不例外地取消了。毛泽东这么一做，中央的其他领导也纷纷效仿，减工资和不吃肉，但真正像毛泽东那样一顿也不吃肉的恐怕不多。

那个时期李讷身体不好，有一天，我派卫士去看望她，李讷脸色很不好看，卫士以为她又病得不轻，可李讷说：“我饿……”

卫士回来跟我一说，我鼻子也酸了。这孩子出生在延安，从小没吃上几顿像样的饭，幼年时一直跟我们吃那个黑豆，如今解放了，父亲还是国家主席，却叫娃娃喊着饿。无论如何，我下决心要给她搞点吃的！我搞来一包饼干，悄悄给她送去了。李讷躲在一个背人的地方，看看左右没有人，便一口气吞了几块，那样子像是偷来的，她吃了几块，不知想起了什么，又小心翼翼地藏在内衣的衣袋里，大概准备慢慢吃吧。这事江青先知道了，后来毛泽东知道了。“三令五申，为什么还要搞特殊化？”毛泽东又一次发火了。我不服气，说：“别的家长也有给孩子送东西的！”毛泽东拍桌子了：“别人可以送，我的孩子一块饼干也不能送！谁叫她是毛泽东的女儿！”

大凡我们要为他的子女，或者他的子女要在某一件事上搞些什么现在看来根本不能当回事的“特殊化”，毛泽东都要这么大发雷霆，都要这么说：“谁叫他是毛泽东的儿子！”“谁叫她是毛泽东的女儿……”其实，他老人家是非常爱自己的子女的，可他是人民的领袖，是一个全心全意为他人谋幸福，而从不为自己谋半点私利的马克思列宁主义者，他不得不把严以律己放在第一位，把对子女的爱深深地放在心底。

毛泽东除了喜欢吃红烧肉外，也爱吃些鲤鱼。熬了那么多年的苦日子，有一次贺龙同志托人送来几条鲤鱼，这一天江青出面，把李讷接回家，与毛泽东一同进餐。厨房做了两条鱼，一大一小，江青把大的一条给了毛泽东，自己和李讷吃小的。

当时我和韩桂馨都站在一旁，江青给女儿夹鱼后，又给小韩夹，小韩不肯吃，李讷便不答应，于是小韩只好陪着吃。

毛泽东像是怕冷落了“儿子”似的，招呼我：“银桥，你也一起吃，我给你剩了半条鱼。”他指指盘子，拿着文件，便从桌子边上站了起来。

“主席，我，我不吃。”我惊慌地往后退了几步，我怎么能跟毛泽东主席抢鱼吃呢？虽然我的肚子早已在“抗议”，可是我无论如何不敢有这等非分之想的。

毛泽东以为我嫌他动过筷子了，便说：“我没有病，那一面还没动过么。”

我脸红到了耳根：“不是那个意思，留着主席晚上吃。”

“不要剩，我不吃剩鱼。”说完，毛泽东就走了。

江青见了，也匆匆吃完碗中的菜，招呼李讷和小韩，她们怕我不好意思吃，便都走了。

“毛泽东真的不吃剩鱼？”我们问。

“哪里！”李银桥马上给予否定。“毛泽东不但经常吃剩菜，而且见了饭桌上掉下的米粒、菜等，从来都是拾起来便往嘴里塞，他用过的饭碗从不会剩一粒饭的。他是借了这条理由非让我吃下去不可，因为那段时间卫士们过的日子也很艰苦。”

李银桥接着回忆——

毛泽东一生饮食如此简单、粗糙，居然也没有出现过胃病，或者营养不良。这一点，我们卫士及医生和中央的其他领导都称其为“神”。毛泽东是人，但有些方面确实超乎寻常的神奇。

你们不相信毛泽东几十年洗脸没用过一块香皂？可这是事实。他洗脸爱用清水，手染了墨或油污洗不掉，便用些洗衣服的肥皂洗。说起来你们更不相信，他甚至连刷牙的牙膏都没用过，他只用牙粉。毛泽东对这个问题有自己的解释：“我不反对用牙膏，用高级牙膏。生产出来就是为了用，都不用生产还发展不发展？不过，牙粉也可以用，我在延安就用牙粉，习惯了。”

现在像你们这样年龄的人尚难以理解，更小一点的年轻人就更不用说了，他们对我们这些延安过来的人的许多生活习惯觉得有些不可思议。确实有些做法现在看来也不太合乎时尚了，但我们在延安时期养成的那种艰苦奋斗、勤俭节约的光荣传统，正是我们共产党人的优秀品质所在，那时养成的一些习惯，我们这些老同志是永远不会忘记，也不会改变的。毛泽东便是继承发扬了延安革命光荣传统的最好典范。

说起毛泽东的衣着，那更是催人泪下。他有一套毛衣毛裤，不知穿了多少年，听毛泽东原来的警卫排长阎长林讲过，在长征时期，给毛泽东当警卫员的陈昌奉在时，毛泽东就有这套毛衣毛裤了。一直到解放初期，毛泽东还穿着它，那上头不知有多少补丁了。我是负责毛泽东一家衣着开支的，所以准备给毛泽东重新买些毛线织一套。不过，我知道这类事必须向他老人家本人请示，否则准挨剋。我和卫士们请示了好几次，但都被他老人家顶了回来。我还是不甘心，因为那样实在太有损伟大领袖的形象了。于是，我跟小韩商量，让她帮着说说，平时毛泽东有什么衣裤破了，都是她给缝好，兴许她说话毛主席能听。

一天，毛泽东正在看文件，我便又和小韩进去做工作了。小韩说："主席，天气很快就冷了，您的毛衣毛裤太破了，不要补了，李银桥他们提出给您买点毛线，让我重新织一套。近日，我准备跟着他们一起上街看看颜色，给您买回来快些织好。"

"别麻烦了，小韩，你把李讷照顾好了，又为我们做了缝缝补补的工作，给你增添不少麻烦了，我非常感谢你。还是请你辛苦辛苦，再织补一下，能穿就行了。"毛泽东回答道。

"您的毛衣毛裤实在太破了，就是能补上，穿着多么寒碜呀！"小韩一心想争取。

"唉，穿在里面不讲什么好看不好看，能穿就行了。外衣破了，补补不是还可以穿嘛！"毛泽东搬出他的革命理论来，"艰苦奋斗是我党我军的光荣传统，虽然现在日子比延安时好过了，可这个传统到啥时都得继承呀，你们说是不是？”

无奈，我们的计划又落空了。

一条洗脸和擦手用的毛巾，也不知用了多长时间，连上面的线毛毛都磨平了，我又提出是不是换条新的，毛泽东照例拒绝：“洗脸、擦手又不是什么大事，把脸上和手上的水珠抹干就行了，还能用一段时间。”

他的生活理论同他的政治观点一样，一般来说都很难驳倒。

你们一定从照片和电影里看过毛泽东在开国大典上穿的那件笔挺的黄呢子制服吧！这是毛泽东第一次穿像样的衣服。因为是要出席开国大典，生活秘书叶子龙从缴获的国民党军队仓库里弄来了一些黄色将校呢，是我拿到王府井请一名叫王子清的师傅做的。开国大典后毛泽东又穿了几次便放了起来。那时，部队的军装没有制定统一的式样，黄布做的衣服就算是军装。解放了，有一天毛泽东对我们卫士说：“现在我们搞社会主义建设，可以脱军衣了，我脱，你们也脱。”此后，我们原是穿军装的卫士，就都成了便衣军人，再不曾穿过军装。毛泽东也不再穿那套开国大典时穿的黄呢制服了。

有一天，毛泽东对江青说：“军衣我不穿了，你看送给谁合适就送给谁吧！”

过去，毛泽东曾把自己的一件军大衣给了儿子毛岸英。

岸英牺牲了，儿子岸青也不在身边，毛泽东完全把我们当成他的家庭成员，他要江青把他的衣服分给我们卫士。

我拿了四套军衣，包括毛泽东开国大典穿的那套，后来分给了负责外卫的副卫士长孙勇两件。我多了个心眼，把开国大典穿的那件抱回了家。

毛泽东的衣服我穿太肥，我便把它改成自己合身的衣服穿了。当时没有想到它有多少历史文物价值，稀里哗啦就剪了。只是我爱人跟我开玩笑说："李银桥，你胆子不小啊，敢把'龙袍'给剪了，居然自己洋洋得意地穿起来。"我说："你别瞎扯，毛泽东自己一再说他是人民的公仆。他把我们当他自己家人，改件衣服算个啥！"1967年，造反派对我滥施淫威，屡次批斗抄家时，发现了这套衣服，后来天津历史博物馆听说后，便把这套衣服要了去。至今仍放在天津历史博物馆。后来我和中国历史博物馆想去要，可人家再也不给了。我感到很可惜，因为这是毛泽东亲自送给我的衣服，穿在身上，我会时刻体会到他老人家慈父般的温暖，或者我根本不该改这套新中国唯一的开国大典主席服，那它的文物价值似乎会更高些。现在人们在毛主席纪念堂里看到的一套"开国大典服"并非真品，因为到天津历史博物馆拿不回来，有关部门便到孙勇那儿借了当初毛泽东给我们两人各两套军衣中的一套。现在想起此事，我总感到有些内疚。每到这时，我爱人韩桂馨便会安慰我说："银桥，你用不着那样责备自己，主席在的时候，从来不把我们当外人，他对自己的东西，除了书外，都很随便的，谁爱拿谁就拿去。"

我爱人说得对。毛泽东对自己家里的东西从来不吝惜，说实在的，他的那个家除了书和江青的衣物外，还不如我和韩桂馨的小家东西多呢。这一点，我这个掌管他家财物的"管家"心里最清楚。

虽然毛泽东一拱手就把好几件衣服送给我们这些工作人员，但他对自己却一直十分吝啬，吝啬到甚至让人不敢相信。

那是我们还没有进入北京城内时，我们住在香山的双清别墅里，毛泽东几乎每天在这里或进城去接见各民主党派负责人和各界代表、知名人士。有一天，他要见张澜了，之前他吩咐我："张澜先生为中国人民的解放事业作了不少贡献，在民主人士当中享有很高的威望，我们要尊重老先生，你帮我找件好些的衣服换换。”

我在毛泽东所有的家当里翻了个天翻地覆，也没找出一件不破或没有补丁的衣服。没法，我便向毛泽东请示道：“主席，做也来不及了，是不是去借一件？”

毛泽东似乎也没想到这个“意外”，顿了一会儿，听我一说，赶忙摆摆手：“不要借了，补丁不要紧，只要干净整洁就行。张老先生是贤达人士，不会笑话我的！”

就这样，毛泽东穿着补丁衣服，接见的除张澜之外，还有名声显赫的沈钧儒、李济深、郭沫若……

可事隔不久，我又为另一件事发愁了。原来，那几年，毛泽东兼任了国家主席，经常要接待外宾，身上还好说，有一套礼宾司给定配的黑色呢子制服，可他脚上那双皮鞋已经旧得没有一点光泽了，最要命的是他的袜子没一双不带补丁。我劝他换换皮鞋和重新买两双袜子，毛泽东不肯，说还能穿一阵子。

有一天，在接待外宾之前，他老人家躺在沙发上，两只脚自然地向外伸着。

我无意朝那边一看，不由惊呼了一声：“主席，把脚往里缩一下。”

毛泽东以为是什么事呢，敏捷地将脚缩了回去：“银桥，怎么回事？”

我笑了，指着他的脚说：“您看，您的脚那么向前一伸，袜子上的补丁全部会露在客人面前。”

毛泽东重新将脚伸了出来，果然发现袜子上的补丁“露馅”了，他笑了，说：“对对，我把它缩回去，家丑不可外扬么！”

从此以后，每当毛泽东接待外宾，或会见什么重要客人时，我便提醒卫士“家丑不可外扬”，他们笑笑，都明白是怎么回事。毛泽东一听这话，也会心领神会，且迅速作出反应。

就我跟随毛泽东15年间所看到的，他从不接受别人送的礼物。虽然有时地方一些党政领导干部和跟随毛泽东打天下的老战友、老朋友以及亲戚、老乡也会送些礼物给他，但放到他家里的东西，一般都由有关部门充公处理，这是毛泽东自己定的规矩。外国朋友和领导有时也会送礼物，那更是充公处理。如果是吃的东西，那就乐了我们这些年轻的卫士和警卫中队的小伙子们，因为毛泽东总是想到我们。

记得是抗美援朝胜利的第二年，朝鲜人民的伟大领袖金日成同志为了表示对毛泽东和中国人民的敬意，送给毛泽东24箱上等苹果。通常，毛泽东对类似这样的礼物只是过目一下礼单而已，是见不着实物的，可是，这一次有关部门觉得事情难办了，因为个个苹果上面都印着“毛主席万岁”五个醒目的字，谁敢吃“毛主席万岁”呀！为此，不得不请示毛泽东。那天我见毛泽东手中正拿着一个印有“毛主席万岁”的苹果好奇地看着，管理部门的一位同志告诉他，这是在苹果尚未熟的时候，用写上字的纸贴在苹果上，太阳一晒就出了这些字。“难为金日成一片心意。”毛泽东说，“不过，‘万岁’是不可能的，人能活到一百岁就是长命了。我这个人别说活到万岁，就是百年也绝不可能，因为我有很多问题早想同马克思探讨探讨。这样你们也就不要有什么顾虑。”毛泽东说得幽默，一副无所谓的神态。

“银桥，传达我的命令，让卫士们和警卫中队的同志把这24箱苹果全部消灭。”毛泽东大手在胸前做了个习惯且具有吸引力的向前推动的动作。

“是！”就这样，我和卫士班、警卫中队的小伙子美美地吃了几天朝鲜苹果。

俗话说：再好的夫妻也有吵架的时候，再亲的兄弟姐妹也会气得咬牙切齿。我们生活在毛泽东这个大家庭里，有时也难免为一些事情闹些矛盾。这时毛泽东总是像父亲似的，先把我这样的“大孩子”剋一顿，对年龄小些的便总免不了哄几句。也难怪，虽然我们的卫士都是百里挑一的好战士，可毕竟大多是刚离开父母的毛头小伙子，办事任性，毛手毛脚的事总是会有些的，一般情况下，毛泽东从来不会把它提高到“无产阶级革命”的高度来训斥我们，倒总是用幽默的方式，或者像逗孩子似的启发、开导。于是，本来有的一点鸡毛蒜皮的事便马上化为乌有。因此，我这个当卫士长的“大哥哥”，十几年间，也非常容易带这些当卫士的“小弟弟”们。我们卫士之间始终保持着情如手足、亲如兄弟的革命情谊，这当归功于毛泽东这个“大家长”。

对内是这样，对外，毛泽东可完全是另一种姿态。要是我们卫士与外人搞不好关系，毛泽东会完完全全地摆出一副严家长的态度，把你狠狠地剋一通，直到你承认错误，改正错误为止。

毛泽东常对我们说：“你们是我的卫士，一旦你们跟外人闹了别扭，我就得像那些严爸爸一样，自己的孩子再对，别人家的孩子再有什么不是，我首先也要批评你们。我很小的时候，我父亲也是这么做的！”这一点上，他继承了中华民族所有做父亲的传统美德。

卫士田云玉是公认的最受毛泽东喜爱的小卫士，他不仅年纪小，而且一身孩子气，平时在毛泽东和江青面前无拘无束。这对身边缺少儿女天伦之乐的毛泽东夫妇，无疑是一种补偿，所以，他们平时很惯着他，他身上穿的毛衣，还是江青亲手一针一针织的哩！这一惯不要紧，小田却渐渐滋长起了那些被惯孩子的通病——任性、目中无人。

有一次，我们随毛泽东到南方。一天，在专列上，小田和乘务员小姚在一起，小姚是个姑娘，也是跟随毛泽东多次出车的熟人了。为了开门快慢的事，小田和小姚两人吵了起来。小田让小姚开快一点，声音里带有一种命令的口气，小姚也是个任性的姑娘，偏偏不吃这一套，于是两人你一句我一句地顶了起来。

“你不就是个列车员吗，有什么了不起的？”小田挖苦道。

小姚的嘴巴也不饶人：“列车员怎么着？我都入党了，你还没有入党呢！告诉你，做人还得靠自己，别以为你在主席身边有什么了不起！”

小田不干了，到毛泽东身边后还没人这么伤他自尊心呢！于是气得破口大骂，什么话难听，他就骂什么。一开骂，小姚姑娘就只有抹眼泪了。她“呜呜”地哭着到毛泽东那儿狠狠地告了小田一顿“御状”。

“小田，主席叫你去！”我把小田叫去，见他的神色还是那样一腔傲劲。他嘴里喃喃着：“哼，告就告，主席会把我怎么样！”

谁知，这一次毛泽东可没有轻饶小田。毛泽东用手指着小田的鼻尖，怒吼地责问道：“你说，你为什么对小姚耍态度？”

“都是我们把你给宠坏了！瞧瞧，现在都不知道天高地厚了！”江青也在一边指指戳戳。

“越来越不像话了！”毛泽东双手叉着腰，那架势真像老子要打恨铁不成钢的儿子似的。“要检查，要当面向小姚检查，检查不好就别来见我！”

小田这次可威风扫地了，一连几天抬不起头来。不过，事情过去了，毛泽东又像疼爱自己的乖孩子似的跟小田又是逗乐又是寻开心，小田也没有一点思想负担。

严格地说，这类事还只能算是孩子之间的小打小闹。大人间的大打大闹也是有的，然而倒还没见过和听说过我们卫士及工作人员之间有谁跟谁公然打得不可开交。不过，我们同毛泽东的家人之间倒是出现过几次大吵大闹，不是跟别人，都是跟不可一世的江青大人。江青那时还不是什么“四人帮”，除了“主席夫人”

外，没有什么头衔，后来经周恩来提议，中共中央常委研究同意后，她才有了毛泽东生活秘书的头衔，但她不怎么管事，虽说她负责我们卫士、医生、护士和阿姨这一摊，实际权力还不一定有我这个卫士长大呢！所以，在当时我们的眼里，她也仅算是毛泽东家庭成员中的一员，仅仅是重要一员而已。江青可不同于毛泽东，侍候她不那么容易，而且她经常挖空心思出怪点子让我们不好办。我们最恨她的是她经常干扰我们值毛泽东的正班。

毛泽东长年累月难有闲时，毛泽东越忙，江青就越闲。她一闲，事情就多起来，而且总是叫上我们这些卫士们。虽然我们心里也很反感她，可毕竟不敢公开跟她唱对台戏，再说，我们卫士也负有为她服务的一部分责任，江青也就借这一点，总是对我们指手画脚，谁要稍微表露出一些不顺从，谁就不会有好果子吃。当然，那时还谈不上“政治迫害”，再大，也仅算作是“家庭矛盾”吧。可悲的是，当时我们卫士、毛泽东，连江青在内都把这些顶嘴吵闹当作一说就过去的“家庭矛盾”，但待后来江青登上政治舞台后，这位“第一夫人”便一下翻脸，说我们一直对她不满，抓住我们“反对江青”的把柄，从而进行严酷的政治报复。这是后话。

但在20世纪五六十年代，虽然我们多次跟江青吵过，而且有时吵得非常厉害，但毛泽东和我们，包括当时的江青在内，都把这些看成是“家庭矛盾”。我举个例子——

记得是1958年夏天，我随毛泽东、江青又来到北戴河，还是住一号平房。自毛泽东1954年来此后，这一号平房便成了他每年夏天的办公地址和起居处。

这段时间，毛泽东很忙，诸如人民公社、大炼钢铁、吃食堂等大事都纠缠着他，大会小会几乎天天有。这一天照例，毛泽东晚上工作了一个通宵，上午十点来钟才睡觉，并在临睡前嘱咐我，下午四点钟有个会议，三点钟要叫醒他。趁着还有几个小时，我便坐在值班室看书。大约两点，给江青值班的卫士说江青让我去打牌。

就一个来小时了，我真没什么兴趣，可江青叫的能不去吗？

“来，银桥，还是我们俩打对家。”江青兴致正浓，可偏偏我一副无精打采的样子。“怎么了，想老婆了？你几天没陪我打了，快拿牌。”她朝我使了个眼色，示意让我打起精神配合她赢上几回。

我抬起手腕，看看还差几分就两点了，便“唉”的长叹一声，那只摸牌的手慢腾腾地抓着。

“喂，看着一点，让你出牌了！”江青瞪了我一眼，显然是我的精神状态使她大为扫兴。

心不在焉，牌能打得好吗？连续两回，我们都输了，江青沉不住气了：“今天你是怎么啦？不是叹气就是打错牌！”

我只好说：“主席下午有会。”

“正班不是田云玉么？”江青说得对，可我是卫士长，毛泽东行动时，我必须跟着，这是多年养成的习惯，也是我神圣的职责。江青这么一说，我又不好当面反驳，取而代之的是没完没了的叹气声。

说实在的，这种叹气声和连续的出错牌的状态，对一个正在兴头上的人来说，是难以忍受的，再加上江青一贯是唯我独尊，我这个样，在她看来是明摆着没把她放在眼里。

第三局，刚出几张牌，我连续失误，以致败局已定。

“不打了！”忽然，江青把牌往我面前一甩，瞪着一双大眼睛，“噌”地立起来，大声责问我：“李银桥，你今天到底想要干什么？你说说清楚！”

打牌的和看牌的卫士与护士一下子都惊呆了，大眼瞪小眼地看着我。

你们看着我干什么？我心里头窝着火，便没好气地回敬江青道："我要干什么呀？主席下午要开会，我要陪他！现在你却要我陪你打牌，你说我要干什么？"

"放肆！"江青"嘭"的一下拍起桌子来，然后指着我说："你想想你是跟谁在说话。"

瞅她那样，我有意带着轻蔑的口气说："还跟谁？不就跟你江青同志说话吗？你要什么态度？"

"咳咳，你这李银桥，是我要态度还是你要态度？是你们为我服务还是我为你们服务啊？你说呀！说！"江青声嘶力竭地抬出高帽子给我戴。

我可不怕她这一套，毫不含糊地回答她："我为主席服务，就是间接为人民服务，政治上一律平等。组织上没有交代我陪你打扑克的义务！"

"你、你……"江青气得就差没搬起凳子朝我砸，"李银桥，李银桥，你狂到这个份儿上了，啊？你不就是个卫士长吗？你，你你给我滚出去！滚！"

这我哪受得了！堂堂毛泽东的卫士长，给她手指着让我滚就滚了？再说，你江青当着这么多卫士的面让我滚，我以后还有什么权威指挥我的卫士了！我的脸一下子像喝醉了酒，太阳穴"突突突"地直震脑门子。那时我已虚岁三十了，跟随毛主席也有十多个年头了，可我第一次感到我是那样冲动，我也仿佛第一次感到自己已不再是一个任人摆布的小孩了，我也是人，也是大人了！于是，那男子汉的吵架架势一下"哗"地拉开了，好像除了记得自己是毛泽东的卫士长外，其余全忘记了似的，指着江青以同样的嗓门回敬她。

“你不狂？你江青不就是个秘书吗？我喊毛主席万岁，还轮不到喊你江青万岁呢！”

“啊——好你个李银桥！”江青气哭了，冲着我就奔了过来，亏得护士把她拉住了。

“你再说一遍！我看你李银桥再敢说一遍！”

以前我跟江青也吵过架，那时情况不同，我是小卫士，再说那次我理短，是因为我说了她“躲风”。可今天就不同了，我也不知怎么搞的，像吃了豹子胆似的，眼看这一架闹大了，心里也不免有点慌，可嘴上还是死硬死硬：“我就说你！看你怎么着！”

大概除毛泽东以外，江青还没有碰到第二个人敢当着众人面这样对待她。她哪受得了这个，于是又哭又闹，非要跟我拼个死活。我也哭了，也不停地与她对骂。现在想起来觉得真有意思，太好笑了，完全像小孩子打架一般。屋子里全乱套了，护士们劝江青，卫士们拉着我，一起一伏，一前一后，双方如同拉锯一般。

当时，我在嘴上和行动上没让江青占过上风，但心里毕竟发毛。估计毛泽东也要起床了，我便一边哭、一边闹地转头朝毛泽东的房间跑去。

“怎么回事？”大概毛泽东已听到外面吵吵闹闹的声音，正朝外探着头张望。

我一见毛泽东，就像在外头受了多少委屈的儿子见到亲娘老子，“呜呜”地放声大哭起来：“江青骂我，她……她说我就是为她服务的……”

我还没有说清两句，江青也披头散发地哭着闯了进来，于是我们两个又吵成一团。

“什么屁事！”毛泽东一听我们竟是为了一些鸡毛蒜皮的小事

闹到如此地步，便站在中间，大着嗓门喊了一声："不许吵了，都给我闭嘴，看你们成什么样！蠢么！蠢么！"说着，他一副劝架样，一手将江青往外推，一手将我往屋里推。

"你年纪比他大，不能少说一句？"毛泽东对要出门的江青嗔怒地说了一句。嗨，不知怎的，我顿时觉得有了靠山似的，冲着江青背后又重重地说了一句。这下坏事了，江青说啥也不肯出去，非得跟我没完。

"怎么回事？她不说了你还嘀咕个啥？"毛泽东瞪了我一眼。

我不吭声了，可江青哪肯罢休。她一闹，我又忍不住了。

"住嘴！"毛泽东真的发火了，只见他站在我和江青中间，双手叉腰，右脚往地上狠狠地一跺，那声音像打雷一般："从现在起，谁再说一句，我就追究谁！"

江青和我眼瞪着眼，谁也不敢吭声了。

"看看你们的能耐！一个毛泽东的老婆、秘书，一个毛泽东的卫士长，就为了打扑克吵成这个样？"毛泽东的眼睛冲着地，火气十足，"我整天忙得顾头不顾尾，你们倒好，闲得发慌！吵架吵得拉都拉不开，说出去叫人家听着，丢不丢人哪？啊？"

"到此为止，你们两个玩不到一起就不要玩了，都看书去！"毛泽东把那只大手在胸前那么一划，"都给我下去！"

事后，公安部长罗瑞卿和中央办公厅主任杨尚昆给我们"整风"，批评是批评了，但我没有感到什么压力，因为我心里有底，这是"家里"的事，吵得再凶也是"家里"的事，像所有的家庭一样，吵过也就完了。我们在毛泽东身边干得时间长的卫士们都有这种感觉：毛泽东把我们当作他家庭的成员对待，我们也觉得有他这么个"大家长"，如同生活在自己亲生父亲身边，爱与憎都清清楚楚，没有什么隔阂。虽然若干年后，江青得势时借这些私怨对我报复，但当时我始终没因为跟她在毛泽东面前大吵大闹有什么后顾之忧，毛泽东也没有，第二天他就“银桥、银桥”地叫个不停。

“这就是我们在毛泽东家中生活的真实感受。”李银桥说。

“需要补充的一点是，毛泽东一生中几乎毫无物质上的任何追求，他吃粗茶淡饭，穿旧衣破袜，但对卫士以及其他身边的工作人员、亲属、故友却从来是慷慨解囊。在他工资开支中，后来专门让我单设了一项‘救济同志’栏，我本人就几次接受过毛泽东的经济帮助。差不多卫士班的同志人人都受过毛泽东的这种帮助。”

“说起这些，常常使我们卫士们泪下。”两鬓斑白的李银桥眼眶里盈满了泪水。

“我能不动情吗？”他说，“毛泽东自己一套毛衣毛裤补了又补，洗脸洗脚舍不得用两块毛巾，可只要一听我们卫士中哪个家里有困难，便会马上解囊。”

李银桥接着说——

毛泽东自己不管钱，而且他曾不止一次地对我说：“我这个人最讨厌钱。”在我跟随他十几年间，从没见他动手拿过钱。有一次，一位叫张瑞岐的同志，在延安时当过毛泽东的警卫员，解放后，他写信给毛泽东说家里遇到了困难，毛泽东见信后立即吩咐我寄钱。

我从毛泽东的工资节余存款中取出300元，放在牛皮纸袋里，准备寄之前让毛泽东本人过过目。当口袋送到他面前时，毛泽东以为又是什么公文，正准备抽出来看时，我说了声：“是给张瑞岐同志的救济款。”

毛泽东一听，脸色突变，像是无意中抓了一只癞蛤蟆似的那样恶心，把牛皮纸袋扔到了一边。“你以后要注意呢！我是从来不摸钱的，我最讨厌钱这东西。”从那时起，我便知道毛泽东是不摸钱的。然而，他自己不摸钱，对我们卫士，对身边的同志，却总是关怀备至、百般帮助，记得经我手得到毛泽东经济帮助的就不下几十人次。对我们卫士来说，除了平时家中和个人有什么特殊困难毛泽东要救济外，一般在卫士离开他时，在卫士结婚、生育时，在卫士离开数年再来看他老人家时，或者来信有意无意地提起有困难时，毛泽东无一例外地都解囊相助。

“请不要大眼瞪小眼地看着我，我明白你们想说什么，先听我把话说完。”

“确实，毛泽东给同志的这种帮助一出手就是几百元，不了解内情的人一定以为反正毛泽东是国家主席，要多少钱就会有多少钱。错了，毛泽东尽管一年中总有几次那样帮助别人，但从来不动用公家或者说国库里的钱给别人。他的这种资助，全是用他工资节余的存款，也就是说，都是从他牙缝里和身上抠出来的钱！我粗略地统计过，他一年帮助别人的钱，总是远远多于他自己吃饭和穿衣所花去的钱。”

毛泽东有一笔数目不小的稿费，过去是由秘书代为保管，后来是全部缴中央办公厅，就连李敏、李讷都不会得到。对过去的朋友，对生活过得清贫的民主人士，对那些素不相识但问题反映到他老人家那里的平民百姓，毛泽东的帮助，大多动用他的稿费，由秘书代为处理。

“最后，我还要补充的一点是，尽管我们卫士们每个人都不同程度地得到过毛泽东的经济帮助，但他老人家把我们看做自己家庭成员中的一员的最突出表现，是在政治上给了我们平等的权利，生活上给予了关照，以及精神和感情上的融洽。”

李银桥搬出几本当年他们卫士和毛泽东一家生活在一起的珍贵照片，我们一页一页地翻着，深深地感到毛泽东不仅是一个举世无双的中国人民的伟大领袖，同时，又是一个慈祥、可敬、可爱的父亲。

李银桥又说——

1957年8月上旬，毛泽东到青岛视察，因为人手紧，我就带了卫士封耀松和田云玉，偏偏这个时候，小田的家里来了封加急电报，电报就五个字："母病重速回"。小田一家兄弟姐妹七人，家庭生活相对比较艰苦，他的母亲里里外外真不容易。小田一见电报就特别着急，他恨不得插上翅膀飞回家，可又一想毛泽东身边人少，就是他不走，也要同封耀松两人每天每人轮流值十多个小时班，要是一走，显然毛泽东身边的值班可就成问题了。因为我是卫士长，还有外围及与地方联络等工作，毛泽东出外巡视时我一般不值正班。小田不知如何是好，便拿着电报找到了毛泽东。

"你打算怎么办？"毛泽东看了电报问道。

"我……还没想好。"

"你母亲平时身体咋样？"

"还可以。"

毛泽东思忖了一会儿，说："你准备一下，马上回去看看。当孩子的，应该为家里大人多费点心。"

小田觉得为难："我一走，主席身边就没人了。"

毛泽东拍拍小田的肩膀："不要管我。我这里总会有办法，你就安心回去看老人，回头你把罗秘书叫来。"

毛泽东叫罗秘书来，是问有没有顺便的交通工具把小田带到北京，然后让他早些回到家。一听有，毛泽东马上叫来小田："正好有北京送文件的飞机，你可以跟着飞机回北京，然后再转火车回家。让卫士长给你带250元钱，作路费，也好给你母亲治病用。"

小田见毛泽东为他考虑得如此周到，心里热乎乎的。

“100 元就够了，主席。”

“嗯？”毛泽东说，“那好，你就先带上 100 元回去，如果再有困难就写信来，啊？！”

“哎。”

小田回到老家黑龙江双城县，走进家门，只见母亲红光满面，正欢快地干着活。

“妈，你病好了？”小田惊讶道。

母亲一见儿子回来了，高兴得直上下瞅个不停，然后笑嘻嘻地告诉儿子：“妈没病，就是太想你才拍了个电报。”

“妈，看你，怎么能这样！”小田生气了，在家待了几天后，满足了家里人的愿望，便又回到毛泽东的身边。回来后，他如实向毛泽东作了汇报。他低着头，心想这一下肯定要挨毛泽东剋了。

不想，毛泽东笑呵呵地把他拉到自己的身边，连声说：“你去对的么，对的么。”然后，又十分感慨地道：“你现在该明白，儿行千里母担忧啊！母亲的爱是其他的爱不能相比的。”

我看到毛泽东在说此话时，眼睛湿润润的。是啊，过去他老人家曾多次跟我说过，他的母亲当年也是三天两头地挂念这位远离韶山冲，到全国各地去寻找真理的儿子，其情其景，催人泪下。毛泽东是个极富感情的人，他当年为了革命事业，为了全中国劳苦大众的解放，不曾顾得上把这种崇高而神圣的爱偿还给自己的母亲，而今，他却把这种爱倾注在我们这些生活在他身边的卫士身上。这种爱，难道不值得我们这些卫士把它化作力量，化作忠诚，化作全心全意为毛泽东服务、为全中国人民服务的实际行动吗？

第十一章 “第一夫人”难伺候

在给毛主席当卫士的过程中，啥时候最难？对于这个问题，卫士长李银桥思忖片刻，说：“中间夹着江青的时候，事情就不好办了。”

江青是毛泽东夫人，虽然这位来自大上海的演员在与毛泽东结婚时，有相当一部分跟随毛泽东南征北战，为革命立下显赫功绩的老战士、老将军包括几个中央领导在内最初是不赞成的，但毕竟后来她达到了目的，取代了贺子珍，成为毛泽东第三位也是最后一位夫人。

“关于江青这个人的情况，作为15年内抬头不见低头见的我，对她了解是比较深刻的。”李银桥作为历史的见证人，给我们谈了他和江青、毛泽东、卫士之间的许多事。下面是我们如实录下的那些岁月里的件件使毛泽东矛盾、痛苦、烦躁和愤怒的事，是李银桥根据他亲身经历而作的叙述，所以我们依旧用第一人称来写文章吧。

我第一次见江青是在延安窑洞里。这一天，我奉命调到周恩来身边当卫士——那时还没有到毛泽东那里工作。在延安时周恩来住的窑洞跟毛泽东住的窑洞靠得很近。就在我作为新来的卫士刚与周恩来、邓大姐见过面、谈完话，正式开始做我当卫士应该做的事时，门外传来一个尖嗓音的女人声音：“周副主席、邓大姐在家吗？”话音刚落，只见门外风风火火地进来一位长得当时在我看来是相当漂亮的年轻女子，我看最多也就三十来岁。

"噢，是江青同志呀，快来快来！"周恩来显得非常热情，搬过一张凳子让客人坐下。

正在忙着针线活的邓大姐也赶忙放下手中的活计，满脸笑容地对来者说："是不是又要请我们去看你排演的节目呀？"

那个被称做江青的女人屁股还未落定，又立即上前拉着邓大姐的胳膊，摇晃着说："邓大姐，你说还有什么事我找你们呀！不过，我要告诉你们，今晚可是一个特别节目。"

"什么特别节目呀？"周恩来和邓大姐十分感兴趣地问道，这当儿，我已将一碗茶水放到来客面前，说了声"首长请用茶"，那个女"首长"看了我一眼，没有说谢也没有点头，显得十分得意的样子忙着回答周恩来、邓大姐："是我们的小讷要上台来一段《空城计》。"

"好好好，李讷要上台，我们一定得去。"周恩来一听，便来了情绪。一旁的邓大姐也乐了："这孩子聪明伶俐，她表演起来肯定不一般，动作像你这个妈，唱腔准像主席。"

女"首长"一听主人的夸奖，一脸得意劲地告别了周恩来、邓大姐，在她临走时我听到她对周恩来、邓大姐说了一句："你们这个小鬼是新来的吧？挺机灵的。"

自然，我很快知道了她叫江青，是毛泽东主席的夫人。说实在的，当时我心里很敬佩毛泽东的眼力，到底是毛泽东，找老婆也比别人强百倍。因为当时在延安本身女的就很少，像江青这样来自大城市且又是名演员出身，平时又十分注意和会打扮自己，给人的外表印象自然是极不错的。然而，俗话说：人不能貌相。后来同江青接触多了，才发现她这个人的秉性、品德、为人等方面，远比她的外貌差，但当时像我这样一个不懂人情世故的普通卫士是不能理解的。别说我，就连毛泽东本人对江青表里的不一致也是不曾料到的。后来，毛泽东曾不止一次对我说过这样的话：

“同江青结婚草率了，没搞好，背了个政治包袱。”“唉，要说同她离婚吧，也说不上她犯什么大错、有什么大过，再说我是主席，结婚离婚也总不是事，可不离吧，心里憋得难受……”这是20世纪四五十年代毛泽东对江青的心态。

人，是会在历史的进程中变化的，江青也不例外，并且是个突出的典型人物。但她不是人们想象的那样一开始就是个坏女人，如果是那样，我想毛泽东这样一个伟大人物不可能当时一点也未觉察出来就同她结婚。我们知道当时红军到延安后条件是十分艰苦的，外头却还骂毛泽东是“土匪”“匪首”，作为一个相对在大城市生活得不知比延安要好几倍的女人，江青能怀着一颗火热的心投奔延安也是极不容易的。尤其在相当一部分人因受不了延安的苦而当逃兵的环境里，江青还是留了下来，这一点也是应当肯定的。

后来，我到毛泽东身边当卫士长，对江青的了解就比较细致和深刻了。那时，因为毛泽东不让她参政，所以她基本没有什么事干。中央给她的任务是照顾好毛泽东的生活，由于我们卫士组的工作是照顾毛泽东安全之外的每日衣食住行，故江青便负责我们卫士组的工作。客观地说，江青当时对毛泽东还是很关心和负责的。那时她也比较能同大家接近，给我们这些工作人员剪个发，讲点科学小知识，教教针线活。在转战陕北时，别的领导人的夫人子女都过了黄河，江青依然留下来同毛泽东，同中央直属支队的同志一起每天走东闯西，吃了不少苦。在行军路上，她总是显得很活跃，给我们这些战士和伤病员经常来点小文艺节目鼓动鼓动，使得沉闷的行军队伍里时常笑声不断。就宿时为了给毛泽东松松神经，她经常打开从上海带来的那只留声机，放几段京戏，如《空城计》之类的，毛泽东也乐意唱上几声。那时的江青皮肤白皙，加上她总是用演员和大城市女性的独特打扮，使得她周围总有些爱美的年轻姑娘们围着她转，请她帮助梳理头发、缝整衣装，江青也还是很乐意做这些事。但是时间一长我渐渐觉得她身上有许多毛病，最突出的是爱出风头、好胜心强，时时处处总要在别人面前显露一下自己，周恩来的一只手致残就是当时江青要与周恩来比赛骑马，结果那匹烈马在周恩来尚未防备时，屁股一撅使得周恩来落马，手臂骨折，虽经多次治疗仍未痊愈，最后落下伤残。由于江青处处总以她毛泽东夫人的身份高居于别人之上，并且又始终未能改掉她来延安前养成的资产阶级思想与作风，使得她在外不能与任何一位同志搞好关系，在家也不曾和毛泽东融洽过。

毛泽东与江青结婚后，由于生活习惯和各自对革命、对人民、对同志的思想感情相去甚远，因此两人始终没能在一起过得很好。两人由开始的生活不协调，到经常吵架，到后来的分居、感情破裂，这中间毛泽东也曾多次作出过努力，并不止一次批评过江青，但江青秉性难改，始终未见奏效。也许是年龄存在差异，也许是生活习惯不同，反正我觉得他们夫妻生活从来就不怎么协调。江青情绪不好了就对毛泽东吵，就向身边的工作人员撒气，而毛泽东则有时性格也变得烦躁、急暴，但他善于把夫妻间的不快压抑在心底深处，把精力全部用在工作和学习上，这更使我感觉到毛泽东个人的生活是那样孤独、痛苦。我们一些卫士年龄小，不太懂，而进城后，我这个卫士长自己也结婚了，懂得了夫妻间的事，所以更感到毛泽东的不幸。

1953 年，我当了副卫士长，毛泽东拉着我的手说："银桥啊，你现在当官了，不值班了，不过我还是希望你一周值上一两个班，那样我们就能在一起聊聊天，要不然我有时会感到很闷的。"

我说："是，主席，我一定按照您的意见办。"因此尽管后来我又当了卫士长，但我始终坚持一星期为他老人家值两个班，值班时他老人家经常把我拉到床边，拍着我的手背，叹着气说："银桥啊，有时我感到当主席好当，可做一个人却难啊……我们一天到晚用心在打仗、建设国家上，可江青不理解，常跟我闹别扭，她呀，越来越不能给我一点精神上的愉快、轻松。"

我听了这些话能说些什么呢？我理解毛泽东心头的痛苦，可也无法给他排遣。日久天长，有时我觉得毛泽东作为人民领袖，他建下了举世瞩目的伟大功绩，他的一个思维、一句话，能扭转乾坤，而他一生却没能获得一个长久的安稳的幸福家庭。回到家后我有时跟爱人聊起这些，我爱人——给毛泽东家做阿姨的韩桂馨总这样说："江青这个人啊，我在她身边几年了，太了解她了。我们都是女人，女人与女人之间最了解。我觉得江青这个女人最大的毛病就是不能理解别人，不能容忍别人，不顺她心的事有那么一点儿她都受不了。"我觉得我爱人讲得有些道理。由于江青的这些毛病，使得她与周围同志，与丈夫毛泽东，总不能搞在一起。

我第一次看到毛泽东与江青争吵是因为这样一件事。

那时我和韩桂馨还没谈恋爱呢，小韩服从组织分配，到毛泽东家做阿姨，主要负责照看李讷，兼顾给毛泽东家做些针线活。小韩刚来时江青很热情，忙着从箱子里翻出她喜爱的列宁装、红皮鞋之类的东西送给小韩。像所有的女人一样，江青对身为同性的女同志开始的做法有点亲切过度，而且让小韩觉得江青这样一位大首长的夫人也那么俗气，因为江青一边送衣物，一边嘴里又不断念叨："阿姨啊，你来了可就好了。李讷这孩子从小跟我们过苦日子，你得多照顾点她呀！"这话这行动让人一看便觉得江青是想用这种小恩小惠来换取别人的心。

果然，没过几天，小韩为毛泽东缝补了一件衣服，送到了毛泽东房间，江青一见便赶忙过来，竖着眼左看右瞅，脸上马上露出嘲笑的神态，说："哎哟哟，小韩阿姨呀，看你补的针脚有多粗。"小韩也是从小参加革命的，针线这类活没做过，脸马上红了。按理如果是知情人是不该当面说这样的话的，江青就不然，她不但不顾别人的自尊心，而且变本加厉地拿着衣服走到毛泽东面前，仿佛有意展览别人伤疤似的，连声对毛泽东说："主席，你快看，阿姨的针线活做得真够水平！粗得牛都能钻得过了！"

听着别人当众出自己的丑，别说是一个少女，就是我们这样的大小伙子都受不了。站在一旁的小韩马上低头不语，两眼泪汪汪。

毛泽东本来在看文件，无意管这类事，可当他抬起眼皮看到受窘的阿姨时，立即对江青发起了火："你想干什么？蠢么！你就是改不了你的资产阶级个人主义，我看阿姨补得就很好。"

同样一件事，毛泽东与江青的对待差异是何等大呀！其实，平心而言，小韩的那件针线活是做得不怎么好，可毛泽东说的话有人情味，而江青则是时时处处想贬低别人，抬高自己。就连对阿姨这样的普通工作人员，她都如此表现，可想而知她这个人的肚量了。就这么点小事，他们夫妻俩就有如此差异，你说他们夫妻之间能不闹矛盾，感情能不破裂吗？我觉得是必然的。因为他们两人，一个是无产阶级的人民领袖，一个是头脑里有严重资产阶级个人主义的人，所以两人不论在生活方式、思想感情、阶级立场上都永远不会融洽和走到一起。后来的事实也就证明了这一点。

"我这里不想多说江青与毛泽东夫妻之间的差异加分歧，主要是想说说江青与我们卫士之间的矛盾，以及由于她夹在中间，使我们不能更好地服务于毛泽东的事。"李银桥对此特作说明。

他是这么说的——

正常情况下，我们卫士班一般为四至六人，分正班和副班。

给毛泽东值班的正班是24小时都不能离开，副班是照顾江青和协调毛泽东、江青一家的一些事，显然，副班的作用也是为了保证毛泽东能有个安稳的家，以便更好地保证他主持繁重的工作。

可江青不这么想。她本来就有女护士照料她的生活，但这位进了北京城后的女演员开始慢慢膨胀起她的毛病来了，人渐渐变得娇气了，给人感觉她是有意摆“主席夫人”的架子。她的房间里也装起了像毛泽东屋里一样的电铃，什么大事小事、自己能干不能干的事都要叫卫士代劳。

说实话，虽然我们这些卫士觉悟都很高，而且大多是做伺候人的事，但毕竟都是血气方刚的小伙子，对江青的所作所为，心里极为反感，不过是敢怒而不敢言，再一方面就是冲着毛泽东的面子。我们都看出江青与毛泽东合不来，要是到毛泽东面前说江青的不是，毛泽东准会跟江青大吵，一吵肯定会影响毛泽东的情绪，所以江青对我们再怎么使唤，我们是能忍则忍，不能忍也只好偷偷在背后骂她几句。

江青对我们卫士，总是显示她那种自以为无可非议的高贵地位，同时，她近似在满足一种主人使唤仆人的贵族式享受欲，而且要求我们必须完全照她的意思做。我们时常拿毛泽东和她比，越比越觉得江青不值得我们尊敬，而且她确实没有任何理由要求我们那样做。我们伺候毛泽东，因为他是国家主席、党主席，日理万机，每天难有片刻闲隙，如果不是靠我们的服务与多少带有一点强制性的劝阻，日久天长，毛泽东的身体和脑子恐怕就难以持久地健康，那样将给中国革命和全中国人民的利益带来什么样的损失呢？因此，我们为他老人家服务，无论怎样做都是应该的，丝毫不会有半点过分，而恰恰毛泽东本人对自己要求又严，生活方式极为简单，把自己的一切事情都丢在脑后，这更使我们这些卫士感到肩上的责任，觉得不服务好，不仅对不住毛泽东，更是对人民的犯罪。江青的情况就不同了，她那时还基本没什么工作可干，除了一天到晚玩这玩那外，啥事没有，且她本人又年轻，吃得好，睡得好，按理就根本用不着别人为她服务。可江青不然，她把我们对她的服务看成是天经地义的，所以她使唤我们同样也是天经地义的。为毛泽东服务本来是我们的正职，而且毛泽东本人的要求又极为简单，江青在这方面则不然，虽然我们给她值的是副班，可这副班常常不比正班轻松。

譬如说，每天早晨起床后我们卫士到江青那儿，第一句话一定要先问："江青同志，晚上休息得好吗？"没有这样一句问候话江青一天不给你好脸看。她的早饭我们得端到她床上。她的床是特制的，能摇上摇下，只要摇一下床尾的那个摇把，就可以把她摇到坐式，这时再给她提上洗脸漱口的用具。完后，再把一只同样是特制的小桌嵌在床上，江青便能毫不费力地抬头即将饭菜塞进自己的嘴里。江青身体好，且又是个名副其实的"美食家"，所以对吃东西非常讲究，中南海有不少名厨师，唯有一个叫缪炳福的师傅能为江青掌勺。相比之下，毛泽东就极为随便了，辣子、臭豆腐就可以对付一顿了。他们夫妻关系不和睦，吃也许是一个原因。睡的矛盾就更突出了：江青一向生活很规律，早晨按时起床，晚上按时睡觉，该工作该运动，她都很准时，毛泽东就不同了，因此两人一个要睡觉了，一个便是工作时，一个起床了，一个又得开始睡觉了，很难睡得到一起，江青为此是十分恼怒的，但毛泽东的生活习惯是难以改变的。这使得他们夫妻间的矛盾情绪就更容易激化，怎样来淡化这种矛盾呢？老吵架总不是个事，毛泽东采取的办法是少理会、不理会。江青虽然经常找毛泽东麻烦，但她还是怕毛泽东发火的，可是，我们这些夹在中间的卫士，便成了江青的出气筒。

先说说卫士李连成碰到的事吧。

小李是大连人，挺有心眼，干什么事有自己的主见，平时言语不多。自我当上副卫士长后，因为有段时间是汪东兴兼的卫士长，所以，卫士一摊的主要领导任务是由我在主持，谁值正班、副班都由我安排。卫士们谁都愿意值毛泽东的正班，而不愿意值江青的副班，因为江青不好伺候，能躲她就躲吧，不过，又不能不值这个副班。小李不太愿把什么心事和委屈放在嘴上，大概是因为这一点，我觉得他到江青那儿值班会好些，起码不会像其他心直口快的卫士那样惹江青生气，就这样，小李值江青的班多些。可后来事情的发展并不像我想象的那样，连小李这个有什么怨气也不愿挂在嘴边上、表露在行动上的好同志，最后也遭到了江青最无理的训斥，一直闹到李连成一走了之，毛泽东出面说话才算了事。

那是 1959 年的事，记得我们陪毛泽东从外地回到北京，因为有个重要会议等着他老人家。江青则留在广州没走，我便派小李跟着她，这一下可把小李折腾苦了。

不知咋的，江青这段时间脾气很是不好。前一天，小李像往常一样走进江青的屋里，刚踏进门几步，只听江青突然大吼一声：“给我出去！把鞋脱了再进来！”

小李不知哪里得罪了江青，便赶忙退出去把鞋脱了，光着脚丫子又重新踅回。这时他才听江青咕哝道：“你们不会走路小声点？我就烦你们走路像马蹄敲鼓似的！”

小李感到纳闷：地毯那么厚，我刚才进门时哪会有那么大的声音啊！小李心里很生气，可又不敢说啥，打这，他进江青屋，就得光着脚慢慢移动步子。

“丁零——”电铃又急促地响起，小李连奔带跑地过去，并且迅速地脱下鞋子，进去了。

里面江青正漫不经心地在梳头。

“江青同志，我来了。”李连成小声地报告。

“嗯，外面冷不冷？”江青连动都没动一下地哼了一声，问道。

“不冷，江青同志。”

江青听后，拿腔作势地说道：“好，我要出去散散步，你给安排一下。”

小李一听，赶忙转身去通知有关部门，因为卫士只负责贴身的警卫工作，外围的警卫任务是靠地方公安部门安排的。一切安排妥当，小李又忙前忙后地为江青上去引道，以求得她的欢心。谁知小李不但没有听到一句表扬话，却当头又响起一个霹雳：“李连成，这么冷你竟说不冷，你安的什么心？”

怎么可能呢？小李摸了摸额上的汗水，感到百思不得其解，但他还是这样想：也许是江青身体不适。于是便小心翼翼道：“我马上再给您取件衣服来。今天阳光很好，江青同志，您多活动活动有好处。”

“好处？哼，你是存心让我感冒是不是？”江青瞪着一双大眼睛，甩袖转回到了屋里。

小李愣了半晌，心头难过极了：我是一心想让她好，可她……眼泪溢满了眼眶，就差没掉出来。

“小李，快！江青要打扑克了！”不一会儿的工夫，一位护士来叫李连成。小李马上起身，他明白，陪江青打扑克，对卫士和护士来说，虽说没有明确要求，但却是一项必须去做的特殊任务。为了少让江青去干扰毛泽东，就连罗瑞卿这样的大部长都要陪江青打扑克呢，我们这些卫士就更不用说了。

但陪江青打扑克可不是件轻松的事。要是动了真格的，让她输了，你会没有好果子吃；要是一个劲地有意输给她，也是没好果子吃。要做到既让江青赢，但又不能让她看出是有意在让她，可不是件容易的事，江青在牌场上也算是个老手，为了打扑克，我们几个卫士曾跟她吵翻过天。

这次是该李连成倒霉了。

他和江青打对家，自然又是打升级了——江青对升级十分感兴趣，每次打到A时，她总是尖着嗓门得意地喊一声：“噢——我又坐皇位了！”时隔几十年，有时我琢磨，江青后来一心想当“女皇”，是不是与当时打扑克的好胜心有关呢？嘿嘿，瞎说一句，别当真。

毫无疑问，江青这边又是一路领先。小李眼看再战两把江青又要赢了，而赢得太快是不行的。这时，小李就朝护士使了个眼色，让她们来点真格的。于是，李连成两次“失误”，对方扳回两局。牌场上有了点竞争味道，江青的脸上露出一丝胜利者的紧张微笑，这种“紧张微笑”的意思是：让你们临死时还哼两声，等你们再想喘第三口气时——嘿嘿。我们的小李却把江青的这个笑脸领会成：没有什么了不起，再让你们赢一把也不妨碍我又坐皇位。小李是这么领会的，于是出牌时又来了一次“失误”——“吊！”他把一张主牌扔出去，意在让江青能再满足一次对失败者的嘲弄欲。

“你吊什么？非把老娘吊死才高兴？”江青的一对大眼睛一下子竖了起来。

“哎哟麻烦了！”小李差点惊呼一声，可已成定局，扔出的牌是不便再收回了。他赶忙赔不是：“我……我以为这样对您有利呢！”

“有利个屁！你是成心想当内奸！对，内奸！”江青的火不知是从哪儿一下子冒出来了，一说起话就像机关枪似的。

一片苦心的小李有点受不了了，声音很轻地嘀咕了一声：“干吗那么认真，输牌又不是输房子输地……”

“什么，你这个小小的李连成也想反了？”江青听见了，气急败坏地将牌往桌子上一甩，“你给我出去！滚出去！我不要你！”

小李一肚子委屈，可又不能说什么“滚就滚吧”。他穿好鞋子，正要出门时，江青又狂喊一声：“你不要走，到门外给我站着，我罚你站着！”

“砰”！小李的身后一声门响，江青耍起了威风。

站就站吧，小李以为江青一时恼火，等会儿就好了，于是规规矩矩地在走廊里立正站着。

十分钟、二十分钟……他几次偷偷靠近那扇关闭的门，心里想着江青该出来“解放”他啦！可是，门始终没有开。小李的心凉了，像冰一样地凉了。

“徐医生，快去劝劝小李，刚才他跟江青打牌，让江青生气了，罚他站着，他还真站着，都快一个小时了，你快去劝劝他。”女护士紧张地来找医生徐涛。

徐涛过来了，他是留在江青身边的工作人员中年龄最大的同志，所以他来劝小李：“哎，别那么认真，她已经睡觉去了，你赶紧也走吧！她不是经常说政治上平等吗？”

小李平时最能逆来顺受，今天可不是那个劲了，任凭徐医生怎么劝，他就是不肯走。

“你是不是怕她没开口你就自己走了会找麻烦？那我就给你放哨，她一起床，我就再叫你。”徐医生好心说道。

小李紧绷着嘴，坚决地摇摇头。

“你呀！”徐医生无奈，一跺脚出去叫来了省公安厅副厅长苏汉华同志，苏虽说是厅长，可也不敢得罪江青，只好先来劝小李，让他主动去江青那儿承认错误。

“听我一句话，去吧，认个错不就完了。”

小李的牙齿咬着嘴唇，说：“我没错。我已经全心全意了……她竟这样对待我……”他哭了，是无声的抽泣，只能从一双强烈起伏的肩膀看出他心头受的天大委屈。

大伙儿谁也不说话了，留在走廊里的是一片叹息声。

这天晚上，小李从广州给我挂了长途电话，我一听赶忙将这个情况报告了毛泽东。

“哼，她这个人，再好的同志跟她也搞不到一起。”毛泽东气愤地将手中的文件往桌子上重重一甩。片刻，他长长地叹了一口气，对我说：“小李是代我受罪。告诉他别生气了，看在我的面上。让小李马上回来，不要再为江青服务了。离她远远的，看她还耍什么威风！”

这天晚上，李连成就踏上了返程的火车。

江青这个人确实惹不起，毛泽东都常常不愿跟她在一起，但因为是夫妻，面子上有时还不能做得太绝，所以毛泽东采取的办法是：离你远远的，看你还有什么招？毛泽东是主席，可以这样做，而我们卫士就不行了，有时想躲江青是躲不掉的。

一天，江青要外出，我就派了卫士中她平时最喜欢的田云玉去陪她。江青外出总要带几件必备用品：大衣、眼镜、围脖，以及坐车用的靠垫。小田刚接班，有些手忙脚乱，那个垫子没有找着，转头一看江青已经上车了，以为是她自己已经拿走了，便空着手匆匆地追着上了车。

“靠垫呢？”江青问。

小田一听：坏了！赶忙跳下车跑到屋里找，还是没找着，无奈，他又空手回到车上。

江青大发雷霆了：“小兔崽子，你是干什么吃的？你不要去了！”

我听说后，赶忙过去对江青说：“江青同志不要生气了，我陪你去吧！”江青这才罢休。车很快就开了，隔着玻璃窗，我见一向在江青面前总是欢声笑语的小田，此时两眼泪汪汪地站在那儿……

看着小田，我心里一阵难过，同时也勾起了我一段比这更令人难忘的往事……

那是1952年的事。

大概因为毛泽东与我这个人感情较融洽的关系，一般情况下，江青对我也比较热情，打扑克时，只要我在，她总会安排我与她打对家，这一次是在北京万寿路“新六所”玩牌。

“新六所”就是解放初期中央为党中央五大常委——毛泽东、刘少奇、周恩来、朱德、任弼时等修的六栋小楼，他们每家住一栋，我们工作人员住一栋。从1952年到1959年，毛泽东在这八年间经常住在这里，以后就不住了。

这一天江青照例没事干，就拉着我打牌。我一坐下来就发现江青的脸色不好。又有什么事了？我心里不安地琢磨起来，可总不得要领，越不得要领便越琢磨，手中的牌就越打越糟。我像李连成似的一连出错了两次牌，刚要反悔，突然江青把牌往我面前“啪”地使劲一掷，嗓门大得吓人，她叫喊着：“不打了！李银桥，我问你，为什么说我‘躲风’？啊？今天一定让你说个明白！”

江青这突如其来的发怒，把打牌和看打牌的护士、卫士们吓愣了，都不知怎么回事，但最紧张的还是我。当时我一听这话，脸“唰”的一下红了：糟了，她怎么知道我说这话？

原来，这时全国正根据毛泽东、党中央的统一部署，掀起“三反”“五反”运动，江青因为自知历史上有些说不清的事，向来就反感这类查祖宗三代历史的整风运动。这不，“三反”“五反”运动一开始，她又嘴里骂骂咧咧地躲开了，既不参加学习，又不参加组织活动。机要秘书徐业夫一天问我：“江青为什么一见运动来就走呀？”我随口说了声：“她躲风呗。”

这是一句随口说的话，怎么传到江青的耳朵里了，我心里暗暗叫苦不迭。“哼，小兔崽子，你……你到底想干什么？”江青气得一个劲儿地喘粗气，绕着牌桌来回走着，似乎觉得气不过来，又跑到院子里气呼呼地转动。

我简直慌得不知怎么办，说也说不清，于是只好跟在她屁股后面团团转。

这一次江青是气出窍了，眼泪溢在眼眶里："你为什么说我'躲风'？说呀！你哑巴了？"她的手指戳到我的鼻尖上。

我只好结结巴巴地告诉她，是徐秘书问我时随口说的。

"哼，你这个没良心的。我一直在政治上保护你，你反倒诬蔑我。"眼泪从江青的眼眶里淌了出来。

我更加心惊肉跳："没没，我没有诬蔑过首长……"

"没有？"江青哼了一声，"我听到的就这一句，没有听到的不知还有多少呢。你说，你都说我些什么？"

我连连说没有，绝对没有的事。

"好，我问你，你为什么要挑拨我和李敏的关系？"江青不知怎的搬出了这个问题，李敏是毛泽东与贺子珍生的小孩，新中国成立后，李敏跟她的妈妈吃尽千辛万苦后回到了祖国，毛泽东把李敏接到了身边。江青一直对李敏的问题极为敏感，我没有也不敢在这些是非问题上插半句话，可江青搬出这个问题，更使我感到问题的严重性。

"你不想说？"江青双手叉腰，怒气冲冲地责问我，"那么我问你，为什么我叫你派车接她回家，你就不去接？"

我想起来了，那是江青为了照顾情面，周末时让我去到学校接李敏回家，可我去后，李敏这孩子说学校有事不愿回家，于是我就没有办法地回去了，不想江青以为我在中间做了什么手脚。唉！

"江青同志，我是去接了，可李敏她不肯回来。"我说。

江青哪能相信我的话，喷着唾沫星说："是你挑拨后才这样的！李银桥，李银桥，你现在自己也有家了，你知道我这个当后妈的不好当，可我哪儿痛，你就往哪儿戳刀子，你还不承认！”

这是明摆着冤枉我，我说：“这条我决不承认！”

江青见我硬起来，气得跳了起来：“你不承认？你还挑拨我和主席的关系，你也不承认吗？”

上帝，这下我可没话说了。那次吃红烧肉的事情发生后，由于毛泽东的一再逼问，我不得不把江青要我那样做的冤屈讲了出来，为此，毛泽东向江青发了火，也因此他们分开了吃饭，江青能对我不记恨吗？

全完了。我知道江青心目中对我这个卫士长是怎么个看法。

别无选择，我只好硬着头皮去见毛泽东，叫他老人家“裁决”了。已是下午四点，他也快起床了。我对江青说了声“主席快起床了，我得照顾他”后，便走到毛泽东住处。

“主席，我跟江青吵起来了。”毛泽东正倚在床栏上看报，我小声报告道。

“你为什么要跟她吵呀？”毛泽东不以为意地问了声。

我说：“不是我跟她吵，是她跟我吵。”

“那为什么事呀？”

我就把整个事情的过程说了一遍。毛泽东这下停止了看报，思忖后说：“看来我得出面跟江青谈谈，你去叫她进来。”

返回院子，只见江青正在打转转。我说：“江青同志，主席请您去一下。”

江青一听更火了：“你真行啊！”显然，她以为我是“恶人先告状”。

我心里忐忑不安，在值班室静候毛泽东夫妇对我的“发落”。“丁零零——”电话响了，我知道是毛泽东在喊我，便蹦起身就往里走。

毛泽东见我进了门，吐了口烟，说："看来你得写检查，光靠我帮忙还行不通呀！"

"这……"我的右手搓着后脑勺，发愁道，"主席，您说怎么写呀？"

"你怎么说的就怎么写么。"

"我是说过她'躲风'，可绝对没有诬蔑她的意思。"

"那你就写：话说过，但绝没有诬蔑的意思。"

"她说我挑拨她跟李敏的关系，我没有。"

"那就写没有。"

怕我写不好，毛泽东又随手拿了一张纸，用手指当笔在纸上画着："这样，开头要写我们两个人的名字，写主席、江青同志。然后另起一行，'躲风'的话说了，承认，要检查说得不对，要道歉对不起。再写个'但是'……"说到这儿，毛泽东朝我挤挤眼，"在'但是'后面多做点文章。话是说了，但没有政治诬蔑的意思，至于挑拨，根本没有。去接李敏了，她不肯回来。交代的事办了，只是没办成，以后争取办成。检查写完后先交我看看。"

"是。"

看得出，毛泽东是站在我这一边的。虽然现在他要当中立的"法官"，但明显是要为我"作弊"。我踏实了，心头万分感激毛泽东，于是，这份检查按毛泽东的意思写得特别认真。

"嗯，可以。"毛泽东看后点点头，把检查放在床头柜上，然后说："检查交了，问题还没有解决。你暂时得到中南海躲躲。"

"躲？"

毛泽东笑了，说："只好委屈你先躲躲风了。"

于是，我从新六所"躲"进了中南海。

这一"躲"就是十来天。我心想，这事还真难，毛泽东出面了到现在还没解决，看来复杂呢！我心里不免又担心起来。

正在我犯愁时，毛泽东的值班室打来了电话，让我马上到新六所。

“银桥，问题解决了！”毛泽东一见到我，就笑嘻嘻地说，仿佛为自己解决了一件大难事。“江青这两天病了，住在北京医院。你带点东西去医院看看她。明白意思吗？”

我还能不明白？毛泽东在给我充好人呢！我一阵高兴：“明白。”

毛泽东摆摆手：“先不要忙，在你房间里等着，等机会成熟了再去。”

我不知道这是什么意思，莫名其妙地在房间里等候。不过，我想有毛泽东亲自安排，一切都会称心如意。

“丁零零——”大约十几分钟后，我接到了一个电话，是北京医院的一名护士打来的，说是江青要烟和一些水果，让我送去。

我赶忙出万寿路，搭上公共汽车直奔北京医院。一进病房，见没人，正在疑惑时，只听卫生间里有水声，我便知道江青在里面。果然，不一会儿，江青擦着手从里边出来，一见我便微笑着跟我握手。

“你来啦？”

“来啦。”

“快坐！快坐！”看到江青这般热情，我这一二十天中吊起来的心总算落到了原位。后来才知道，江青如此转变，全在毛泽东多次为我用计。就是刚才接到北京医院打来的电话，也是毛泽东一手安排的。

我在房间等候时，毛泽东给江青打了个电话说：“你心胸不要总是那么狭窄嘛，银桥一听说你病了，很着急，买了东西要去看你。你要主动么，要有胸怀么。”就是在这种“催化”下，江青才让护士给我打来电话，而我给江青“买”的东西，也都是毛泽东为我专门准备好的。

这场非同小可的矛盾，终于由毛泽东给轻轻松松化解了。从医院回到毛泽东身边，我如实将见到江青的情况向他作了汇报。毛泽东很高兴，又随手把我的那份检查递给我："拿去吧，自己保存起来。"

我真的把这份检查保存了起来，因为看到它，就会使我想到毛泽东爱护我们卫士的一片深情厚谊，然而，没想到日后我保存的这份检查在"文化大革命"中被造反派抄家时拿走了，成了我"一贯反对"毛泽东和江青的"铁证"了。为此我蒙受了严酷的政治迫害，这是后话，且不多说。

关于江青，毛泽东生前对她有过很多评论，而且不知多少次严厉批评过她。20世纪60年代初期之前，江青对毛泽东的批评教育总的来说还是惧怕的。到了毛泽东晚年时，由于他的身体健康等原因，加上江青自认为登上了"党和国家领导人"之列，所以，她对毛泽东的批评教育采取了当面一套、背后一套的阳奉阴违手段。"文化大革命"开始，江青由"文化旗手"到"四人帮"的头目，身份也不单纯是"毛泽东夫人"了，政治局委员的头衔使得她可以到处出头露面。这期间，毛泽东对她的批评也显公开化，除了写私人信件外，多数把这种批评形式公诸于领导干部之间，譬如公开在领导人的会议上，批示给政治局委员们传阅等。60年代初期之前，因为江青基本没有什么官职，毛泽东与她之间的不合大多仅限于夫妻之间。正因为这是夫妻两人之间的各方面的情趣不合，使得毛泽东日常生活、精神生活都很痛苦与烦躁，毛泽东是感情豪放的人，但作为一名党和国家的领袖，他又不得不把夫妻之间的不协调深深地埋在心底。

我是毛泽东的贴身卫士、卫士长，老人家将我视为能交流内心感情的人，所以，许多不能在外人面前说的事，他却常常在床榻前、躺椅上、散步聊天中对我谈。

毛泽东和我聊得很多很广，大到中国革命、世界革命，小到他与我的家庭生活、个人感情，其中他发自内心的对江青的不满和为江青担忧的话占了不少。

他发过这样的慨叹："江青是我的老婆，要是我身边的工作人员早把她赶走了！"

他有过这样的后悔："早知道她这个人是这个样儿，当初就不会跟她结婚。"

他作过这样的断定："江青是个'是非窝子'，刀子嘴会伤人。我死后，人家得把她整死。"

这些都是50年代讲的话，那时江青还没有在"政治舞台"上活跃，但毛泽东对她却早有评判。

从毛泽东说的话和他在江青面前处理的事看，我有这样一个总体印象：毛泽东对江青有许多看法，甚至有时是愤愤的看法，但他没有办法——当然凭他能扭转乾坤的能力，什么事都构不成对他的妨碍，但唯独对江青，他不能那样做，因为那是他妻子，尽管是一个无法同杨开慧那样贤惠、相爱的妻子相提并论的妻子。

50年代后期开始，毛泽东实际上已很少同江青在一起生活了，他烦她。江青在他身边带来的不是快乐和轻松，而是喋喋不休的政治唠叨和争吵。毛泽东一生为政，但对江青那样"关心"政治却感到反感，他不愿意妻子介入他的政治世界。直到1956年，经周恩来一再提议，政治局常委们开会一致同意后，江青才有了她政治生涯中第一个正式的重要职务：毛泽东的五大秘书之一。其余四个是陈伯达、胡乔木、叶子龙和田家英。

那天常委会还是晚上开的，直到天亮时才形成决议。会议期间我一直站在毛泽东身后，开始他一直反对江青做秘书的提议，后来其他常委一再解释、劝导，天也快亮了，看得出毛泽东也感到有些疲倦了，这时才表示少数服从多数。东方发白了，他的生物钟提醒他：该睡觉去了。

江青就是在这样的情况下，迈入了她个人政治生涯的重要转折。

尽管如此，毛泽东并没有改变对江青的印象。历史和现实不允许他改变他跟江青的夫妻关系，可是他依然采取“远远离开”的做法，因为江青夹在中间难办的情况，不仅对我们卫士是这样，对毛泽东来说也是这样。试举一例——

自延安开始，为了让毛泽东能休息和散散心，我们这些他身边的工作人员总算把毛泽东的“舞兴”培养了起来。于是，新中国成立后，在中南海有了著名的“周末舞会”。那时，只要没有什么重要会议和活动，中央的一些领导同志除彭德怀外，都会到舞场上翩翩起舞，毛泽东也经常参加。在舞场上，他们这些革命老同志一反平常的严肃，个个十分活跃，他们特别愿意在这种场合与小青年们热闹热闹，越热闹越高兴。在舞场上，气氛特别好，没有上下级关系，没有男女老少之分，都很随便。

王光美等领导同志的夫人们也是舞场上的积极分子，她们的到来，更使舞场充满热烈优雅的情调。唯有一位来了，就会大煞风景，她就是江青。

每当舞会上突然出现毛泽东时，舞场上会呈现一片难得的活跃、轻松、奔放气氛。那时年轻女同志都希望能同毛泽东跳上一阵。可是当人们发现毛泽东身后跟着一个江青时，欢快的舞会一下变得莫名其妙的拘谨，舞者不论男女都有些紧张，平常的逗笑声、取乐声会一扫而光。大家心里很明白是怎么回事，毛泽东当然也明白，可碰到这种情况，他明显有些不自在。尽管他会用他那特有的幽默来调动气氛，但是达不到理想的效果。

为此，毛泽东背地里总对我们卫士发牢骚："江青这个人走到哪里哪里就扫兴。"

这种情况是不该出现的，因为舞会本来就该让大家轻松愉快，特别是毛泽东能到舞场，对大家，对毛泽东本人来说，更是希望有这种轻松愉快的气氛，如果适得其反就不好了。

怎么办呢？看来谁都不会，也很难提出什么办法。那些赫赫有名的领导人是不便提出什么想法的，那些来参加舞会的一般同志更是不可能提什么，毛泽东本人则更难处理他带来的夫人江青了。冷落江青是不行的，老让她跟着毛泽东也是不行的，因为毛泽东很喜欢与年轻人一起热闹。那么有哪位男士——包括毛泽东之外的领导人、普通人敢主动去邀请江青呢？显然极少和难得了。咋办？几次舞会后，我一直在家琢磨这件事，最后结论是：看来要靠我们卫士了。因为我们卫士一则全是男士，二则都是毛泽东身边的人，三则都是毛泽东、江青辈分下的"毛孩子"，四则平时也负有照顾江青的职责。果然这个办法得到了毛泽东的赞赏——当然不能让江青感到我们是有意这样具有"任务感"地去做的。

从那时起，我偷偷向卫士们吩咐了这样的任务：在毛泽东和江青都去参加舞会时，我们要积极热情地邀请江青跳舞，既不能冷落她，也不能让她太多纠缠毛泽东。

一般情况下，毛泽东和江青一起参加舞会时，第一曲舞毛泽东会主动和江青跳，那时我们应该怎样掌握这个"度"呢？告诉你们一个秘密：毛泽东与我们配合得极好，只要他不想再和江青跳时，他会暗中给我们卫士使个眼色。卫士们看到毛泽东的眼色，就会马上"行动"，这样既"解放"了毛泽东，又使虚荣心十足的江青感到自己永远是舞场上不可忽视的主角。

然而，江青毕竟是个难对付的角色，她会在舞场上突然出现怪论、怪调，以致整个舞场又陷入一种极不协调的气氛。记得

1957年我们在杭州时就出现过这种情况。

那天，浙江省委为毛泽东在大华饭店举行舞会，因为江青也在，所以晚上毛泽东和江青及我们几个卫士便一起到了舞场。

舞场上，除了浙江省委、省政府的一些领导同志外，大多数是杭州市的几个文艺单位的姑娘和小伙子们。毛泽东一到舞场就显得非常高兴，连声说："跳么，好好热闹热闹。"

活泼的姑娘们正要拥向毛泽东的一瞬间，她们看到了一身庄严、华贵的江青，戛然止步。原是叽叽喳喳的一片欢笑声，随着姑娘们胆怯地退到两边，变成了有节奏的，而实际上是死板的很沉闷的鼓掌声。

大家都感到很干巴，毛泽东更是这样感觉。他到舞场里来，是想作为一名普通人进来的，可是现在却又不得不继续当他的领袖、主席。

唯独江青觉得正常。乐曲一起，她面带庄严、从容优雅地将手搭在毛泽东的肩上，进入了舞池。她的舞姿确实很不错，但明显地缺少热情。看得出，毛泽东跟她跳得有些别扭。

一曲完毕，在第二首乐曲再起时，我见毛泽东朝我们卫士这边"发讯号"了，于是，便轻轻捅了一下田云玉。小田是个活泼机灵且长得蛮帅的小伙子，深得毛泽东、江青喜欢。小田走到江青面前，很热情、礼貌地邀请江青，江青朝毛泽东娇嗔地看了一眼：又是你的卫士挡驾了。这意思很明白，毛泽东善意地微笑了一下。于是，江青和小田成了一对舞伴，毛泽东又被"解放"了，到了群众中。

我坐在一旁，觉得有一种完成任务后的轻松感。

突然，音乐优美、奔放的舞场上响起一阵尖叫："停停停，太刺耳了！太刺耳了！"

谁在这么咋呼？我一惊，全场的所有舞者也都一惊。我目光的第一个任务是寻觅毛泽东。看到了，毛泽东朝发出声音的那个地方瞅了一眼，马上皱起了眉头。我马上明白了，准是江青干的。果然，只见远离乐队的江青双手捂着耳朵，很恼怒地朝着乐队在唠叨着："你们声音不会小一点点？这么刺耳！"

乐队指挥十分惊慌地重新换了个曲子，但不知是紧张的原因还是什么其他原因，竟换了个更奔放的曲子。

"哎哟，吵死了！你们成心哪！"江青捂着耳朵直冲乐队走过去，"换换！马上换！"

当乐曲重新奏起时，舞场上完全是一片小心翼翼的、压抑的气氛，不论是毛泽东还是省委负责同志都一再鼓动大家要"活泼""热闹"起来，可始终不得如愿。

回住处的路上，毛泽东没有同江青坐在一辆车上。他老人家一声不吭，我知道他是在生江青的气。直到临睡觉时，他才冲我说了一句："下次跳舞，要么江青不去，要么我不去！"

我什么话都没说，心里想着：这事我们没有办法，您老人家同样没有办法。多少事，只要江青夹在中间就搞不好，难道您老人家不清楚？

第十二章　惊人之举

生活中的毛泽东是个什么样的人？这是人们感兴趣的问题。谁最了解这方面的事呢？大概没有人能比得上毛泽东的贴身卫士们了，因为在绝大多数的时间里，毛泽东连家人和最亲密的、并肩战斗几十年的战友周恩来等人也是不常在一起的，唯有卫士们与他朝夕相伴。在卫士眼里，毛泽东更是一个实实在在的人——当然是位了不起的伟人，但他身上也确有许多常人都有的喜怒哀乐，和非同寻常的惊人之举。下面是卫士们给我们讲的生活中毛泽东的一些轶事。

解手时好想问题

对这个并不太雅观的题目，也许有人会提出这是否有损于领袖毛泽东的形象，可卫士长李银桥坚持说："这是实实在在的事。毛泽东几次对我和其他卫士这样说过。"

绝非猎奇。

那是在转战陕北的岁月里。李银桥当毛泽东贴身卫士，部队从白龙庙出发，行军一天，夜宿在一个叫杨家园的村寨。

一盏小油灯下，毛泽东又开始了他的通宵工作。

他手中握着一支笔，时而查看地图，时而凝神默思，时而画线画圈。忽然，他双眉一皱，顺手抓起桌子上的几张废纸，便往外跑。

这一切，卫士李银桥都看在眼里，但他并不明白毛泽东这样匆匆忙忙地要干什么去，于是警惕地挎起盒子枪，紧随而去。

“银桥，扛一把锹帮我挖个坑，我要解手。”毛泽东转头对卫士说。

卫士没想到毛泽东会走到那么远的地方去解手。在离住处足有二三百米的村外一处野地里，毛泽东指指一个隐蔽处说：“就在这里挖吧！”

当了十来年勤务员，卫士李银桥还是第一次为首长挖解手的坑。他一边挖一边直嘀咕：毛泽东真怪，干吗有厕所不用，非得黑灯瞎火地跑到野地里来蹲坑拉屎？他没有多嘴，转眼便把坑挖好了。

“主席，您试试吧！”

毛泽东一试，说：“好么，好么！”

站在隐蔽处的卫士静候着毛泽东的“行动”，真如传闻的那样，毛泽东有便秘的毛病，每次解手总是很困难，而一旦“问题”解决，便会安静下来。像其他领导人一样，毛泽东的解手时间一般都很长。

“这么长时间，蹲着得有多累！”卫士越想越觉得奇怪，于是，等毛泽东总算办完“大事”后，便忍不住地问：“主席，您为啥不在厕所解手呢？”

“我嫌它臭，对脑子不好！”毛泽东嘟哝说。

卫士差点“扑哧”笑出声来。“可是，我看您跟老乡聊天时，双手去抓大粪施肥，随后又拍拍手抽起烟了，也没见您有一点嫌臭之意呀！”

毛泽东笑笑：“此一时，彼一时也。”

“主席，您真有意思。”卫士乐了。

“哎，银桥，我问你，什么时候思考问题最好？”忽然，毛泽东问。

卫士想了想："大概是躺在床上时吧。"

"不对！"毛泽东双手叉在腰际，上身往后一仰，随即朝前俯下，将脸贴在卫士耳边，十分幽默地挤了挤眼，说："告诉你，据我的经验，解手时最好想问题。"

"啊？"卫士瞪大了眼，双手赶忙捂住嘴，"咯咯咯"的笑了好一阵。

"你说公用厕所那么多人拉，臭得难闻，能想出好主意吗？"毛泽东一本正经，声音很高地问卫士。

"是……是不能。"卫士一边笑着一边回答。他绝没想到伟大领袖还有这么个高见。

到底是不是能在解手时想出好主意，卫士对此半信半疑。可是，第二天一早，当毛泽东找周恩来把自己想好的歼击钟松36师计划一说时，站在一旁的卫士心头好不称奇：果真如此！

与胡宗南部队的钟松36师一仗，仅用了三天两夜，便把不可一世的这支国民党部队全歼了。"拿酒来！"平时不喝酒的毛泽东酒兴顿作，从卫士手中拎过一瓶白酒"咕嘟咕嘟"地直往嘴里灌。

"银桥，我要大便了！"三天两夜没解过一次手的毛泽东放下酒瓶，朝卫士大手一挥。

"哎！"卫士心领神会，扛起一把铁锹，两人一前一后向村外的野地里走去。

"主席，钟松的36师倒霉就倒霉在您的那次解手上。您的一个好主意，胡宗南大将军就要在蒋介石面前哭丧半天。"卫士跟毛泽东开起了玩笑。

毛泽东也乐了，忽而他神情收敛了一下，认真地说："银桥，咱们再来个协议怎么样？我以后解手，你就扛一把锹，帮我挖坑，行不行？"

"行！这是为革命做大贡献！"卫士把铁锹往地上一插，一口答应。末了，他捂嘴先笑了。

替逃兵解围

在战场上，同志们最恨的是什么？是自己队伍的逃兵。

毛泽东一生操文，史书上几乎没有记载这位统率中国人民军队的统帅亲自挥刀斩敌、血洒战场之类的事。说来神奇，一个没有同敌人面对面拼过刺刀、打过枪的人，竟然能一挥手将八百万敌军仅在弹指一挥间打得所剩无几。在长期的中国革命战争年代里，毛泽东依靠他的伟大气魄和钢铁意志，对顽敌从来毫不留情。在辽沈、平津、淮海三大战役之后，蒋介石政府不止一次在毛泽东面前乞求讨饶，然而，毛泽东连眼都不眨一眨，说道："宜将剩勇追穷寇，不可沽名学霸王。"

可是，你却想不出面对一个人人恨得咬牙切齿的战场逃兵，毛泽东又是怎样呢？

事情偏偏发生在中央警卫部队里，这意味着什么？一旦逃兵到了敌方那边，或者被敌人抓住了，将会出现不可估量的后果。

"小子，抓住他定要千刀万剐！"警卫战士们怒气冲天。

"要不惜一切代价，必要时杀人灭口。"警卫部队的领导决心这样做。

"立即行动！""追！"

警卫部队立即四面派人追赶，八方下令阻击。终于，费尽心力把那个逃兵抓了回来。

革命队伍最憎恨逃兵，何况，这是个中央心脏机关的逃兵！同志们气不打一处来。

"揍死这个龟儿子！"

"该毙！该杀！"

“打！打死他！”

愤怒的吼声惊动了窑洞里的毛泽东，他迈着大步走了过来，迎面看到的是一张苍白的娃娃脸和一个瑟瑟发抖的瘦弱身子。

“饶命啊饶命，我不是有意逃的呀！我饿，我想家呀！求求你们饶了我一条命吧！”逃兵一把鼻涕一把泪水地跪在地上哭乞着。

“再嚎！看你再嚎！”有人朝逃兵身上就是一拳。

“放了！放了他！”突然，毛泽东大吼一声。

“对！崩了他！毛泽东都同意崩他！”一个警卫干部像得到了尚方宝剑似的，立即命令手下几个战士架起那个逃兵就要走——他把毛泽东湖南口音的“放”误听成了“崩”字。

“住手！我让你放了他！”毛泽东把脚往地上猛地一跺，声音提高了两倍，“你，你这个人吃什么饭的！”

那个警卫干部傻了，当他反应过来毛泽东是要他放了那个逃兵时，下意识地回嘴道：“他可是个逃兵，坏着呢！”

“你说哪个坏？”毛泽东忍住了火，眼珠瞪得老大地责问道，“他还是个娃娃么，快把他放了。”

“这么严重的问题，不判不关还要放他？往后这兵怎么带？”那个干部不服道。

“只有你会带兵？”毛泽东不满地瞪了那个警卫干部一眼，然后换了另一副温和的口气，对在场的人说：“这娃儿还小，刚参加革命，没吃过苦。我们这里艰苦，他受不了，想家。你们说说，你们中间谁不想家？想么，谁都会想家的么。想家就是叛变投敌了？！”

“放，快放了他。回头多做点好吃的给他，娃儿就不会想家了么。听见了没有？”毛泽东说完，便转身进了窑洞。

于是，逃兵被释放了，不但没有受到任何处罚，反倒吃了好几天“伤号饭”。后来，这个小战士再也不曾想过逃跑了，成了一名英勇的革命战士。

乖乖跟着阿姨走

在毛泽东面前，几乎没有哪一位领导人敢放肆地做一个动作，说一句不客气的话，行一件影响毛泽东工作或学习的事。

据卫士们介绍，周恩来见毛泽东时，总要先向卫士问一声："主席现在是休息还是办公呀？"如果说是休息，他便会悄悄地回去了。当然有特别重要的事，他便请卫士叫醒毛泽东。如果遇到毛泽东正在办公，周恩来也会让卫士先进去跟毛泽东打个招呼。刘少奇见毛泽东更是规矩，先打电话，或先请卫士通知。那些元帅和大将军们有什么事要见毛泽东，那更是毕恭毕敬。毛泽东的诗友陈毅元帅是所有领导人中在毛泽东面前最可以"放肆"的人，可每次他来见毛泽东时，也总是先问卫士，听到"可以进去"后，他方迈着矫健的军人步伐，站在毛泽东办公室门外喊一声"报告"，毛泽东熟悉陈老总的声音，于是便会应道"进来"，或亲自从办公桌前站起身。进屋的陈毅总是先敬个礼，或问声"主席好"，待毛泽东招呼"坐么，坐下聊"后，陈毅便会"哈哈"笑一阵，才说道："放开了，现在放开了！"

从这里可以看出，这些德高望重的领导人是十分敬重毛泽东的，另一方面也可以看出毛泽东的威望之高，也是有些令人生畏。

毛泽东整年整月地日理万机，工作之忙是常人难以想象的，他的精力之充沛、工作之专注也非寻常人所能做到的。也许正因为如此，毛泽东很不情愿别人随意打乱他的思路和正在进行的工作进程。

卫士们有着极深的感受：在工作和学习中的毛泽东，常常是卫士们进屋为他换水、倒烟灰或做些其他事，在屋里待上几分钟、十几分钟，他竟然不知道。而有时他正在写一个文件，或批阅一个材料时，屋外有人咳嗽一声、说句话，他都会烦躁地问："谁呀！""搞什么名堂么！"

这一天，李银桥在值班，看到负责给毛泽东家带李讷的阿姨韩桂馨大步流星地朝毛泽东办公室走。

"喂喂，小韩你干什么？"李银桥赶忙叫住她。

小韩说："我的战友、同乡江燕来了，她想跟毛主席合个影。我答应了她，这不，我去找主席。"

"你真是的。主席在工作呢！当心你的小脑袋！"李银桥可不是吓唬她。

年轻天真的小韩嘴一翘："哼，少来这一套！"

"你……你……"李银桥还没来得及叫住她，小韩便大步推门而入。

"主席，您出来一下！"小韩冲着毛泽东便说。

正在埋头工作的毛泽东一怔，半晌才问："什么事，小韩同志？"

"您出来就知道。"

毛泽东疑惑了一下，看看桌上的书稿、文件，又看看小韩，笑笑："好么，我服从你。"

小韩把毛泽东拉出屋子，向他介绍了一位已经在门外站着的女兵："主席，这是我的同乡、战友，叫江燕，她的爱人李得奇同志给您治过牙病呢！江燕想跟您合个影。"

"好么，欢迎小江同志。"毛泽东上前跟女兵热情握手，转头风趣地问小韩："哎，指挥官，在哪儿照呀？"

小韩环顾了一下四周，目光落到了眼前那个毛泽东住的窑洞。"主席，就在您这个窑洞门口照吧！"

"遵旨！"毛泽东拉着江燕十分乖巧地站在那儿，于是，摄影师“咔嚓”一声照下了一张具有历史纪念意义的照片。

这张照片至今仍在李银桥、韩桂馨夫妇的相册里。

“这张照片，我珍藏已有四十多年了，在战争年代，每当行军转移到新地方时，我都忘不了把它带在身边……”现已退休在家的韩桂馨回忆起当时的情景时，不无感慨地说：“每当想到那次我冒冒失失地去找他老人家照相，心里就会有些内疚。可在他人面前我至今还有些得意：毛泽东主席对我这样一个普通女战士竟如此顺从。我的爱人银桥总爱对我说：‘我跟随主席十五年，还没有一次敢像你那样做的！’你说我能不得意吗？”

塘边打赌

关于毛泽东爱打赌的事，我们从卫士那儿听来不少。毛泽东是个很幽默的人，他的思维活跃，常有出人意料的奇想，而这种奇想之中又有很深刻的道理。

有一次，卫士长利用和主席散步的机会，吩咐几个卫士将毛泽东书房里的一张大沙发搬到另一个屋子里，可是卫士们试了几次，就是搬不出门，于是只好放回了原处。

毛泽东回屋后，见沙发还在原处，而几个卫士傻愣在屋里不知如何处理这件事，便问：“怎么，请不动它？”

卫士封耀松说：“门太小，出不去。主席，干脆还留在屋里算了吧！”

毛泽东用奇怪的目光看了看他的卫士，围着那张大沙发走了半圈，似乎十分严肃地思索道：“唉，有件事我始终想不通呢……”

平时，毛泽东跟一些专家谈学问、谈国策后，常踱步到卫士值班室来，很认真地提些问题让卫士们发表意见，卫士们也乐于在他老人家面前亮亮自己的“高见”。

这一次也不例外，几个年轻的卫士听毛泽东一个人又在嘀咕，便跃跃欲试了：“主席，什么事，您说出来我们听听？”

毛泽东摇晃着头，侧脸而语：“你们说说，是先盖起这房子后搬来沙发呢，还是先摆好了沙发再盖这房子呢？我真弄不懂。咱们是不是就此打赌，你们同意不同意？”

“这……”卫士们一听，一个个脸都红了。毛泽东的话，不是在批评自己不动脑筋吗？

“还愣着干什么？快搬！”卫士长吆喝道。于是，卫士们七手八脚，横来竖去，总算把沙发“请”出了门。

追根究底，把所想的事情和问题搞个明白、弄个清楚，这是毛泽东的一贯性格。卫士说，毛泽东较起真儿来还真有那么一股劲。有一次，卫士陪着他和作家萧三在西柏坡散步聊天。走着走着，前面河水中一群人在那儿吵吵嚷嚷。

“那里出什么事了？”毛泽东关切地问。

“昨晚刚下了大雨，河水暴涨，顺着河水冲下来很多东西，老乡可能在河边打捞东西！”卫士说。

“走，咱们也去看看。”毛泽东兴致勃勃地大步朝前走去，后面的萧三也赶忙快步跟上。

毛泽东一行沿着河边的一条水渠而走，那一片片刚被河水淹没的稻田即刻跃入眼帘。毛泽东深为惋惜道：“眼看收到手的粮食，被老天爷这么一泡，就完了。应当马上组织部队，帮助老乡赶快排水，兴许能减少些损失。”

“我说萧老乡，”毛泽东转头对萧三——他们同是湖南人说，“要在咱们南方，是很少有这种情况的呀！”

萧三答道：“是的，在我们湖南，平地都是水田，下大雨也不怕。渠道河流如网，水流畅通，小河大河，大江大湖，就像一个人的大小血管一样，吃得再饱、营养再好也不会盛不下血液的。”

“在北方，看来是很有必要搞些旱涝保收的农田设施。”毛泽东想着问题，便走到了那喧嚷的人群处。

原来，真是老乡们在河水里打捞东西呢！这条河叫滹沱河，洪水泛滥的河面上浪涛滚滚，夹着什么西瓜、木头、衣物，还有死鸡、活猪、狗崽子等，由上而下地冲来。由于水流急，不少物品来不及捞，于是河水中的人便大呼小叫个不停，那情景还显得十分紧张。

岸上的毛泽东完全被水中的情景所感染，情不自禁地操起浓重的湖南口音，也在叫着嚷着，干着急。因为人多声杂，他的话河中的人听不清，于是眼巴巴地看到好多东西从人们的夹缝里漂走了，毛泽东着急得直跺脚：“怎么搞的么，那只西瓜，还有那个木柜完全是可以捞起来的么。”

看着他的样，大作家萧三和小卫士直乐。

“喂，萧三你乐什么？”毛泽东像闹孩子气似的用力将萧三一推，“走，我们也下去！跟他们年轻人赛一赛！”

“不行不行！”萧三赶忙拉住毛泽东，“我说主席，这可不是湘江水，它是凶猛的滹沱水！如果今天我们是站在湘江边上的话，我一定舍命陪君子，痛痛快快地跟你下去拼搏一番。”

毛泽东听后，两眼夸张地盯着萧三：“噢，我的大作家，你今天是不敢舍命呀！”

萧三马上脸红了，忙摆手道：“哪能呢！我的意思是怕你凉着。再说，我到你这儿来没带什么衣服，湿了就不好回家了。”

“嗯，这倒有点实情。”毛泽东点点头，然后开玩笑地说：“我说大作家，你可不要得职业病，别只能坐在家里摇笔杆，其他的都不能干了。”

萧三自觉斗不过毛泽东，便直着嗓门，说：“主席，我再次声明，我是觉得你的时间太宝贵。我们还有好多重要的事要做，所以，我们该向后转了。”

毛泽东想了想，才说：“好吧，今天算你‘挽救’了我！”

这一天，是毛泽东和卫士在一起散步。

他们来到野外的一个小水塘边。水塘并不深，水质也很清澈。于是，便引起了毛泽东的一个问题：“小王，你说池塘里有没有鱼呀？”

被问的卫士王振海不假思索地说：“这土水塘里怎么会有鱼呢，滹沱河拐弯处那些有石头的水塘里才会有鱼呢！鱼一般都喜欢在水中的石头缝里生活。如果天旱，把河流临时挖沟改道，把水淘出，一个水塘里可以捞很多鱼！”

毛泽东仿佛第一次认识王振海似的：“我说王振海同志，你的家乡准是有很多河塘，而且你小时候一定捕到过不少鱼呢！”

受到表扬的王振海得意地挺挺胸脯：“那还用说。主席，别的我不敢夸口，要说哪个水塘有鱼，哪个水塘没有鱼，我准能一目了然。”

“嗨嗨，你这个王振海啊王振海，今天咱们两个就在这里打个赌。”毛泽东把衣扣一解，冲着王振海说，“咱俩一起下水。如果捞上鱼来，说明你的经验不全面；如果真的这个水塘里没有鱼，说明你的经验还有普遍性。怎么样，敢不敢打？我可要先下去了！”说着，他便要把外衣脱掉。

王振海和另外几个卫士一见毛泽东认真起来了，急忙过来阻止他。“主席，别别，别下去。您说有鱼就有鱼，咱们别打赌了吧？啊？”王振海乞求道。

“这不行，你这叫不坚持立场。既然认为自己是对的，就要坚持下去，敢于让别人来检验。”毛泽东自己历来也是这么做的。不过今天的事可不像与王明的“左”倾机会主义路线的斗争，更不是与蒋介石在重庆的谈判桌上。卫士们紧张起来了。因为没人能驳倒毛泽东的这句话，所以他还是坚持要与王振海下塘见分晓。

这时卫士孙勇上前说了一句话：“主席，这点小事用不着劳您大驾。我只要下去走走，就知道里面有没有鱼。如果有鱼，我一定能抓住！”经这么一说，毛泽东才停止了行动。“好吧，你代劳一下。”

毛泽东说着，便一屁股坐在水塘边的干草地上，还不停地冲着王振海笑着说：“我们谁输谁赢就要见分晓了。”

王振海很不好意思，便跟着孙勇等脱下衣服，跳了下去。

小伙子们一下水，可就欢实开了。“噢——”有人突然叫了一声，“有鱼，我碰到鱼了！”

毛泽东一听，“噌”地从地上跳起来，兴高采烈地指挥起来：“抓住它！一定要抓住它！”那架势，仿佛是要抓住马克思主义真理似的！

孙勇水性好，第一个抓住了鱼。好家伙，还是条一斤多重的鱼呢！

不一会儿，王振海也抓起一条。可再后来，小伙子们摸了半天也没抓起来一条。

毛泽东在岸上大声说：“改变战术，你们现在使劲把水搅浑，这叫浑水摸鱼，此时此刻可是真理哟！”

于是，几个卫士手脚并用，使上了全身力气，顷刻间，清水塘变成了一潭浑泥塘，那水里的鱼儿经不起这呛肚子的“新天地”，于是便一条一条地露出水面吸气，这便全成了卫士们的“俘虏”。

“王振海，看来你的经验不具有普遍性，你输了。”毛泽东拾起几条鱼，喜形于色地冲着王振海笑道。

王振海惭愧地笑笑：“主席说得对。”

“罚他收拾鱼。今天我们美餐一顿。”孙勇提议道，毛泽东和另外几个卫士“嗷嗷”地欢呼叫好。

王振海也乐滋滋地提起鱼去收拾开了。

毛泽东兴致未尽地指了指塘边，对身边的卫士说：“你们看，进水的渠道非常深，鱼容易顺水而来，水塘向稻田处灌水，出水道浅，鱼不容易随水流出，时间一长，一个夏天鱼儿就长大了。刚才小王同志就没有注意到这个细节，所以他输了！”

原来如此。卫士们心中充满了对毛泽东的敬佩之意。

“我们北方河流少，今天能捞到这么多鱼真高兴！”一位北方籍卫士说。

陕西籍的卫士马汉荣则更高兴：“过去我们在家时从来不吃鱼的，参加革命后我才吃了，而且现在越吃越香。”

毛泽东听了卫士的议论，忍不住问道：“小马同志，我不太明白你们陕北老乡为什么连鱼都不吃，这鱼可是又鲜又美的好东西呀！”

马汉荣回答说：“不是不吃，大概因为平时见不到鱼，所以就没有了吃鱼的习惯，于是一代传一代，便有了现在很多人见了鱼不吃的现象！”

“嗯，看来小马同志对事物发展的因果关系很有研究。”毛泽东连连点头称道。

“可是我在延安时，见老乡连海参、对虾也都不吃！”一个卫士提出了新问题。

“这都是迷信。他们迷信得很，说吃海参、对虾、鱼会怎样怎样的。”另一个卫士接话道。

毛泽东说：“你的话并不能说明问题。恐怕道理还是像刚才小马同志说的那样——习惯。习惯一旦成了自然，成了一种社会习俗，是很难改变的。过去老百姓没有什么文化，对这些奇怪反常的习俗解释不了，于是便有人给它加进了一些迷信的东西，所以我们听来就觉得有点迷信的味道了。”

卫士们纷纷点头赞同。

“要是陕北也像这里一样有许多水塘的话，我们就可以跟老乡们下塘摸鱼，然后请他们一起品尝鱼肉，我想肯定慢慢地他们也会喜欢吃鱼的！”毛泽东遥望西北方向，发着无限深情的感慨。他又在想那用小米、红枣哺育八路军的陕北的父老乡亲。

“附近还有没有水塘了？我们再去摸他几筐鱼！”毛泽东忽然问。

“不行，天要下雨了。”卫士长劝阻道，“主席，我们该回去了！”

毛泽东望望西北方向滚滚而来的黑云，这才长叹一声，带着卫士回到了西柏坡。

晚上，他和小伙子们美美地饱餐了一顿鲜鱼，还请了周恩来等人一起品尝。

“你是饿的吧？”

这是一个风和日美的日子。我人民海军在东海某舰队基地，一艘艘银色战鹰停泊在军港里。铁甲板上，昂首挺胸的官兵列着队，等待着自己的最高统帅——中央军委主席毛泽东的检阅。对于这些梦里都想着自己的伟大领袖的官兵来说，再也没有什么能比得上此时此刻的神圣了。

毛泽东来了，穿着那双熟悉的大头棕色皮鞋，在海军司令等高级将领的陪同下走上了甲板。

“同志们好！”

“首长好！”

“同志们辛苦啦！”

“为人民服务！”

这中国军队中特有的一问一答，如同震撼山岳的阵阵春雷，响彻九霄云外。接着，官兵们看到的是最高统帅毛泽东向他们招手致意，从他们身边走过……

全体行注目礼。

突然，那双大头棕色皮鞋在一个黑瘦的战士面前站住了。最高统帅的一双令几百万国民党军队胆战心惊的眼睛，亲切地注视着这位普通战士。

霎时间，记者们蜂拥而上，将军们齐刷刷地立正静候，全体官兵们屏住呼吸——他们料定最高统帅将要发表指示或向战士讲那伟大的真理。

没有人比毛泽东看着的那个黑瘦小战士更紧张和激动了。

毛泽东要说话了。千百双眼睛定格了，记者的录音机开到了最高音量。

“你黑瘦得很，是饿的吧？”

什么，这是最高统帅的话吗？在场的将军、记者、官兵都以为自己听错了，但谁都听清楚了，是毛泽东说的话，一点没错！

战士怔怔地站在那里，怀疑自己的听力是否有问题。

还是一位将军老练，便对那小战士说：“主席问你呢！”

小战士看着毛泽东，毛泽东在慈祥地向他笑，这证明刚才的话确实是说他的。终于，昂首挺直的小战士像皮球似的泄了气，眼睛瞥了一下自己的下巴，不好意思地笑了起来。

“小黑脸。”“毛泽东问他是不是饿的！”于是，整个甲板上传出一阵阵窃窃私语和欢笑声。

将军们笑了，记者们笑了，官兵们更笑了。

毛泽东也在笑。

据卫士长李银桥介绍，像这种在人们都以为是无比庄严的时候，毛泽东突然出人意料地说出一句随随便便的幽默话的事，在毛泽东同群众、战士包括外国人接触间是常有的事。

“毛泽东在很多场合确实始终保持着领袖扭转乾坤、叱咤风云的伟大、庄重的气概和魄力，尤其是在公众场合，在领导干部面前，在外国人面前，这种一丝不苟的领袖作风，他从来是坚持不懈的。然而，对群众，对战士，对友人，对熟人，他给人的感觉总是一个言行寻寻常常的好老头儿。我们平时都这么叫他。”卫士们这样说。

跟随毛泽东时间长了后，卫士们便会在他面前比较随便了。不过，一论起正经的事，卫士们就马上会感到拘束，这时的毛泽东也总是比较认真。他时常向卫士们提出问题，并用革命道理来教育他身边的工作人员。在一些立场问题上，毛泽东更是不含糊，但有时，卫士们也感到毛泽东在立场问题上有坦诚的人情味。

卫士们介绍了这样一件事：一次，毛泽东到农村调查，走到一家比较干净利落的农舍停下了。主人是个五十来岁的妇女，看上去像是见过世面的人，见毛泽东来后，也很会待人接物，没有一点惊慌失措的样子。她自己养了三头猪，小日子过得不错。毛泽东当场对她赞扬了一番。可是，一旁陪同的当地干部却十分紧张，原来，这个妇女是个富农。毛泽东主席称赞一个富农好，这要是传出去可是大问题呀，偏偏，不知情的记者还将现场拍了照并登在了报上。为此，当地干部后来十分担忧地通过有关部门向毛泽东作检讨，说是他们工作没有做好，让毛泽东会见了一个富农分子。毛泽东听后不以为然地说：“是富农分子有什么不可以，为什么不能说她好？她自己养了三头猪，日子过得不错，这证明她已经是个自食其力的劳动人民了！”他这么一说，那几个地方干部心头顿时放下了一块石头。

据卫士长介绍，在卫士中也有此类的事。那是农业合作化时期，毛泽东让卫士们利用探亲机会搞社会调查。有个卫士回来后，写了几大张纸，净是些赞美合作化、夸毛泽东好的话，而卫士田云玉回来后则闷闷不乐。毛泽东于是问小田是怎么回事。

小田说："搞公私合营，把我爷爷开的作坊的东西都拿走了。我爸爸高兴得拍手称好，可爷爷气得病倒在床。我看不惯那样，我同情爷爷。"

当时一溜圈开会的人都为小田捏了一把汗。大家都知道，小田的爷爷是个作坊主，他父亲倒是个无产阶级—— 一无所有。现在，当地政府响应毛泽东、党中央的号召，没收了他爷爷的生产资料，可小田倒同情起爷爷来，这可是个阶级立场问题呀！

卫士们眼睁睁地盯着毛泽东，看他说什么。

毛泽东说话了，他问小田："你是站在爷爷立场上，还是站在你父亲一边呢？"

小田停了停，喃喃道："反正我觉得爷爷可怜。"

糟了！卫士们直想封住小田的嘴，可他还是说了，并且是在毛泽东面前。要知道，到毛泽东身边工作的人，是绝对不允许有任何政治立场和历史问题的，可小田他……同志们好不担心！

然而，大家万没有想到毛泽东却这样说："好，小田，我现在不说你的立场，可以肯定你是站在爷爷一边的。但你能讲实话，这比有些人唱高调要好得多。我喜欢你，我看我们会很合得来的！"

卫士们的心头仿佛顿时搬走了一座山，而小田则更高兴，因为毛泽东也能理解他了。小田是从小跟爷爷一起生活的，是爷爷带大的，爷孙感情深，相反与父亲感情一般，从感情上他当然同情爷爷。

末后，毛泽东专门对小田补充道："回头给你爷爷写一封信，说我毛泽东向他问好，让他好好养病，将来为社会主义多作点贡献。他是作坊主，有做生意的经验嘛！”

小田十分高兴地“哎”了一声。

险些举拳揍儿子

毛泽东一生共有十个儿女，杨开慧生了三个儿子，分别叫毛岸英、毛岸青和毛岸龙，江青生了李讷，其余都是贺子珍生的，但贺子珍生的六个孩子中，仅有李敏活了下来，其余或出生不久因革命环境艰苦而夭折，或因战争生活不容跟随父母，被寄养出去后流离失散了。李敏、李讷至今还在世；毛岸龙于1931年春在上海街头与两个哥哥失散，至今不知是死是活；毛岸青尚健在，但由于小时候遭特务毒打，头部受伤至今未愈；儿子中唯有毛岸英是健康的，并跟随父亲一起生活了较长时间，后来也牺牲在朝鲜战场。

子女中，毛岸英是毛泽东的长子，也是毛泽东最喜欢的儿子。掀开毛岸英28个春秋的履历，谁都为毛泽东有这样一个儿子而骄傲、而惋惜。小时候，岸英跟着母亲在国民党的铁窗里度过了漫长的日子，后来在旧上海的十里洋场，仅9岁的他带着7岁的二弟岸青和4岁的岸龙到处流浪，还不时遭到国民党特务分子的毒打、追捕。青少年时代，他在苏联学习，并当上了一名苏联红军，参加了苏联著名的卫国战争。回国后，他基本上能经常与父亲毛泽东见面，参加了中国革命的解放战争及社会主义建设。朝鲜战争爆发后，毛泽东将自己最心爱的长子送到了前线。

毛泽东爱岸英是众所周知的——父亲爱自己的儿子是天经地义的，当领袖的也同样，但毛泽东爱自己的子女却有着特殊的方式方法：首先他要求自己的子女不能有丝毫的特殊，包括毛岸英在内，毛泽东一直要求自己的子女到最基层工作，他们与工人、群众越是接近，他越称其为好；其次是要求他们好好学习，这包括学习科学文化知识、马列主义理论，还有就是向人民群众学习；其三是原则问题、生活问题要求严。为此，毛泽东差点动手打了爱子。

那是毛岸英回国几年后，1948 年下半年。当时毛泽东已率中央机关到了河北的西柏坡，到了恋爱年龄的毛岸英和烈士刘谦初的女儿刘思齐一起在附近农村搞土改。毛泽东曾认刘思齐为干女儿，毛岸英与她在接触中渐渐有了感情。后来邓颖超、康克清从中搭桥牵线，两人便确定了恋爱关系，毛泽东对这件事也很高兴。

据卫士长李银桥介绍，他当时是 21 岁，通过毛泽东亲自搭桥牵线已经快要同韩桂馨同志结婚了，就在这当儿，25 岁的毛岸英也来找父亲毛泽东。当时，李银桥就在场。

“爸，我跟思齐的事，邓妈妈、康妈妈跟您说过了吗？”一进门，毛岸英就低着头问父亲。毛泽东正在批阅文件，头也不抬地应了一声“嗯”。

“那我们就办理结婚手续吧？”毛岸英说。

“思齐多大了？”

“18。”

“18？！是周岁还是虚岁？”当时卫士长感觉好像毛泽东对此事是有所了解的。

毛岸英不敢说假话，说是虚岁，不过他补了一句：“可也就差几个月。”

毛泽东一听，断然道：“差一天也不行。”说着便朝毛岸英挥手：“我这儿忙，你去吧！”

毛岸英高兴而来，丧气而去。李银桥见他情绪不好，便让他留下一起吃午饭。行政处知道后，便来请毛岸英到中灶去吃。

吃饭时，毛泽东看到了，便对儿子说："你妹妹（李讷）从小就是吃大灶，你这么大个人了，还需要我提醒？"

毛岸英什么话都没说，便到大食堂向李银桥要了只碗，蹲在院子里吃闷饭。这时，正巧有只公鸡在追母鸡，扇起一片尘土，李银桥等卫士赶忙起身避开扬尘，而毛岸英却没动，并且触景生情地发了一句牢骚："公鸡还知道找母鸡呢，我是个人，都25了！"

李银桥见毛岸英一肚子气，便凑过来小声说："别急，等主席高兴时你再去说，千万记住一定要在他高兴时。"

毛岸英这才点头，似乎消了些气。

一天，前线传来我军歼敌七个旅的战报，李银桥赶忙找到毛岸英说："主席唱京剧了，快去吧！"

毛岸英一听，飞快地跑到父亲的办公室，这次他想来玩个既成事实，看老头子怎么办。"爸爸，我和思齐已经准备好了，明天就结婚。"

毛泽东一听，眼睛直了起来："不是告诉你暂时不要结婚吗？"

毛岸英犟了一句："我自己的事，还是让我自己做主吧。"

毛泽东像第一次认识儿子似的，走近毛岸英打量了一番，又转身回到办公桌前说："你找谁结婚由你做主，可结婚年龄不到你做得了主吗？那就由制度和纪律来做主。"

儿子不服："岁数不到结婚的人多着呢！"

毛泽东火了，将手中的笔重重地往砚台上一放："谁叫你是毛泽东的儿子！我们的纪律你不遵守谁遵守？"

刚进门的李银桥见这阵势不对劲儿，便扯扯毛岸英的袖子，示意他赶紧走吧，别再惹父亲发火了。

毛岸英大步重踩地退出了屋子，身后只听父亲直喘粗气地嘀咕道："本来高高兴兴的，叫他又来扫兴！"

毛岸英回到自己的房间，越想越恼火、生气，一头扎在床上哭闹起来，几个卫士进去劝他也不顶用。警卫排长阎长林去报告江青，江青说："这事还是让他爸爸去管吧。"她怕自己管不了。

阎长林便去报告了毛泽东。

毛泽东顿时勃然大怒，甩下笔，大步走出门来。卫士们见后一个个胆怯而又紧张起来，因为毛泽东不仅一脸怒不可遏之状，还把拳头握得紧紧的。莫非他要去打儿子呀？

毛泽东打人的事虽然卫士们没见过，但早在延安时，就传出过他和弟弟毛泽民之间的事，那是毛泽民自己向一位中央领导说的。他说有一次哥哥毛泽东因为一件事与他争吵起来，大概因为争不过他，于是便举拳要打他。毛泽民见哥哥要打自己，便忙说："马克思列宁没有教导我们打人。"毛泽东一怔，那举在半空的拳头半晌才慢慢地落了下来。

还有一次是在江西中央革命根据地时。毛泽东的小儿子毛毛刚会走路，有一次小家伙独自摇摇晃晃地跑进了毛泽东的办公室，见爸爸正在屋里，便"爸爸，爸爸"地叫着走近毛泽东。一心伏案疾书的毛泽东在他聚精会神干工作时，是不允许有人干扰他的，这时听到儿子"爸爸，爸爸"的叫嚷，便蓦然火冒三丈，举起拳头对着小儿子："嚷什么，我揍死你！"孩子吓得顿时哇哇大哭。毛泽东这才仿佛一下醒悟似的放下拳头，不过他也并没有觉得自己有多不对劲，只是唤来贺子珍，让她把孩子抱走。

卫士们担心今天他是真的要揍儿子了！他们看着毛泽东一步一步走向儿子的房子，并且准备在必要时上前劝阻。

然而"险情"却并没有发生。只见毛泽东走到门口时，戛然止步。

"毛岸英，你想干什么？"突然，一声鸣吼如雷击五岳。毛泽东不吼则已，一吼真是惊天动地。

就这一嗓子，正在屋里哭闹的毛岸英立刻没了声息。

毛泽东没说第二句话，转身便回到了自己的办公室。

这一幕，卫士们看得清清楚楚，听得实实在在，一个个站在那儿张着嘴巴，半晌没反应。

“毛泽东就是这样一个人。他从不掩饰自己的喜怒哀乐，但他处理事情却总是出人意料。”卫士们说。

补充一句，一年以后，刘思齐已过了18周岁，毛岸英又向父亲提出要结婚，毛泽东欣然同意。毛岸英和刘思齐（刘松林）的婚礼十分简朴，是毛岸英自己一手操办的，当时参加婚礼的有毛泽东、刘思齐的母亲张文秋，还有周恩来夫妇、朱德夫妇、谢觉哉夫妇、陈谨昆夫妇、徐特立老人等。

“全体注意：立正——！”

一天，卫士尹荆山正在值班。

周恩来进院子来了，他要见毛泽东。同以往一样，周恩来的第一句话便是问：“主席在休息吗？”

尹荆山报告道：“正在看文件，主席说请您进去。”

时值三年困难时期，也是毛泽东已宣布“不吃肉”的那些日子。周恩来是来谈事的，但头几句卫士们听到的是他在劝毛泽东希望他吃点肉，增加些营养——那段时间由于营养跟不上，毛泽东全身都出现了浮肿。

“你不是也不吃肉么？大家都不吃么。”毛泽东没有采纳战友的建议。

大约半个小时后，周恩来出来了。不一会儿，毛泽东也走出屋，在院子里散起步来。走了一圈，毛泽东突然像想起什么事似的，直奔卫士值班室。

卫士长和几个卫士以为有什么事，赶忙迎出来。

“你们来，都出来站到院子里。”毛泽东招呼道。等卫士们都出来后，又似乎觉得人少了一点，便说：“去，把理发员、炊事员都叫来。”

很快，毛泽东身边的七八个服务人员都集合到院子里。大家互相用目光询问，不知是什么事情，连一向能猜得出毛泽东心理的卫士长都感到莫名其妙。

“现在，你们都站好，排成一列横队。”毛泽东说着，并且提高了嗓门：“全体注意：立正——！”

卫士和理发员、炊事员们立刻挺起胸膛，齐刷刷地站成一列横队。

毛泽东自己也双脚一并立正站着。“现在我们国家全民皆兵。我身边的你们这些人呢，当然也是兵，我也是兵么。今天呢，你们听我来发号施令，操练一下，看你们到底像不像兵。”

原来是这样！卫士们的心里都乐了，他们跟随毛泽东有的十几年了，搞军事训练是家常便饭，可由三军的最高统帅亲自给他们发号施令，这可是头一回。他们寻思着，大概自南昌起义至今，由毛泽东亲自为兵操练，军史上当属今朝第一回！这些早已脱掉军服的战士，一听到毛泽东的口令，仿佛回到了第一次上战场的时候，一个个神情严肃、精神抖擞地站着。再看看两个上了年纪的理发员和炊事员——老同志也不含糊呀！

“听口令。”毛泽东声音本来就洪亮，今天卫士听来更觉得洪亮百倍，真是一位无可比拟的教官！“齐步——走！”

于是，大家立刻甩臂迈步，走得刚劲有力。

“立定！向左——转！齐步——走！”因为院子小，毛泽东便不停地下达各种口令。昔日宁静的丰泽园，自它在中南海建立以来，也许第一次有了这般铿锵有力的口令声和脚步声。

因为这些人过去都是兵，并且又受过严格的军事训练，所以没人做错一个动作。

"立定！"毛泽东把队伍调到自己面前。他笑了，高兴地点点头："稍息。看来你们还像个兵。我们全国全民皆兵就是六亿兵，试看天下谁能敌？现在帝国主义叫嚷要侵犯我们，那是白日做梦！以后你们要坚持训练，保卫国家、保卫人民。"毛泽东一番精辟高论后，摆摆手说："今天就到这里。解散！"

他自个儿回了屋。卫士、理发员和炊事员则站在院里，意犹未尽，自个儿又摆动起手臂，迈开步子，热闹了好一阵。他们多么留恋方才的队列训练，多么希望有一天毛泽东再给他们当一次教官，但毛泽东直到离开人世也没能再有这样的机会。这是他一生第一次也是最后一次为战士上队列课。

看小人书

毛泽东是一位公认的思想家、理论家、哲学家。他一生爱读书，并且自己写下了浩浩几百万字的巨著。人们只要读一读如《矛盾论》之类的文章和他的那些诗篇，就会领略到这位巨人知识的渊博。

毛泽东一生读过多少本书？谁也说不准，但看看他的藏书，看看他卧室里的书架上、床头、案边、厕所里放着的那些高高叠起或一本本打开着的书，你就会略知其酷爱读书的程度。

"他读书看书，就像他抽烟、吃辣椒一样，都是出了名的有瘾。"卫士们这样说。

毛泽东偏爱读马列的书和历史书。中国古代有名的书他几乎都读过，而且有的反复读过几遍。对那些别人看一眼就头疼的、厚得一尺来高的旧线装"之乎者也"书，他更是爱不释手。一部四千余万字的《二十四史》，他竟能通读，有的篇章还不止读过一遍。像我们这样的“现代秀才”连书名都生疏的一本《容斋随笔》，毛泽东竟从1944年开始读起，一直到临终时还放在枕头边。以上可见毛泽东对读书的酷爱程度以及知识的渊博了。

偏偏这位大理论家和思想家，竟有件让小卫士们感到十分不解的事。

那一天，卫士尹荆山值班，他进屋帮毛泽东整理床铺。那床上有毛泽东平时随手看的书，整理床铺时顺便整一下书，也是卫士常做的事，但小尹今天感到特别地惊讶：谁把小人书扔到了毛泽东的床头？胡闹！是哪个小家伙干的呀？是李讷，还是叶子龙家的燕燕？或是卫士长的宝贝儿子卓韦？不像呀，小家伙们好几天没溜进这间房子了！

“主席……”小尹转身刚想问毛泽东，却马上住嘴了。原来，毛泽东手里拿的正是令小尹感到惊奇的小人书。

毛泽东看书历来聚精会神。他正半仰在躺椅上一页一页地认真翻着一本小人书。

小尹悄悄走近毛泽东，看看到底他老人家看的是什么深奥无比的小人书。是《三国演义》，没错，一本自己在上一年级时就看过的《三国演义》！卫士好不解！

“主席，您老人家也看小人书呀！”小尹终于忍不住了。

毛泽东慢慢翻过一页后，不以为然地答道：“怎么，你没看过小人书？”

“嗳，那都是在当小学生时候看的，现在早不看了。”小尹昂着头说，可刚说完又不解地摇摇头，问：“主席，您怎么……还要看小人书呢？”

毛泽东笑了笑，放下小人书，示意小尹在一旁坐下。“小尹，你看小人书是怎么看的呀？”

“看热闹呗。翻翻就完了。”

“看完有什么感受呢？”

“我……说不上来，我就看看武松打虎什么的就算完了。”小尹不好意思地说。

“那算什么看。”毛泽东认真起来了，说，“小人书不简单哪，言简意赅，就那么几句话，多少大事、多少人物就交代出来了。而且一本书总是讲一件事，很容易让人记得住。你光看图连字都不看，怎么算看书呀！”

“是，主席。”小尹觉得自己很狼狈，刚刚还觉得毛泽东看小人书天真，现在才觉得幼稚的是自己。从那以后，小尹当真迷上了小人书。

也许是在毛泽东的影响下，卫士们包括卫士长在内，在以后闲时都爱看起小人书来了。

大发雷霆

据卫士们回忆，毛泽东属于感情丰富的人，平时，他的喜怒哀乐也表现得淋漓尽致。他从不掩饰自己的好恶，对卫士也同样。

高兴时，卫士可以在他面前打打闹闹，而且毛泽东也乐于跟这些年轻人开玩笑。

如果他正在工作时间或在公众场合，则表现出一丝不苟、言行一致的作风。

按照卫士们的话说，毛泽东就像位严格的慈父，他对人爱，爱得你暖到心窝，一辈子难忘；他要求严，严得你心惊肉跳，也是一辈子难忘。

毛泽东跟卫士也有发脾气的时候，本书在前面的章节中已叙述过，大多是因为毛泽东睡觉时卫士不小心影响了他，或者毛泽东认准了的事却遭到不合他心思的劝说，或者没能按他意图办事。

他曾因为一件不起眼的小事将卫士轰走了——这是极少的，只有在他火头上才会发生。一般情况下，毛泽东对自己火头上说出的话、做出的事，会在事后马上意识到，并果断改正。他向卫士发脾气，十有八次事后会主动检查道歉。这也充分显示了毛泽东的高尚品德。

李银桥是毛泽东一生中用过的最信任和最喜爱的卫士、卫士长。毛泽东称别的卫士或直呼其姓名，或叫其小 ×、小 × 的，唯独叫李银桥时，总亲切地称他“银桥”。这个“银桥”在卫士与领袖之间搭起了一条充满阶级感情的同志式和父子般的深厚情谊的纽带，长达十五年之久。但毛泽东也对他发过一次不小的脾气。

几十年过去了，李银桥对此记忆犹新。

那是 1960 年的事。那次李银桥随毛泽东去上海，毛泽东没下车就宿，就住在专列上。一天中午，李银桥见毛泽东睡觉了，他估计老人家得下午才能醒过来。于是，李银桥便进城到上海市委干部俱乐部办事去了，下午赶回专列，才知道毛泽东提前起床，并随即进城开会去了。

作为卫士长一般情况下必须紧随毛泽东，于是，李银桥赶紧奔到毛泽东那儿。偏偏他到开会地点时，上海市委已将开完会的毛泽东接去吃饭了。饭后的活动是到俱乐部看《小刀会》，这是卫士长事先就知道的。于是，李银桥便等候在毛泽东的专车旁。

大约过了半个来小时，毛泽东在上海市委柯庆施等几个领导的陪同下，从就餐的餐馆居高临下地走下来，毛泽东走在最前面。

李银桥见状，赶忙拉开车门准备让毛泽东上车。可是，毛泽东见到自己的卫士长后，站在台阶上不走了，一手叉腰，一手怒气冲冲地指着李银桥，突然大吼一声：“李银桥，你是干什么的？”

那声音之大、神色之愠，使跟随毛泽东十几年的李银桥全身不由打了一个寒战，心想：出什么事啦？怎么发这么大的脾气呀？

当时在场的柯庆施等人也被毛泽东突如其来的怒吼给弄得莫名其妙。大家面面相觑，想等毛泽东的下文，可他再也没说什么话。

训练有素的卫士长李银桥虽然吃惊得全身有些打战，但还是想到了自己的职责，便向台阶上迎。

这时毛泽东也正朝下走，李银桥上前搀扶他上车。

车开了，蒙在鼓里的李银桥想弄明白到底是发生了什么事，使毛泽东发如此大的火，可他知道现在不是问的时候，那样会火上浇油的。他偷偷瞥了毛泽东一眼，果真见老人家依然一脸愠色，并不时吮吮嘴唇，跟谁也不说话。

开始看戏了，毛泽东还是不理紧挨在自己身边坐着的卫士长。不过，毛泽东是特别容易入戏的，一入戏，他的情绪和思维会转向。

演出结束后，李银桥见毛泽东的情绪已经好多了，便在回程的路上小声问道："主席，今天出什么事惹您生气了？"

毛泽东嘟着嘴，翻了他一眼说："还说呢，把我的嘴都烫坏了……"

事后李银桥才弄明白，在吃饭后，毛泽东有漱口的习惯，于是一名卫士没试水温便将一杯水递给了毛泽东。以往，有经验的卫士长在每次给毛泽东递水时，总要试一下水温，等不烫不凉时才给毛泽东用。毛泽东呢，每次从李银桥的手中接过水，总是张大嘴巴就往里灌。这次他又这样做了，结果立即喷了出来，可想而知一定烫得不轻。

"毛泽东发脾气，也时常像天真无邪的孩子赌气一样，很有意思。这次烫嘴，也就朝我喊了一嗓子，气便消了。当时他老人家大概一是怨我没有亲自伺候他，二是怪我作为卫士长没把自己的经验传授给别的卫士。当然，烫了毛泽东我是感到自己的工作没做细，但丝毫没有因为他朝我发了脾气而紧张不安，他呢，也没放在心上。”坐在我们面前的李银桥笑谈当年的事。

帮胡志明赤膊

这是卫士长讲的一件他亲眼目睹的事。下面是他的原话——

那是五十年前的一个夏天，我正在值班室，突然电话铃响了，是周恩来总理打来的。

“银桥，主席现在是在工作还是休息？”

我回答说：“在办公室工作。”

“那好，请转告他，胡志明主席马上到。”

“是。”

我刚到毛泽东办公室向他报告完毕，周总理就带胡志明主席来了。那几年间，胡志明主席就像走亲戚似的常来中国，并总要与毛泽东、周恩来会面。胡志明虽说也是一国领袖，可一跟毛泽东在一起，就像到自己家见了老哥亲兄一样，极为随便。毛泽东对这位战斗在反帝前线的越南人民领袖更是亲密无比，我跟随毛泽东十五年，能让他像对待胡志明那样亲密的外国领导人，还没有第二个。

“毛主席，你好啊！”胡志明这一次是从自己的国家而来，因为天热，路上大概又走得急，只见他的汗衫先湿了一大块。

“好好，看到你这个老亲戚来，我就更好了。”毛泽东十分高兴地握着胡志明的手，端详着，“嗯，身子骨还那么硬棒，就是亚热带的阳光太辣了一点，把你晒黑了一些。不过，这总比我这种一年四季不出中南海的人福气多多了！”

胡志明大乐：“全托毛主席的福呀！”

当时中南海还没有什么空调，毛泽东的办公室里也就是一台台式电扇。我见屋里闷热，便把电扇打开调了个位置，既能给两位老人些凉风，又不至于直吹他们。

“来，擦一擦，好好擦一擦。”毛泽东像普通人的家里来了一位尊贵而又亲近的客人一般，忙碌个不停，亲自把毛巾递给胡志明主席，并且弓着腰，为正在洗脸的越南朋友扇扇子。

“哎哟，毛主席，这可使不得。”胡志明感觉后，忙争着接扇子。

毛泽东把手中的扇子往后一扬：“你是我请来的亲戚，怎么能让你自己动手呢！洗，痛痛快快洗一洗，我们俩还要好好聊呢！”

胡志明主席更乐得合不拢嘴：“好，听毛主席的。”

站在一旁的我，看着这两位国家的领袖如此亲热，心里也是无比的高兴。

北京的大伏天，热起来也是让人难熬。尽管屋里有台电扇，但依然抵不住酷暑的炎热。

坐在沙发上的胡志明主席不但没有消汗，反而时不时地用毛巾擦着额头和脖子上渗出的汗滴，那件薄薄的汗衫已经湿得前后贴住了。正当我为此急得不知如何办时，一件从未有过的事发生了。

毛泽东把手中的扇子一放，从沙发上坐起来。

“太热，你干脆把湿汗衫脱了！”他对胡志明主席说。

胡志明主席一听，连连摆手：“使不得，使不得。”

“没关系么，在这里就像在家里一样嘛！脱，脱吧！”毛泽东不由分说地伸手就帮胡志明主席脱了起来。

“哈哈哈……毛主席，这个样在你面前太那个了。”胡志明主席贴身没穿任何衣服，这汗衫一脱，上身便赤条条的。他见自己这个样，摸着长长的白须，不好意思地大笑起来。这时，他看到一位挎着相机的记者正从门外走进来，便有些惊恐地对毛泽东说：“有记者来了，毛主席，我还是穿上的好吧？”

毛泽东不以为然地让胡志明主席只管坐下，说：“不要理会，我们只管这样好了么。”说完，转头对门口的那名新华社记者说：“胡主席是应我私人邀请来走亲戚的，不发消息，也不照相。”

记者一听，便笑着退出了房间。

毛泽东和胡志明主席两人仰在沙发里又是一阵哈哈大笑。

这是一个难忘的镜头，虽然当时没有用照相机拍下来，但它却永远留在我脑海之中。

中日邦交正常化的开创者、日本前首相大平正芳曾著文这样说过：“我对毛泽东的印象是，他是一位无限深邃而豁达的伟大思想家、战略家。他非常真诚坦率，谈起话来气势磅礴、无拘无束、富于幽默感，而且使人感到和蔼可亲。”

秘鲁的一位著名记者也曾这样评论过毛泽东：“我原以为一位至高无上的领袖进入会场，会像神人出现一般，形成一个震动人心的场面，实际上我却在肃穆的气氛中看见一位衣着整洁朴素，和我在大街上看到的成千上万中国人一样的老人走了进来。”

是的，毛泽东就是这样一个伟大而普通的人。就我所见，毛泽东会见的外国朋友成百上千，他们中有世界著名人物，国家总统、元首和民间人士，这些人一般在被接见之初总是显得有些紧张，但当毛泽东讲出他那富有幽默感的欢迎词，或运用一个旁征博引的比喻说上几句话，整个拘谨的场面顿时会活跃起来，他不仅能使外宾紧张而激动的心情平静下来，而且能使他们马上感到一种似乎是在与一位老朋友、一位慈祥老人聊家常一般的亲切和随意。

但像这样帮胡志明主席脱汗衫、赤膊说话，在宾主之间还是第一次，也只有胡志明主席一个人能享受到这种“特殊待遇”。通常，不管接见的是高级人物还是普通人士，毛泽东总是特别注重自己的衣着仪表和言谈举止，所以，当他穿着拖鞋，打着扇子，与另一个赤膊的国家主席谈话时，我和其他工作人员自然感到十分惊奇。

第十三章　挥泪相别，永生相随

在历史的长河中，人的一生如同流星闪过，太短促、太短促了。我们翻着几本珍贵的相册，看着时时刻刻都紧挨着毛泽东的那些年轻英俊的卫士，当年他们是多么的潇洒、认真、幸福。再抬起头看看今天的他们——今天的他们是个什么样？他们中有依然穿着威严警服的，有文质彬彬戴着眼镜的，也有西服革履风度翩翩的，然而他们都老了，再没有那股潇洒劲、英俊劲，那额上道道皱纹仿佛告诉人们：在毛泽东身边工作过的人，也不一定永远是一帆风顺的。

当代中国的历史是部坎坷曲折的历史，就是一代伟人毛泽东也没有躲过，这些卫士自然不例外，他们也有一本本泪水和辛酸编成的书。

“是的，是这样。”只有说起话时，他们依然像年轻时那样直率，没有半点掺假。“毛泽东是最反对说假话的。”他们说。

李连成、封耀松、田云玉，还有张景芳、张仙鹏、李家骥、柴守和……在相册中，那一张张充满幸福笑容的、自豪的青春的脸庞，如今都已鱼尾纹密布、银发斑斑，如果不是介绍，如果不是相识，他们跟大街上那些正在或者已经办了手续的退休干部、离职老人没有半点区别，人家根本不会认识他们，也根本不知道他们曾经有过那段幸福和荣耀的青春年华。唯有在谈起当年在中南海的岁月，谈起毛泽东的时候，他们的脸才顿时会与众不同，那是一种永远幸福、永远自豪、永远在怀念的神情……

“毛主席，他……他老人家离开我们多年了，可在我们心中，他一天……一天也没有走啊。”我们发现，无论我们采访他们中间的任何一位，这些银发斑斑、儿孙满堂的老卫士们，竟无一不像孩子一般地哽咽、痛哭起来。

“小田啊，你今年二十六岁了吧？唉，也不算小了，又成家了，该让你飞了……飞了。”中南海，菊香书屋，躺在沙发里的一位老人眼里闪着泪花，轻轻地拍着伏在他膝上哭得泣不成声的卫士，情深意切地说着，像一位老父送别亲生儿子一般，“……你走了，要经常来看我，啊？经常来看我……我老了，不能总让你们陪着一个老人过一辈子。”

卫士田云玉就是在这般恋恋不舍的情形下，离开毛泽东的。几位跟随毛泽东多年的贴身卫士，几乎都是像小田这样怀着一片眷恋之情，离开中南海，离开慈父一般的毛泽东的。

算起来已是几十年了，然而，田云玉永远觉得这一幕就是昨天才发生的事。

他在毛泽东身边整整工作了九个年头。踏进中南海丰泽园时，他还是个一想起家里的爷爷就要哭鼻子的“娃儿”——毛泽东这样亲昵地称呼他。而当他走出中南海时，却已经是位下巴上有撮硬邦邦胡茬的小丈夫了。

毛泽东给了他强健的体魄，给了他文化知识，给了他革命道理，给了他身上的针针线线，甚至还给了他一个叫胡秀云的心爱的妻子。现在，他要离开自己心爱的岗位，离开慈父一般关怀自己的毛泽东，他止不住热泪“哗哗”的从眼眶涌出。

每逢这种情景，毛泽东便也忍不住地跟着卫士流泪。毛泽东的一生中，由于特殊的工作岗位，加之他对自己子女的严教，又偏偏出了个江青这样的妻子，平时，他身边就是这些卫士跟他年年月月厮守在一起。

有一次，毛泽东公开地对卫士们说：要问我对子女亲，还是对你们卫士亲，我说是跟你们亲，因为我和你们在一起的时间最长……”

卫士们坚信这是毛泽东的心里话。老人家一生从政，日理万机，他有兴奋的时候，也有孤独的时候。家人和子女不在身边，或者像江青这样，即便在身边也如不在一样，因此，毛泽东兴奋时便找卫士同乐，孤独和烦恼时也会找卫士聊聊，诉说他心中那些在别人面前不好诉说的事……

待在毛泽东身边的时间一长，卫士们一般都会舍不得走，但是年龄大了，特别是到了成家立业的年龄时，再当卫士便会有所不便了。而且，毛泽东是很注意不让他身边的工作人员因为照顾他而耽误前程的。同时，毛泽东使用卫士，也有自己一些不太好说出口的意愿，他喜欢用熟人当他的卫士、医生，包括秘书，他觉得那样自在，尤其是卫士和医生，因为主要是做照顾他的起居生活和检查他身体之类的事情，毛泽东特别不愿意用生人。此外毛泽东使用卫士时还有一个特别的“不愿意”——不愿意用上了年纪的成年人，他喜欢用十几岁的小鬼，因为觉得他们还是娃娃，用起来顺心顺意。

分离时，毛泽东和卫士们便是怀着这般错综复杂的心理，怎会不恋恋不舍、依依难别？

走是现实的，不走才不现实。1961 年下半年，从 50 年代一直跟随毛泽东工作了多年的一批卫士逐一地走了。

“你们在我这里干得都很不错，我很满意。”毛泽东深情地对即将离别的几个卫士说，“但我的脾气你们是知道的，我从来不赞同在自己身边工作过的同志到下面去当官的，所以委屈你们了。不但这样，你们下去后我还要求你们委屈些，就是要夹着尾巴做人，不要以为自己是毛泽东身边工作过的人，动不动就打出毛泽东的牌子。要同群众打成一片，靠自己的勤奋学习、努力工作，做一个人民真正欢迎的人……

我们有意地统计了一下曾经在毛泽东身边当过卫士的人，发现他们当中确实没有一个是毛泽东“关照”过并给予特殊工作的，也没有一个是下去便盛气凌人地捞过什么官职的。他们下去，大多还是干公安工作，当一名普通的公安战士，或是到工厂当一名普通职工。几十年间，他们毫不动摇地遵循毛泽东的话，一不向组织伸手要官，二不在工作岗位上搞什么特殊化，有的在单位干了一二十年，同事们都还不知道他曾在毛泽东身边当过卫士呢！

“夹着尾巴做人。”离开毛泽东后的这些卫士们，始终牢记着毛泽东的教导，在自己的工作岗位老老实实做人，踏踏实实工作。今天，他们虽然有的当上了局长这一级干部，有的当上了企业的大经理，但他们没有一个是“打着毛泽东牌子”的。他们靠的是几十年发扬在毛泽东身边时的对革命、对党的赤胆忠诚和对工作的一丝不苟、兢兢业业，他们中不乏有才华、有能力的人，在无需避忌的那些社会环境中，他们或许只要稍稍露一露自己曾是毛泽东身边的卫士，就会一跃几级地登上官阶，然而，他们中没有一个是那样做的。

几十年来，当年的那些卫士不仅坚定地遵循着毛泽东对他们的教导，更在用他们从毛泽东身上学到的那些崇高品德和可贵的无私献身精神，时时刻刻检查对照自己的一言一行。他们觉得向组织伸一次手，在工作中偷一次懒，都会受到心灵深处的严惩，这种事想都不该想。

毛泽东的后半生是在我们这个时代，我们了解。然而，毛泽东卫士们的后几十年命运，却是我们不了解的。

我们想知道。卫士长李银桥满足了我们的要求。

他从自己讲起——

作为毛泽东一生中最信任的卫士长，李银桥本不会离开毛泽东的。毛泽东曾经说过：李银桥是他可以依赖的几个人中的一个。

从 1947 年那个战火纷飞的不眠之夜，李银桥和毛泽东联手订了个“干半年”的“协议”后，也许由于他和毛泽东同志都对自己的母亲有感情，都是从农村出来的缘故，他俩在整整 15 年间感情融洽。李银桥办事的认真劲、对工作的一丝不苟、对毛泽东的赤胆忠心以及在服务时那种心领神会的超人的卫士艺术，使得毛泽东一天总要叫几声“银桥，银桥”的，以至在李银桥从卫士升为卫士长，按规定不再值班时，毛泽东不无恳切地拉着他的手说：“你现在当官了，不值班了，可几天看不到你我会想你的。我还是希望你一周值上一两个班。”“是，主席。”李银桥告诉毛泽东，自己想的与他一样。

可是，1962 年初春的一天，毛泽东突然吩咐一名值班卫士，叫刚从江西劳动回京的李银桥到他办公室来。

李银桥走到毛泽东的门外，习惯性地理了理衣冠，然后进屋。“主席，您叫我？”

毛泽东正坐在床上看文件，听到声音后便抬起头望着自己的卫士长，轻声说道：“来，银桥，过来。”

李银桥不知今天毛泽东有什么事。他从他的眼神里似乎察觉到什么，可猜不出具体内容。从 1961 年上半年开始，李银桥遵照毛主席的指示，和叶子龙、高智、封耀松等人一起到河南、江西农村搞调查、劳动，已有几个月不在中南海了，但他知道，毛泽东与他的感情始终如一，所以，今天看到毛泽东异常的神情，他疑惑但不惊慌。

待李银桥在床边坐下，毛泽东便放下手中的文件，双手拉着李银桥的手，问：“银桥，听说你想调走，到石家庄去？”

毛泽东问得很随和，李银桥听后却愣住了。“主席，谁跟您说的？”

“汪东兴！”

“嗡——”李银桥只觉头脑发涨。他还有什么话呢？汪东兴是中央警卫局局长，他太了解这位顶头上司的为人了。在中南海多年，作为毛泽东的卫士长，他和身为警卫局领导的汪东兴之间由于工作的关系，难免出现些枝枝杈杈。可李银桥万万没有想到事情竟会有这样的结局……李银桥恨不得立即找到汪东兴来对质，可是那样必定会给毛泽东带来为难和麻烦——十几年在中南海工作、生活，李银桥对上层的一些事情是十分清楚的。为了毛泽东，他强忍着捻灭了自己心头的不平之火。怎么，我就这样离开朝夕相处 15 年的毛泽东了？想到这里，已是两个孩子父亲的李银桥不由得泪水“哗哗”地流下来，滴满胸襟，也滴在了毛泽东的手背上。

“唉！”毛泽东轻轻地长叹了一声，低沉而又缓慢地开始诉说着自己的心里话：“你跟我这么多年，人也长大了。你在我身边工作，帮了我的忙。你是个好同志，你在我这儿工作，一直兢兢业业，使我工作得很顺利，省了不少心。可是……可你老跟着我怎么行啊？我死了你怎么办呢？”

毛泽东说到这里，李银桥再也抑制不住自己的感情了，“呜”地哭出了声。毛泽东是感情极丰富的人，也容易动感情，一见李银桥如此悲伤，也两眼一红，泪水如小溪般地涌出。他将李银桥往自己的怀中一拉，那双大手不停地在他背上拍着，像是安慰，像是悔意。

李银桥在他的怀中哭得双肩直颤动。这时，毛泽东也忍不住“呜呜呜”地哭出了声，一边哽咽地说着：“……我，我也舍不得你，舍不得你走啊！我和我的亲人，和我的孩子们一年也见不上几次面。你在我身边工作，我们每天在一起，朝夕相处，你比我的孩子还亲啊……”

李银桥一句话也说不出来，只是一个劲地哭，从陕北来到毛泽东身边，一晃十五年，自己从一个不懂事的孩子，到认字识革命道理，到恋爱结婚、生孩子，从普通卫士到卫士组长、副卫士长、卫士长，哪一件事不是毛泽东他老人家亲自关怀、关心的结果。此时此刻，他有千言万语，可就是一句话也说不出。

毛泽东则还在一边劝慰道："银桥……我知道你的心境，我得为你的前途着想，我不能耽误你的前途。你在我这里，地位够高，可卫士长也只是团级干部，职务太低……你走后，我再不要卫士长了，卫士长这个位置是你的……"

这时，李银桥终于说出了一句话："我，我不嫌低，我不愿意离开您嘛……"

不了解真情的毛泽东并没有理解李银桥这句话里的冤情，还只想着规劝，只想着一个老人对一个年轻人无限爱抚式的规劝："我不能耽误你嘛……"毛泽东说着说着，竟比李银桥更伤心起来，从不停地哽咽到"呜呜"地小哭，最后竟放声大哭起来："银桥，我死以后，你每年到我坟前来……看看，啊？……"

他的手不停地拍打着李银桥的后背，那情那景，也许在毛泽东的一生中仅仅有过一次，仅仅这一次。

李银桥看到毛泽东这般情形，赶忙从痛哭中清醒过来。他马上想到不能因为自己的事而影响毛泽东的身体，于是便自己先止住了哭，反过来劝毛泽东，可一句话还没说完，又忍不住地哭出了声……就这样，这一老一少，一个是领袖，一个是卫士，互相抱头痛哭着、诉说着……很久很久。

最后，还是李银桥先控制住了自己的感情，抹着泪水，劝毛泽东不要再哭了，会影响身体的。"主席，我一定听您老人家的话，下去好好干工作，不辜负主席的期望。"

毛泽东听到这，也便慢慢地停了哭声，双手擦着泪水，点头道："那好，好。你在我这儿工作了15年，职务不高地位高，一举一动都要注意影响，不要脱离群众。干任何事，不干则已，干就要干出成绩；事不在大小，都要善始善终。我身边的人都要有这么一种精神，不搞半途而废，有一口气就要干到底！"

李银桥用力地点点头，表示一定会记住。

"以后你每年都要来看我一次，我这里就是你的家。我活着你来看我，我死了，你每年到我坟头上看我一次，看一看我就满意了……"毛泽东说到这儿，李银桥又忍不住哭了起来。

毛泽东问他："你想到石家庄？"

李银桥想了想说："主席，我要下去就到天津，不到石家庄。"

"好好，天津比石家庄近，你可以经常来看我。"毛泽东说着，一边擦泪，一边拉开抽屉，指着一个牛皮纸袋说："你下去工作，安家需要钱，拿上点。这是800元，帮你解决些问题。"

打到毛泽东身边起，只要家里有什么困难，或者生孩子什么的，毛泽东都会伸出援手，已经多次给过李银桥经济上的帮助。毛泽东对其他卫士也一样，他自己省吃俭用，卫士们遇到什么困难时，却总是慷慨解囊。这一次，李银桥下决心不要了。"主席，我不要，我不缺钱。"

"拿着。"毛泽东有点生气了，"你知道，我是不摸钱的，快拿着。"

李银桥一听这，马上就傻住了。"我最讨厌钱。"毛泽东不止一次这样说过，李银桥感到为难了。就在这时，他见毛泽东极不情愿地正要伸手抓那只牛皮纸袋……

"主席，我要。"李银桥赶忙抢先把牛皮纸袋拿在自己的手里。

毛泽东这才松了一口气。"下去后要多依靠工人，特别是要多向老工人学习，凡事要多请教工农兵。哎，小韩和孩子们什么时候回来？"毛泽东问的是李银桥的爱人韩桂馨同志以及他俩的两个小孩。

“星期六。”李银桥回答道。

“那好，那就星期六一起来我这里见一见。”

于是，1962 年 4 月 2 日，对李银桥全家来说，成了一个难忘的日子。这天下午，正在上大学的韩桂馨回到了家，便被丈夫叫住，让她赶紧收拾收拾仪表，带着儿子和女儿去见毛泽东。此时，李银桥一家人既高兴激动，又心情沉重，因为他们知道这一次是他们全家人去向毛泽东辞行。毛泽东，对李银桥一家人来说，是太熟悉了。当年，韩桂馨同志服从组织安排，来到毛泽东家里做阿姨，跟毛泽东一家人吃住在一起，毛泽东一家人身上穿的衣服、补的补丁，随便都可以找出韩桂馨的手艺，毛泽东与江青的爱女李讷，实则是韩桂馨一手拉扯大的，韩桂馨对毛泽东，对毛泽东一家人的感情同李银桥的一样深。这对年轻的夫妇心里最清楚，如果没有毛泽东，就可能没有他们眼前这个小家，他们的婚姻是毛泽东在延安，在西柏坡一手牵搭成的。后来进了中南海，他们的小家就在毛泽东住处的后院，仅仅一墙之隔。儿子卓韦，从小跟李讷、毛远新在一起玩耍，有几次小卓韦和妹妹偷偷溜进菊香书屋，到了毛泽东的屋里。毛泽东对两位小客人的突然到来，总是异常欣喜，忍不住放下手头的事，跟他们在地上玩耍起来。而毛泽东闲时也常“大驾”光临李银桥的小家，吸上一支烟，尝一口有辣椒的菜……

他们确实像一家人一样，朝夕相处和亲近了十几个年头。可如今，他们这个小家却要同毛泽东分开了，李银桥和韩桂馨的心情难以形容。

吃饭前，卫士张景芳来通知说，毛泽东在游泳池等李银桥一家去呢!

李银桥一家便草草吃了点饭，匆匆赶到游泳池。

“卓韦，媛媛，你们在外边等着。”李银桥小声对两个孩子说，然后便和爱人先进了会客厅。毛泽东正在里面等着他们，一见到李银桥夫妇便立起身来迎上去握手。

“哎，孩子呢？孩子怎么没来？”刚说几句，毛泽东便边寻找边问道。

李银桥忙回答说：“孩子来了，在外边呢！”

毛泽东便朝门外望：“进来呀，快叫孩子进来呀！”正在大家一起向外张望时，摄影师吕厚民的闪光灯“咔嚓”一下亮了。

孩子进来了，毛泽东鼓掌欢迎，并且同两位小客人握起手来。李银桥的儿子李卓韦已是个高小学生了，他不像妹妹那样有点胆怯，见了毛泽东特别高兴，脸上一副男孩的调皮劲。毛泽东非常欢喜地同这个戴着红领巾的“小男子汉”握手。

毛泽东一边握着小卓韦的手，一边打量着他，像外公第一次见到自己的亲外孙似的，高兴地夸道：“这娃儿长得漂亮！银桥、小韩啊，像你们哪！”摄影师又一次按下了快门，留下了这亲切难忘的镜头。

“我们站着合个影吧？”毛泽东对李银桥夫妇说。

李银桥表示不同意。他搬来一把椅子，轻轻地把毛泽东按坐在上面说：“主席，您坐下好。”

“不坐不坐。”毛泽东连声说着，身了往起站。

李银桥又把毛泽东按下。“不，您还是坐下好。”就这样，毛泽东坐在中间，李银桥夫妇站在他后面，小卓韦和小媛媛分别紧挨着毛泽东站在他的两边，全家人和毛泽东留下了一张永生不忘的合影……

离开中南海，李银桥一家便离京到了天津，堂堂毛泽东的卫士长在市公安局所属的五处任副处长。从此，这位与毛泽东朝夕相处了15年的李银桥，开始了他艰难的后半生。

1963年，毛泽东到天津视察抗洪救灾，提出要见见他的卫士长。当省委书记把这个消息告诉李银桥时，李银桥觉得奇怪了：为什么他事先不知道毛泽东要来天津呢？按常理，他既是过去毛泽东的卫士长，现在又是负责重要警卫任务的市公安局五处副处长，重要的中央首长到津来，他是应该知道的呀。这一夜，李银桥没有睡着觉，他的心头笼罩了一层阴云。

事情是这样的：在他离开中南海后，有人同跟李银桥吵过几次架、怀恨在心的江青串通一气，在警卫局会议上散布什么“李银桥对毛主席没感情”，“他是被毛主席赶走的”。这些话后来又传到了天津公安局的领导耳里。这还了得，那时候谁敢对毛泽东没有感情，被毛泽东赶出来的人还有好的呀？转眼的工夫，就在这位对毛泽东忠心耿耿的同志被蒙在鼓里的时候，一片厚厚的阴云早已笼罩在他的政治命运之上。

后来，李银桥赶去见毛泽东，但毛泽东已经回了北京。

这时，省委书记林铁要让毛泽东题几个字，便让李银桥带着信和一些防洪抗洪材料到北京找毛泽东。一年前，别说是出入中南海大门，就是毛泽东丰泽园的卧室，李银桥也是想进就进，然而此次去时已完全两个样了，他的一切行动必须听从警卫局负责人的安排。

毛泽东是见到了，但李银桥没与他老人家说上几句话，事情办完后，他便又回到了天津。

李银桥记得离开中南海时毛泽东所讲的话，是要他每年到北京看他老人家一次。于是，1964年初，李银桥夫妇便一起来到了北京。这一次，毛泽东又是在游泳池那个客厅里接见他们的，并且谈了一阵子话。当毛泽东得知李银桥的家乡被水淹了后，便又让秘书拿来1000元钱，用纸包成两袋，送给了李银桥，并说：

“这是我的稿费，你家乡被淹了，受了不小损失，这些钱多少帮助你解决些困难。以后你每年回家乡一次，了解下边的情况，给我写汇报材料。”

根据毛泽东的指示，李银桥在1964年和1965年都回了河北安平一趟，他把所见所闻都写成调查材料，并且拍了不少现场照片，通过机要局寄给当时任中共中央办公厅主任的杨尚昆同志，请其转交毛泽东。

1965年10月，“文化大革命”前夕，杨尚昆同志被江青、康生一伙别有用心制造的“窃听器事件”打倒了，李银桥从此失去了与毛泽东的联系。

这是怎么啦？杨主任是忠于毛泽东的啊，为什么变成了“反革命”？那是什么“窃听器”，明明是录音机呀！由于长期在毛泽东身边工作，他了解和熟悉这位老一辈的革命家，熟悉这位中共中央的“内当家”。就说那个“窃听器”吧，根本不是那么回事。因为解放前和解放后中央没有什么条件，领导人讲话作报告时都是靠秘书或几个速记员手工记录的。后来，作为中央办公厅主任的杨尚昆同志不知从哪里弄来了一台录音机，这个“洋玩意儿”可比手工记录方便多了，于是，每次毛泽东在什么会上讲话、作报告，杨尚昆便指示有关人员和李银桥等人搬来录音机，录下毛泽东的讲话内容，以便会后整理出文稿。这本来是件极为正常的好事，没想到却有人把这录音机硬说成是“窃听器”，以此栽赃杨尚昆搞“独立王国”，“对毛泽东搞窃听”，在中共中央的关键岗位先开了一刀。

在李银桥还没有弄明白杨尚昆到底是怎样被打倒时，他熟悉和尊敬的刘少奇、邓小平、彭真等中央首长也被打倒了，而且都被说成是“睡在毛主席身边的定时炸弹”，“中国的赫鲁晓夫”。如果谁要反对毛泽东，作为曾经的卫士长的李银桥是无论如何也不会答应的，甚至必要时，他愿用自己的生命去保护毛泽东。在跟随毛泽东的 15 年间，他每时每刻都是这样想和做的，虽然现在离开了中南海，可他的心始终如一地牵挂着毛泽东。然而，他凭自己在中央首长身边十几年的感受，对刘少奇、邓小平、彭真等一大批老革命家是“中国的赫鲁晓夫”，“睡在毛主席身边的定时炸弹”的说法，无论如何也不相信。

“主席，您是比我更了解这些人的，我想听您老人家说话，啊？您说呀！”多少次梦中，李银桥呼喊起来。如果是在毛泽东身边工作时，对这些自己无法理解和认识的问题，李银桥可以毫无顾虑地走进毛泽东的房间去问个清楚，可现在，一切都不可能了。

“不，主席是不会搞错的，一定是坏人干的！”李银桥坚信自己的判断，他默默地等待，等待有一天毛泽东出来说话，告诉他和全国人民：刘少奇、邓小平、彭真、杨尚昆主任，还有贺老总、陈毅……都是好同志，是坏人干了坏事。可是一个月、两个月过去了，李银桥一直没有等到毛泽东出来说这样的话，反而等到了一场并非是梦的噩梦……

1967 年 4 月 20 日，已经从市公安局调到天津国棉二厂任党委副书记的李银桥，突然被一帮造反派抓了起来。随后，又一帮打手冲进他的家，把所有他们认为应该拿走的东西全部抄走了。这种暴行先后进行了六次，李银桥夫妇多年在毛泽东身边保存下来的许多毛泽东的珍贵手稿、书信和实物，以及别的领导人送的题词、礼物全部被抄一空。

“你们想干什么？你们没有权利拿走这些东西，那是毛主席给我的……”李银桥还没有说完，一个打手就过来用拳头“封”住了他的嘴。

“毛主席给你的？哼，一边儿去吧！老实坦白交代你反对毛主席的罪行吧！”天津市某造反派聚集了几大要员，在一间阴暗潮湿的“审讯室”里摆开了空前的架势，他们已经向“上面”报告了他们“伟大而辉煌的成绩”：挖出了一个“长期隐藏在毛主席身边的大坏蛋”。

“说！快说！”几个打手早已迫不及待了。

李银桥对突如其来的风云雷击一片茫然：这个“文化大革命”怎么居然连我这样一个跟随毛泽东十五年，在革命斗争中一丝不苟的“三八式”干部也不放过？让我交代反对主席的罪行？笑话，我一直当毛主席的卫士、卫士长，怎么可能反对他老人家呢？李银桥尽管心头对造反派的粗暴行为愤慨无比，但他还是压着心头的愤怒，平静地否认。他想，他们一定搞错了。

“去你的，我们会搞错？瞧瞧这个——”造反派在李银桥面前扬了扬一份东西。

这是李银桥熟悉的东西。“是我的，是我亲笔写的一份检查嘛！这有什么？”李银桥很平静地回答。造反派拿的是从他家抄家抄出来的那份当年跟江青吵架，毛泽东教他写的检查。这份检查李银桥一直珍藏在身边，那里面有一段毛泽东他老人家关心爱护他的动人故事。当时毛泽东让李银桥写份检查，抬头要写“主席、江青”两个人，事情完后，毛泽东随口说让李银桥把自己的这份检查拿回去。因为李银桥觉得这检查有段毛泽东爱护、关心他的非同寻常的故事，所以一直珍藏在身边。他哪里知道这份检查便成了他“反对毛主席”“反对江青”的铁证，使他惨遭迫害。

“你自己清楚，要不是你反对伟大领袖毛主席，我们的红色旗手江青同志，怎么会有这份检查？！老实交代，你隐藏在毛主席、江青同志身边十几年，都干了哪些坏事，统统交代出来！”

“我是毛主席的卫士长，我从来没有反对过他！那份检查是……”李银桥想辩解，可是造反派根本不听他的。“少啰嗦，快交代你的罪行！”

“谁指使你的？后台是谁？”

李银桥一听，知道事情并不那么简单了。关于这份检查，只有他和毛泽东、江青三个人明白，也是他们三个人之间发生的事，如果像当年那样在中南海，他可以请毛泽东，还有江青来作证，可现在他是有口难辩。

“哼，说不清吧？那就老实交代吧！”一个看上去很有来头的人阴阳怪气地对李银桥说，“你的事并不像你自己说的那么清白，我问你，杨尚昆给毛主席搞窃听器，你不是也在现场吗？啊？我仅仅是提醒你一下，交代得好、反戈一击有功，要是不老实交代，我们的旗手首先就不放过你！明白吗？还有，你跟彭真是什么关系？你的问题多着呢！好好交代吧！”

江青！原来是同自己三次吵架结下怨的江青在过问这件事！李银桥一下子明白了自己的处境：这个毛泽东早就骂她“不干好事”的女人，原来还记恨着我哪！李银桥的精神支柱仿佛一下子要垮了：她现在可是“旗手”呀！别说我这个小小的卫士长，就是刘少奇、邓小平、杨尚昆主任这样的中央首长不也给他们整下去了吗？我，我绝对什么都不能说，中央有些事情是复杂的，也不是一下子就能说清楚的，我一说反而会牵连中央首长们。造反派们不是想从我嘴里证实杨尚昆等首长的“罪行”吗？我不能说，什么都不能说。李银桥明白过来后，再也不跟来自各方面的调查人员说他所知道的中南海的任何事情了。

“装哑巴？好，看你能闭多长时间的嘴！”恼怒的造反派将李银桥关进了一间小黑屋。从此，这位对毛泽东忠心耿耿的卫士长，戴着一顶“对毛主席没感情，反对江青同志”的帽子，失去了人身自由。

他的家被抄了一次又一次，爱人韩桂馨也成了被监督的“要人”，儿子和女儿也成了被人歧视的“黑帮子女”……

“毛主席呀，您老人家在哪里？您对我李银桥是了解的呀！您出来说说话呀！”已成为“阶下囚”的李银桥，蹲在潮湿的水泥地板上，在黑暗中一次又一次地呼喊着毛泽东的名字，他想让正在天安门城楼上挥手接见红卫兵的毛泽东听到自己最信任的卫士长的冤屈。他白天喊，黑夜喊，可老人家不再像过去那样每天亲切地叫着“银桥，银桥”向他走来……李银桥的嗓音渐渐地变成了绝望的沙哑。

“不，毛主席会想起我！他会想起我的！”在结束八个月的监狱一般的生活后，李银桥无限深情地站在海河边，朝中南海的方向久久遥望着，他坚信，毛泽东会想起自己的。他了解毛泽东。

时间一年一年地过去了。李银桥暂时不用当囚徒了，他被下放到国棉四厂看管起来，失去自由的日子又一天一天地过去。

在 1970 年年底的一天，东方的太阳终于出来了。

早上起来，已经习惯每天向监管人员“汇报”的李银桥，整整衣冠正准备又一次“汇报思想”时，一个监管人员一改昔日的那副铁板面孔，笑嘻嘻地朝李银桥说：“老李，以后你不用再来找我们了，快到厂部办公室报到吧，你的办公室已经给安排好了，以后我们得听你领导了！”

李银桥愣了，他不相信对方的话，以为他们又在搞什么鬼呢！然而，当他被领到厂部办公室的军管会负责人面前时，他才终于真正相信了这是事实。他又获得了自由，并被任命为厂“革委会”副主任、党委副书记。

他想笑，却笑不出来，倒是两行泪水“哗哗”地涌出眼眶。回到家，他赶忙把这个从天而降的好消息告诉了爱人韩桂馨。

“一定是毛主席来天津了！肯定是他过问了你的事！”爱人也是一位在毛泽东身边工作过多年的老革命同志了，她惊喜地猜测着。

“我也是这么想的。”李银桥深情地点点头。

事实真是这样。没几天，李银桥见到了当时的天津市委负责人刘政同志，刘政告诉他，毛泽东主席前几天到天津视察时，问解学恭和刘政他们：“李银桥现在干什么？”当时有人说李银桥还在监管之中。毛泽东听后觉得奇怪：“他有什么问题？”有人便把李银桥的情况作了简单汇报，毛泽东一听便说：“瞎搞，跟他有什么关系？我了解李银桥，解放他，给他个工作做！”

有毛泽东这个话，谁还敢再监管李银桥？于是，蒙受了几年不白之冤的卫士长李银桥和他一家人终于恢复了自由和工作。

然而，“李银桥是反江青的”——这片阴云一直持续到“四人帮”被揪出之前，李银桥实际上并没有真正在政治上得到彻底的解放，但毕竟有毛泽东的话在，还是没有人敢拿他怎么样。

李银桥和他的一家人由衷地感激毛泽东。

在毛泽东的卫士中，李银桥是最受毛泽东信任和重用的一个，然而他也是在“文化大革命”中最受迫害的一个，原因有两个：一是他失去了与毛泽东的联系。自从杨尚昆被打倒后，即便李银桥再给毛泽东写信，也只会落到江青和其拥护者手里。二是他是“反江青”的，江青是“文化大革命”的“旗手”，只要她在，李银桥自然得不到好果子吃。有时候毛泽东说的话，被江青一搅和便万事皆空，李银桥在“文化大革命”中的政治遭遇便是如此。

与李银桥先后离开中南海的其他卫士，相比之下，由于位置不同，走上社会后受到的政治迫害也不同。这些人都是在毛泽东身边成长起来的，他们身上都有那种正直、无私和坚持原则的精神，结果，他们到社会上后，并不“吃香”，有的还屡遭挫折。

像卫士田云玉，离开毛泽东后，便到了北京市公安局的一个劳改工厂工作，因为他和一起从中南海调出的妻子胡秀云看不惯一些劳改干部不讲政策和腐化的工作作风，向上提了意见，结果待不下去了，不得不调动工作。后来他们找到了毛泽东，毛泽东听完他们的汇报，脸色严峻，没有表一句态，只是意味深长地对田云玉夫妇说：“社会的复杂性你们过去没有经验，以后会见得多的。看你们还能不能坚持信仰、坚持革命性，这是考验，是另一种比在我这里当卫士更复杂的考验！”

是的，社会是复杂的，毛泽东的卫士同样难以避免这种复杂给自己的一生带来的曲曲折折。但无论什么时候，他们心目中都有一种崇高而又神圣的信仰：他们相信毛泽东，只要毛泽东在，中国就有希望，人民就有希望，他们自己也有希望。

可是，这种朴素信仰，随着一个又一个“批判”热潮，被冲击了，昔日的卫士们渐渐开始困惑了，首先是他们给毛泽东写的信寄不到了，毛泽东那幽默、朴实的话也听不到了，取而代之的是越来越不可接近的一个“圣人”。

他们在困惑中期待，在期待中困惑。那个他们熟悉的毛泽东到哪儿去了？

“我们卫士想念您啊！”

等待，等待，突然有一天，他们等到的是一声晴天霹雳——1976年9月9日，中国人民的伟大领袖、卫士们时刻想念的毛泽东主席与世长辞了。

“不，毛主席是不会死的！”

“他老人家身体一直是好好的啊！我们临走时，他还约我们去长江游泳呢！”

“他不会死的！他不会死的呀！”

大地哀恸，苍天悲泣。

人世间最悲伤的哭泣，莫过于成年男子的哭泣。

当听到毛泽东逝世消息的那一瞬，这些老卫士十有八九都哭得死去活来。他们不相信这是事实，在他们心目中，毛泽东一直健康无比，他六十多岁游长江时，他们这些当年的小伙子都比不上。所以，他们不相信这严酷的事实，毛泽东在他们心目中永远是不落的太阳。

9月9日这一天，李银桥正在厂里，当他接到通知说下午有“重要广播”时，并没有放在心上，因为当时的“重要广播”常常有，不知从哪儿传出来的“最高指示”一下来，就是半夜也得起床去欢呼一番，见惯了，也就不放在心上。可这一次他一听广播，整个头脑就“嗡”的一声，像被什么东西重击了一下，立刻不省人事了……

这一宿，他和爱人韩桂馨整整哭了一夜。

“不行，我得到北京去！我要见老人家一面。”这位老卫士长似乎突然感到是自己失了职，似乎毛泽东的突然离开人世与他没有尽到卫士长职责有关，第二天一清早就收拾了一下东西要上北京去。

“他们能让你见主席吗？”爱人担忧地问。她了解江青，也多少了解那个背后搞鬼把李银桥从毛泽东身边撵走的人。

“我不管他们。主席生前对我有过吩咐，让我在他死了后每年到他坟头去看看他，现在他老人家不在了，我能不去吗？我不去就对不住他老人家。”李银桥固执起来了。此时此刻，谁也挡不住这位老卫士长的心。

他来到北京，可要进中南海和见毛泽东遗容不是那么容易的，按正常渠道，必须通过中央办公厅。李银桥硬着头皮给“中办”打电话。此时，那位当年给李银桥“小鞋”穿的人，如今已是能左右中央的“大人物”了。“他来干什么？不安排！”有人给李银桥传来了这位“大人物”的话。

“让我走？我不走！不见一见主席我就是死在北京也不走！”李银桥不顾一切了。最后，还是在老战友兼好朋友——国务院事务管理局的高局长和“中办”秘书局赖局长的帮忙下，他才算在民族饭店安顿下来。

“老韩，我已经住下了，你快带媛媛和毛毛来。我这就给东北的卓韦打电话，让他请假也来北京一趟！”刚安顿好，李银桥便给在天津的爱人韩桂馨打了电话。此时，他那个被毛泽东夸奖“长得漂亮”的儿子卓韦已是东北某部的一名解放军干部了，并且已经有了女朋友“毛毛”(朱梅同志)。

没有毛泽东，便没有李银桥的这一家。当全家人几经周折，走进人民大会堂，走近他们熟悉的毛泽东的遗体时，李银桥夫妇和儿女们哭成一片，怎么也移不动双脚……

“主席，主席——我来晚了！我没有保护好您！我没有伺候好您啊——”卫士长的声声悲恸的哭号，撕裂着瞻仰毛泽东遗容的千千万万群众的心，那哭号汇入了神州大地痛悼毛泽东主席的悲哀无比的大潮……

历史终于回到了真正的人民可以站出来说话的时代。

1976 年 10 月，以江青为首的“四人帮”下台了。

1977 年、1978 年，党中央拨乱反正，颠倒的历史重新正过来。

1978 年，党的十一届三中全会召开，中国共产党又开始了新的光辉旅程。邓小平、杨尚昆等一批忠诚的无产阶级革命家又回到了自己的工作岗位，他们在着手制定和设计新时期的现代化宏伟蓝图时，没有忘记给曾经为共和国添砖加瓦，在“文化大革命”中遭受迫害的一大批老同志平反伸冤。

1979 年 9 月 21 日，在杨尚昆同志的直接关心下，离别中南海十七年的李银桥又回来了，被安排在中央办公厅人民大会堂管理局任副局长。

“杨主任，我，我们都是忠于毛主席的呀！”当李银桥重新见到自己的老首长杨尚昆时，忍不住伏在这位老革命家的怀里，痛哭起来。

获得政治新生的老卫士长李银桥，在赴新岗位前的第一件事就是到刚刚建好的毛主席纪念堂，去瞻仰他一生崇敬和怀念的毛泽东的遗体。在毛泽东的水晶棺前，李银桥一边流泪，一边鞠躬，连时间也忘了，直到工作人员挽着他走才离开。

第二件事，李银桥想的是他的那些过去一起工作了多年的卫士同伴们。他走后，毛泽东信守诺言，再也不曾设过卫士长，李银桥觉得自己有责任和义务像昨天一样，关心和照顾好他的那些卫士。于是，他在工作的同时，四处奔波，一个一个地为当年多多少少受到不白之冤和不公正待遇的老卫士们奔走，恢复工作的恢复工作，调回北京的调回北京。

第三件事，是他和爱人韩桂馨一起想到的。毛泽东去世了，江青也成了政治要犯被关进了大牢，毛泽东的家人怎么样了？这是他们最担忧和关心的。他们首先来到了毛岸青家。毛泽东的这位有病的儿子尚好。他有一个幸福的家，妻子邵华对丈夫很照顾。让李银桥夫妇更高兴的是他们看到了毛泽东唯一的孙子毛新宇，小毛新宇长得还真像毛泽东哩！毛泽东的大女儿李敏也过得不错，他们从她那儿也知道了贺子珍的一些情况。李银桥夫妇最牵挂的是李讷。李讷是江青所生，从小跟着毛泽东过着动荡的战争生活，解放后也一直吃大食堂。李讷深得毛泽东喜爱，但她身体一直不太好，江青入狱无疑对她打击是很大的。父亲没了，母亲又成了反革命分子，李讷此时也已离婚，独自带了个儿子，生活过得艰难。李银桥夫妇来到了李讷家，看到这位当年蹦蹦跳跳，学着父亲的腔调唱《空城计》的毛泽东的女儿，如今变得如此孤苦伶仃，不禁掉下了眼泪。“李讷，日子还长呢，再成个家吧。”韩桂馨关切地说。李讷感激地握着这位好阿姨的手，叹气道：“我妈妈是反革命，谁肯找我啊。”一旁的李银桥忙劝道：“你爸爸还是人民领袖呢！你是毛泽东的女儿！”见李讷有些意思，李银桥夫妇便开始到处物色。偏巧，有一天他家来了一位老战友，叫王景清。老王当年是刘少奇的警卫员，后来到昆明军分区当参谋长。王景清因妻子病逝了，此时正是单身，李银桥夫妇觉得王景清与李讷很般配，便做起了红娘。经过一段时间的彼此了解，李讷和王景清终于结成良缘。他们结婚时，杨尚昆同志还特意送来一个大被套、一包巧克力糖，并附上贺词，把自己和全家人的名字都签上了。王光美同志知道此事后，表扬李银桥夫妇办了一件好事。当李讷把自己这段婚事告诉狱中的江青时，江青问："是谁介绍的啊？"李讷说："是李银桥叔叔。"不知江青是自谴丧良心的事做得太多了，还是说了一回公道话，竟长叹一声道："李银桥是个好人啊！"

1984 年 1 月，李银桥调到公安部任老干部局副局长。因长期革命斗争和工作的艰辛，加之"文化大革命"的残酷迫害，他身患多种疾病。为了不辜负毛泽东要求他的"永远做一个正直无私的人"，他毅然谢绝了几个重要职务的聘任，于 1988 年 1 月从岗位上正式离休。

李银桥从岗位上退下来，除了考虑给更年轻、身体好的同志腾出位子外，还有一个重要的使命在时刻激励他，他要在有生之年把它完成好。

那就是让全党、全国人民，特别是年轻的一代，真正了解毛泽东，了解战争年代中，工作和生活中那个真实的毛泽东，而不是那个被人捧为神的圣坛上的毛泽东，也不是那个被人贬低了的毛泽东。

"银桥，我活着的时候你不要写，我死了以后可以写，如实地写……"毛泽东在世时，就对李银桥这样说过。

没有比这更重要、更紧迫的事了。特别是看到国内一阵又一阵的资产阶级自由化浪潮和国际反动腐朽的资产阶级思想不断侵袭人民共和国肌体，腐蚀和拉拢我们的党员、我们的人民、我们的下一代时，李银桥再也坐不住了。他不顾自己有病的躯体，在小桌子旁，在病榻上，开始了他神圣的使命……终于，正当一部分群众和青年学生的思想处于严重混乱的状态，怀疑中国该不该走社会主义道路，怀疑该不该把毛泽东从天安门广场的纪念堂请出，怀疑靠毛泽东思想武装起来的中国共产党该不该继续执政时，他的《走向神坛的毛泽东》《走下神坛的毛泽东》和《在毛泽东身边十五年》等一部部真实记录毛泽东形象、正确宣传毛泽东的作品出版了，并且赢得了广泛的读者。从繁华的首都王府井，到偏远的云南傣族村寨、漠河的军营哨所，干部们、学生们、士兵们手捧署有“李银桥”大名的介绍毛泽东的书，专注地看着、品味着、议论着……

“毛泽东真是位了不起的人物！”“要是我们的领导干部都像毛泽东那样艰苦奋斗、大公无私、勤政廉政，中国绝不会没有希望！”“看来，中国现代化建设还要靠毛泽东思想指导……”人民从李银桥的书中校正了对毛泽东，对毛泽东思想的诸多看法，人民感谢李银桥，因为他做了一件不可低估的具有现实意义和长远历史意义的事。

又一个 9 月 9 日，李银桥、孙勇、李连成、田云玉、封耀松……还有他们这些老卫士的家属、子女来到毛主席纪念堂，拜谒他们敬爱的领袖毛泽东。又一个 12 月 26 日，毛泽东的诞辰，在李银桥夫妇的组织下，这群老卫士和毛泽东的家人毛岸青、邵华、李敏、孔令华、李讷、王景清，还有在毛泽东身边工作过的革命老人朱仲丽……他们聚集在一起，缅怀毛泽东。

（本书合作者朱梅）

出版说明

何建明先生是中国文坛著名作家，长年坚守在报告文学一线。“非典”、汶川地震、天津大爆炸、利比亚撤侨等重大事件发生时，何建明先生都尽可能出现在第一时间、第一现场，将第一手材料及时地呈现给读者，将中国故事讲深、讲透、讲生动、讲精彩。他强烈的责任感和使命感让人感动，其直面真相、忠于现实的精神令人钦佩，是中国当代报告文学界极有影响力的领军人物。

有感于斯，我社特收录何建明先生近40年创作的报告文学作品，结集为《何建明文集》三十卷出版。这些作品是对时代、社会、自然和人文的记录、呈现与见证，是作者响应时代的召唤，置小我于大我之中，循着时代背景和社会需求而创作的，完整、真实地表现了社会各个层面人物的喜怒哀乐，代表了当代中国纪实文学、非虚构创作的高峰水平，大气磅礴、激情豪迈，极具胸怀和气量。其中多部作品获得鲁迅文学奖、国家图书奖、“五个一工程”奖、徐迟报告文学奖等。

每个时代都有自己的特征，每部作品都有自己的特点。为了全面展示何建明先生历时40年创作内容、使用语言和文学风格的变化，本文集对何先生已发表的所有作品原则上不做修饰和润色，除特殊情况外也不做大的删节和修改，以保证今天的结集出版，仍不失当年作品的激情和味道。